CORD LÜBKE-DETRING

Preisklauseln in Allgemeinen Geschäftsbedingungen

Hamburger Rechtsstudien

herausgegeben von Mitgliedern des

Fachbereichs Rechtswissenschaft I der Universität Hamburg

Heft 76

Preisklauseln in Allgemeinen Geschäftsbedingungen

Von

Dr. Cord Lübke-Detring

Duncker & Humblot · Berlin

CIP-Titelaufnahme der Deutschen Bibliothek

Lübke-Detring, Cord:
Preisklauseln in Allgemeinen Geschäftsbedingungen / von Cord Lübke-Detring. – Berlin : Duncker u. Humblot, 1989
(Hamburger Rechtsstudien ; H. 76)
Zugl.: Hamburg, Univ., Diss., 1988
ISBN 3-428-06531-X
NE: GT

Satz: Hagedornsatz, Berlin 46
Druck: Berliner Buchdruckerei Union GmbH, Berlin 61
Printed in Germany

ISSN 0072-9590
ISBN 3-428-06531-X

Vorwort des Verfassers

Die vorliegende Arbeit bemüht sich um einen Beitrag zur Klärung der seit nunmehr acht Jahren umstrittenen Frage, unter welchen Voraussetzungen Preisklauseln den Anforderungen des AGB-Gesetzes genügen können. Die Untersuchung vertieft zwei Schwerpunkte. Zum einen befaßt sie sich mit dem von der Rechtsprechung geforderten Gebot der bestimmten Fassung einer solchen Preisklausel, zum anderen diskutiert sie die vermeintlich ausgleichende Wirkung eines vom Klauselverwender einzuräumenden Rücktrittsrechts. Auf der Basis der in der Literatur gewonnenen Erkenntnisse zur Funktion vertraglicher Anpassungsregelungen — zu deren Untergruppen Preisklauseln zählen — gelangt die Untersuchung zu einer teleologischen Auslegung des § 9 AGB-G. Diese führt zu einer liberaleren Handhabung der Preisklauseln.

Der Fachbereich Rechtswissenschaft I der Universität Hamburg nahm die vorliegende Arbeit im Wintersemester 1987/88 als Dissertation an.Sie entstand während der Tätigkeit als wiss. Assistent meines verehrten Doktorvaters, Herrn Prof. Dr. Jürgen F. Baur, dem ich für die stets gewährte Anregung und Unterstützung zu Dank verpflichtet bin. Dank schulde ich gleichfalls dem Zweitvotanten, Herrn Prof. Dr. Hans-Hermann Seiler, der die Aufnahme der Dissertation in die Reihe der „Hamburger Rechtsstudien“ ermöglicht hat.

Hamburg, im April 1988

Cord Lübke-Detring

Gliederung

Teil 1

Einleitung

Teil 2

Wirkungsweise der Preisklauseln

Teil 3

Rechtsprechung zum Bestimmtheitsgebot/Rücktrittsrecht

Teil 4

Kritik und Stellungnahme zum Gebot der bestimmten Fassung einer Preisklausel sowie zur Funktion des Rücktrittsrechts

Abkürzungsverzeichnis

a.a.O.	am angegebenen Ort
Abs.	Absatz
AcP	Archiv für die civilistische Praxis
a.E.	am Ende
AfP	Archiv für Presserecht
AGB	Allgemeine Geschäftsbedingungen
AGB-G	Gesetz zur Regelung des Rechts der Allgemeinen Geschäftsbedingungen
Alt.	Alternative
Anm.	Anmerkung
AO	Abgabenordnung
Aufl.	Auflage
AVB EltV	Allgemeine Bedingungen für die Elektrizitätsversorgung von Tarifkunden
AVB FernwärmeV	Allgemeine Bedingungen für die Versorgung mit Fernwärme
AVB GasV	Allgemeine Bedingungen für die Gasversorgung von Tarifkunden
AVB WasserV	Allgemeine Bedingungen für die Versorgung mit Wasser
BB	Betriebsberater
Bd.	Band
Begr.	Begründung
BGB	Bürgerliches Gesetzbuch
BGBl	Bundesgesetzblatt
BGH	Bundesgerichtshof
BGHZ	Entscheidungen des Bundesgerichtshofes in Zivilsachen
Bl.	Blatt
BT-Dr.	Bundestags-Drucksache
bzw.	beziehungsweise
ca.	circa
DB	Der Betrieb
d.h.	das heißt
Einf.	Einführung
EnWG	Energiewirtschaftsgesetz
ET	Energiewirtschaftliche Tagesfragen
EWiR	Entscheidungen zum Wirtschaftsrecht
f. (ff.)	folgende (mehrere folgende Seiten)
gem.	gemäß
HGB	Handelsgesetzbuch
i.V.m.	in Verbindung mit
JBl	Juristische Blätter
JR	Juristische Rundschau
JuS	Juristische Schulung

JW	Juristische Wochenschrift
JZ	Juristenzeitung
KG	Kammergericht
KSchG	Kündigungsschutzgesetz
li.	links
MDR	Monatsschrift für Deutsches Recht
MHG	Gesetz zur Regelung der Miethöhe
MK	Münchener Kommentar
m.w.N.	mit weiteren Nachweisen
NJW	Neue Juristische Wochenschrift
NJW-RR	Neue Juristische Wochenschrift-Rechtsprechungsreport
Nr.	Nummer
o.	oben
OLG	Oberlandesgericht
re.	rechts
Recht d.E.	Recht der Elektrizitätswirtschaft
Reg-Entw.	Regierungsentwurf
resp.	respektive
RG	Reichsgericht
RGZ	Entscheidungen des Reichsgerichts in Zivilsachen
RIW	Recht der Internationalen Wirtschaft
Rn.	Randnummer
S.	Seite
Sonderbeil.	Sonderbeilage
Sp.	Spalte
Staud.	Staudinger
u.	unten
u.a.	unter anderem
VAG	Versicherungsaufsichtsgesetz
VersR	Versicherungsrecht
vgl.	vergleiche
VIK	Vereinigung Industrielle Kraftwirtschaft — Mitteilungen
Vorbem.	Vorbemerkung
VP	Die Versicherungspraxis
WährG	Währungsgesetz
WarnRspr.	Warneyer, Die Rechtsprechung des Reichsgerichts
WM	Wertpapiermitteilungen
WoBindG	Wohnungsbindungsgesetz
WRP	Wettbewerb in Recht und Praxis
WuW	Wirtschaft und Wettbewerb
ZIP	Zeitschrift für Wirtschaftsrecht
zit.	zitiert
ZRP	Zeitschrift für Rechtspolitik

Teil 1

Einleitung

I. Anliegen der Arbeit

Insbesondere in langfristigen Verträgen haben Regelungen weite Verbreitung gefunden, welche die Anpassung des jeweiligen Vertragsgefüges an veränderte tatsächliche Umstände bezwecken[1].

Eine Untergruppe dieser Anpassungsregelungen ist die Spezies der Preisklauseln. Sie wurden bis zum Ende der 70er Jahre dieses Jahrhunderts in der Rechtswissenschaft überwiegend unter dem währungsrechtlichen Gesichtspunkt des § 3 WährG untersucht[2]. Die Aufnahme der Klauseln in Allgemeine Geschäftsbedingungen hat das Interesse jedoch mehr und mehr auf die Fragen der allgemeinen zivilrechtlichen Wirksamkeit gelenkt. Für nachhaltige Beachtung sorgten die Urteile des BGH vom 11. Juni 1980[3] und vom 7. Oktober 1981[4], in welchen jeweils Preisklauseln im Wege der Inhaltskontrolle als gemäß § 9 AGB-G unwirksam angesehen wurden.

Inzwischen sind in der höchstrichterlichen[5] und instanzgerichtlichen[6] Rechtsprechung eine Fülle von weiteren Entscheidungen zur geschäftsbedingungsrechtlichen Wirksamkeit von Anpassungsklauseln ergangen. In den Urteilen sind die vereinbarten Formularklauseln teils für wirksam und teils für unwirksam gehalten worden, obwohl ihre Fassung gelegentlich nur geringfügig differierte.

---

[1] Baur, Anpassungsr., S. 6; ders. ZIP 1985, 905; ders. JBL 1987, 139; Steindorff, BB 1983, 1127; Horn, NJW 1985, 1118; Rothoeft, NJW 1986, 2211; E. Wolf, ZIP 1981, 235; Bilda, MDR 1979, 92; Kunth, BB 1978, 178.

[2] Baur, Anpassungr., S. 6; K. Schmidt, JuS 1984, 745; Horn, NJW 1985, 1119, sieht die Anforderungen des Währungsgesetzes als weitgehend geklärt an.

[3] BGH, NJW 1980, 2518.

[4] BGHZ 82, 21.

[5] Hier seien in jeweils chronologischer Reihenfolge nur genannt:
BGH BB 1983, 921 (18. 5. 1983); BGHZ 89, 206 (21. 12. 1983); BGHZ 90, 69 (1. 2. 1984); BGHZ 92, 200, (27. 9. 1984); BGH NJW 1985, 617 (4. 10. 1984); BGHZ 93, 29 (26. 11. 1984); BGHZ 93, 252 (16. 1. 1985); BGH WM 1986, 73 (29. 10. 1985); BGH NJW 1986, 1803 (6. 3. 1986); BGH ZIP 1986, 919 (26. 5. 1986).

[6] OLG Düsseldorf, DB 1982, 537 (24. 11. 1981), OLG Frankfurt, NJW 1982, 2198 (17. 12. 1981); OLG München, WM 1983, 1275 (22. 9. 1983); OLG Düsseldorf, WM 1984, 1134 (12. 4. 1984); OLG Hamm, WM 1985, 159 (16. 11. 1984); LG Dortmund, WM 1985, 536 (24. 1. 1985); LG Köln, WM 1986, 787 (29. 3. 1985); OLG Frankfurt, NJW 1986, 1355 (14. 5. 1985); OLG Hamm, Recht d. E. 1986, 6 (18. 9. 1985); OLG Hamm, NJW-RR 1986, 927 (14. 3. 1986); Übersicht der jeweiligen Vertragsarten: Paulusch, RWS-Forum, S. 60f.

Äußerungen des Schrifttums belegen, daß eine Klärung der zivilrechtlichen Problematik von Anpassungsklauseln in Allgemeinen Geschäftsbedingungen noch nicht erreicht ist. So stellt Baur[7] fest, daß eine systematische Durchdringung des in Anpassungsklauseln enthaltenen Änderungsinstrumentariums weit entfernt sei. Steindorff[8] hält eine umfassende monographische Bearbeitung der mit Anpassungsklauseln verbundenen Problematik für längst an der Zeit. K. Schmidt[9] mahnt, daß es nicht bei der weitgehenden Enthaltsamkeit des Schrifttums zu Fragen der formularmäßigen Preisanpassung bleiben solle. An anderer Stelle sieht K. Schmidt[10] die nach dem Urteil des BGH[11] zur Tagespreisklausel zu stellenden Anforderungen an Preisänderungsklauseln als noch offen an. Horn[12] diagnostiziert, daß die vom AGB-Gesetz aufgestellten Maßstäbe, an denen die Anpassungsklauseln zu messen seien, noch weiterer Klärung bedürften. Die normativen Voraussetzungen sieht Horn[13] als ungeklärt und umstritten an. Köndgen / König[14] halten die Fragen der formularmäßigen Konditionenanpassung trotz der größten praktischen Breitenwirkung als für ein wissenschaftlich weithin vernachlässigtes Thema. Paulusch[15] meint, daß die Entwicklung der Rechtsprechung zu Preisanpassungsklauseln kaum als schon abgeschlossen bezeichnet werden könne. In die gleiche Richtung weisend erachtet Baur[16] die bisherige Preisklauseln betreffende Rechtsprechung als noch einiger Präzision bedürftig.

Sich dieser Aufgabe zu stellen, wird Inhalt der vorliegenden Arbeit sein. Dabei sind angesichts des breiten Spektrums[17] der Thematik Schwerpunkte zu bilden.

Eine Eingrenzung der Problematik ließe sich aus der Untersuchung eines bestimmten Anwendungsgebietes oder eines speziellen Vertragstyps erreichen[18]. Die vorliegende Arbeit wird einen anderen Weg beschreiten. Ausgehend von der Forderung Horns[19], daß aus den bisher vorliegenden Untersuchungen allgemeine Kriterien für die gesamte Vertragspraxis zu entwickeln seien, werden die

---

[7] Baur, Anpassungsr., S. 28.

[8] Steindorff, ZHR 148 (1984), 271.

[9] K. Schmidt, ZIP 1983, 641.

[10] Staud.-K. Schmidt, Vorbem. D 168 zu § 244 BGB.

[11] BGHZ 82, 21.

[12] Horn, NJW 1985, 1119.

[13] Horn, NJW 1985, 1118.

[14] Köndgen / König, ZIP 1984, 129, Fn. *.

[15] Paulusch, Sonderbeil. Nr. 10, WM 1986, S. 28.

[16] Baur, JBL 1987, 142.

[17] Kegel, S. 138, weist schon 1953 darauf hin, zur Frage der Auswirkung veränderter Umstände auf Rechtsgeschäfte könne man „drei Bände füllen, ohne weitschweifig zu werden".

[18] Vgl. Baur, Anpassungsr. S. 29, welcher insbesondere Anpassungsklauseln im Energiesektor untersucht; der Methodik zustimmend: Horn, NJW 1985, 1120.

[19] Horn, NJW 1985, 1120.

nachstehenden Überlegungen sich zwei aus den Anforderungen des AGB-Gesetzes entstandenen Brennpunkten der Preisklauseln widmen.

Ein erster Brennpunkt wird das bei formularmäßigen Preisregelungen zu beachtende Gebot der bestimmten Klauselfassung darstellen. Insoweit wird in der Rechtsprechung[20] vertreten, daß eine Preisklausel nur dann dem von § 9 AGB-G geforderten Interessenausgleich gerecht werde, wenn die Klausel die Voraussetzungen und den Umfang der späteren Preisänderungen exakt und verständlich bestimme, so daß der Vertragspartner die Berechtigung der vorgenommenen Erhöhungen wie an einer Ermächtigungsklausel messen könne[21].

Im Schrifttum[22] wurde dagegen erkannt, daß eine genaue Festlegung des Anwendungsbereiches und des Umfangs einer Anpassungsklausel ihrem Zweck — das ist das Bemühen um Sicherstellung der Tauglichkeit und Angemessenheit des Vertrages trotz zukünftiger und damit ungewisser Umstände — entgegensteht.

Angesichts dieses Streites der unterschiedlichen Standpunkte gilt es, die normativen Anforderungen des AGB-Gesetzes an die bestimmte Fassung einer Preisklausel zu ermitteln. Dabei ist, wie sich unten zeigen wird, auf eine teleologische Auslegung des § 9 Abs. 1 AGB-G zurückzugreifen.

Als zweiter Brennpunkt soll erörtert werden, ob und unter welchen Umständen dem Vertragspartner im Rahmen einer Preisklausel ein Rücktrittsrecht vom Vertrag einzuräumen ist. Einerseits hat der BGH[23] bei Verwendung einer Preisklausel im nichtkaufmännischen Bereich im Sinne eines angemessenen Interessenausgleiches die Einräumung einer Lösungsmöglichkeit zugunsten des Vertragspartners dann gefordert, wenn eine exakte Definition der Preisänderungsfaktoren aufgrund der Eigenart des Vertrages nicht möglich sei. Andererseits hat der BGH die Einräumung eines Rücktrittsrechts bei Verwendung von Preisklauseln im kaufmännischen[24] wie im nichtkaufmännischen[25] Bereich nicht für erforderlich gehalten, obwohl die ansonsten hohen Anforderungen der Klauselkonkretisierung nicht erreicht waren.

Im Schrifttum[26] wird gegen die Einräumung einer Lösungsmöglichkeit vorgebracht, daß aus rechtlicher Perspektive die Existenz langfristiger Lieferverträge gefährdet und aus ökonomischem Blickwinkel die Rentabilität der vom

---

[20] Vgl. nur BGH ZIP 1986, 919, 922; BGHZ 93, 29, 34; 89, 206, 213; 82, 21, 25/26; BGH NJW 1980, 2518, 2519.

[21] Zuletzt BGH ZIP 1986, 919, 922.

[22] Baur, Anpassungsr., S. 103; Horn, NJW 1985, 1122; Köndgen/König, ZIP 1984, 132; Kunth/Wollburg, BB 1985, 238.

[23] Zuletzt BGH ZIP 1986, 919, 921.

[24] BGHZ 92, 200, 206; 93, 252, 263.

[25] BGH WM 1986, 73, 75.

[26] Baur, Anpassungsr., S. 92.

Klauselverwender erbrachten Investitionen in Frage gestellt sei. Von anderer Seite[27] wird dem BGH vorgeworfen, mit dem Ausweichen auf ein Lösungsrecht zu früh resigniert zu haben. In der Kommentarliteratur[28] hält Schlosser die Einräumung eines Lösungsrechts für überflüssig, weil es bei längerfristigen Verträgen nicht zwangsläufig Festpreise gebe. Dagegen will Löwe[29] dem Vertragspartner eine Lösungsmöglichkeit selbst dann zugestehen, wenn die Preisklausel dem Gebot der bestimmten Fassung genüge.

Die hier sichtbare Diskrepanz zwischen den Bedürfnissen des Klauselverwenders nach flexibler Preisgestaltung auf der einen Seite sowie der durch die Einräumung einer Lösungsmöglichkeit bewirkten Relativierung der vertraglichen Bindung auf der anderen Seite verdeutlicht die Notwendigkeit einer systematischen Einordnung der mit diesem zweiten Brennpunkt verbundenen Rechtsfragen. Dabei wird sich zeigen, daß die geforderte Einräumung eines Rücktrittsrechts einem allgemein gültigen Leitbild im Sinne des § 9 Abs. 2 Nr. 1 AGB-G nicht entspricht.

II. Gang der Untersuchung

Die Untersuchung der von einer geschäftsbedingungsrechtlichen Inhaltskontrolle gestellten Anforderungen bedarf einer geordneten Darstellung der Wirkungsweise der Preisklauseln (Seite 19ff.). Sodann ist die Entwicklung der Rechtsprechung in den genannten Brennpunkten zu beschreiben (Seite 31ff.). Dabei ist ergänzend auf das im Rahmen von Vertragsanpassungsklauseln geforderte Gebot der bestimmten Fassung einzugehen. Nach dieser Analyse wird eine kritische Auseinandersetzung mit den von der Rechtsprechung geprägten Grundsätzen zu erfolgen haben (Seite 73ff.). Auf dieser Basis ist unter Berücksichtigung des einschlägigen Schrifttums eine Neuorientierung zu entwickeln, welche sich an den normativen Wertungen des § 9 AGB-G ausrichten wird (Seite 108ff.). Im Rahmen der Interessenabwägung des § 9 Abs. 1 AGB-G (Seite 112ff.) wird auf eine teleologische Auslegung zurückzugreifen sein (Seite 129ff.), um anschließend zu einer im Vergleich zur bisherigen Rechtsprechung liberaleren Handhabung zu gelangen (Seite 138ff.).

---

27 Ulmer/Brandner/*Hensen*, § 11 Nr. 1, Rn. 14.

28 Staud.-Schlosser, § 11 Nr. 1 AGB-G, Rn. 21.

29 Löwe, BB 1982, 158.

Teil 2

Wirkungsweise der Preisklauseln

I. Terminologie

Die Terminologie für die in Allgemeinen Geschäftsbedingungen verwandten Regelungen zur Festlegung, Änderung oder Anpassung eines Preises ist uneinheitlich[1]. Eine Bestandsaufnahme ergibt ein verwirrendes Bild. Dabei ist klarzustellen, daß die im folgenden genannten Termini jeweils als Oberbegriff für eine Klausel gebraucht werden, welche - quasi in Abgrenzung zur reinen Vertragsanpassungsklausel[2] — allgemein der Definition des Preises dient.

Verbreitet werden solche Klauseln in Rechtsprechung[3] und Literatur[4] als Preisänderungsklauseln bezeichnet. Im gleichen Sinne wird von anderer Seite der Begriff Preiserhöhungsklausel[5] bzw. Preiserhöhungsvorbehalt[6] gebraucht. Synonym werden die Bezeichnungen „Preisanpassungsklausel"[7], „Preisvorbehaltsklausel"[8], „Preisänderungsvorbehalt"[9] gewählt. Eine Zufälligkeit in der Terminologie wird schon daraus deutlich, daß der BGH innerhalb einer Entscheidung mit jeweils gleicher Wortbedeutung von einem „formularmäßigen Preiserhöhungsrecht"[10], von einem „formularmäßigen Preisänderungsvorbe-

---

[1] Staud.—K. Schmidt, Vorbem. D 244 zu § 244; Bilda, S. 23 Rn. 9.

[2] Sehr eingehend: Baur, Anpassungsr., S. 36ff./48ff.; ders. ZIP 1985, 906; Horn, NJW 1985, 1119; Harms, DB 1983, 323ff.; Kunth, BB 1978, 180; Dally, BB 1977, 726; Antoni, Recht d. E. 1984, 2; Futter, BB 1976, 1297; Malzer, BB 1974, 909; Bulla, NJW 1978, 397.

[3] BGH ZIP 1985, 284, 285/286; BGH NJW 1984, 1180, 1181; BGH ZIP 1981, 283, 284; BGH WM 1979, 1097, 1099; BGH WM 1978, 1389, 1390; OLG Schleswig, DB 1986, 586; OLG Frankfurt, NJW 1982, 2198, 2199; OLG Frankfurt, WRP 1981, 396, 397; OLG Frankfurt BB 1980, 1550, 1551; OLG Karlsruhe, VIK-Mitt. 1980, 74, 78.

[4] Staud.—K. Schmidt, Vorbem. D 244 zu § 244; Baur, Anpassungsr., S. 46; Köndgen/König, ZIP 1984, 135; Dürkes, S. 212, Rn. D 64.

[5] BGH WM 1986, 73, 75; BGH NJW 1985, 426, 427; BGH NJW 1980, 2133; BGH NJW 1980, 2518; OLG Düsseldorf, WM 1984, 1135; OLG Frankfurt,BB 1980, 1550; Palandt—Heinrichs, § 11 Nr. 1 AGB-G, Anm. 1 d; Ulmer/Brandner/*Hensen*, § 11 Nr. 1, Rn. 10; MK—Kötz, § 11 AGB-G, Rn. 7; Löwe/*Graf von Westphalen*/Trinkner, Bd. III, 51.3-13, Rn. 4; Graf von Westphalen, AfP 1986, 233.

[6] BGH ZIP 1986, 919, 921.

[7] OLG Düsseldorf, DB 1982, 537; Staud.—Schlosser, § 11 AGB-G, Rn. 21.

[8] Löwe/*Graf von Westphalen*/Trinkner, Bd. III, 59.1-4, Rn. 9; Graf von Westphalen, BGH EWiR § 9 AGB-G, 7/86, 321.

[9] BGH WM 1985, 200; BGHZ 82, 21, 23; BGHZ 90, 69, 71; OLG Hamburg, ZIP 1983, 701; Staud.—Schlosser, § 11 Nr. 1 AGB-G, Rn. 18; Ulmer/Brandner/*Hensen*, § 11, Rn. 5; Köndgen/König, ZIP 1984, 135.

halt"[11] und von einer „Preiserhöhungsklausel"[12] spricht. In einem anderen Urteil verwendet der BGH synonym die Begriffe „Preisklausel"[13], „Preisänderungsklausel"[14], „Preisanpassungsrecht"[15], „Preisänderungsrecht"[16] und „Preiserhöhungsrecht"[17].

Gegenüber dieser Begriffsvielfalt sind andererseits aber auch Vereinheitlichungstendenzen in der höchstrichterlichen Rechtsprechung erkennbar. So unterscheidet der BGH in einer Entscheidung aus dem Jahre 1983[18] erstmals zwischen einer „Preisvorbehaltsklausel"[19] und einer „Preisanpassungsklausel"[20]. Kennzeichnend für die Preisvorbehaltsklausel sei, daß der eigentliche Preis bei Vertragsschluß nicht festgelegt werde, dieser vielmehr späterer Bestimmung „vorbehalten" sei. Hingegen werde bei einer Preisanpassungsklausel[21] der Preis bereits bei Vertragsschluß vereinbart, dieser könne allerdings später „angepaßt" werden.

Dieser terminologischen Einteilung wird im weiteren Verlauf der Darstellung gefolgt werden. Als Oberbegriff der Preisvorbehalts- bzw. Preisanpassungsklausel bietet sich dabei nur der wenig kontrastreiche Ausdruck „Preisklausel"[22] an. Trotz der geringen Schärfe verdeutlicht dieser Terminus losgelöst von der währungsrechtlichen Begriffsbildung[23] jedoch durchaus, daß es sich nicht um Regelungen im Sinne einer Vertragsanpassungsklausel handelt, sondern allein Vereinbarungen gemeint sind, welche sich auf den Preis beziehen. Demgegenüber ist der Terminus der „Preisänderungsklausel" als Oberbegriff nicht ausreichend, da eine Preisänderung jeweils voraussetzt, daß vorher bereits ein Preis vereinbart wurde[24]. Wie aber die Verwendung der Preisvorbehaltsklausel

---

[10] BGH ZIP 1986, 923.

[11] BGH a.a.O.

[12] BGH a.a.O.

[13] BGH ZIP 1985, 284, 286; insoweit auch BGHZ 1, 353, 354; OLG Hamburg, ZIP 1983, 700; OLG Hamm BB 1975, 490.

[14] BGH ZIP 1985, 284, 285.

[15] BGH a.a.O.

[16] BGH a.a.O.

[17] BGH a.a.O.

[18] BGH BB 1983, 921, 922; im gleichen Sinne unterscheidet Bilda, MDR 1979, 89.

[19] Vgl. auch BGH BB 1985, 1351; BGH NJW 1986, 1803.

[20] Vgl. auch BGH NJW 1986, 1803; so auch Paulusch, Sonderbeil. WM 10/86, S. 27; Paulusch, RWS-Forum, S. 58; Mockenhaupt, S. 21.

[21] Im gleichen Sinne ist der Terminus „Preisänderungsvorbehalt" zu verstehen, vgl. BGH BB 1985, 1351.

[22] MK—v. Maydell, § 244, Rn. 26; Staud.—K. Schmidt, Vorbem. D 244 a.E. zu § 244, verwenden diesen Ausdruck für eine Kostenelementklausel im engeren bzw. weiteren Sinne; vgl. insoweit zur Terminologie solcher Klauseln Dürkes, S. 212, Rn. 64/66.

[23] Eine Übereinstimmung der währungsrechtlichen bzw. geschäftsbedingungsrechtlichen Terminologie ist wegen der unterschiedlichen Anknüpfungspunkte nicht vollständig zu erreichen.

zeigt, existieren durchaus Regelungen, nach denen der Preis erst nach Vertragsschluß festgesetzt werden soll. Da der Begriff der „Preisänderungsklausel" diese letztere Konstellation nicht erfaßt, ist er deshalb als übergreifende Bezeichnung nicht tauglich.

Im folgenden ist eine Klassifizierung der typischerweise verwendeten Preisanpassungs- und Preivorbehaltsklauseln vorzunehmen. Diese hat sich an der Funktionsweise der einzelnen Klauseln auszurichten.

II. Automatikklauseln

Charakteristisches Merkmal der Automatikklauseln[25] ist die „automatisch" erfolgende Bestimmung des Preises. Durch die jeweilige Klauselgestaltung wird eine Festlegung des Preises erreicht, ohne daß Willensakte oder Geschäftshandlungen des Klauselverwenders bzw. seines Vertragspartners erforderlich werden. Im Sinne obiger Einteilung sind Automatikklauseln zum einen als Preisvorbehaltsklauseln gebräuchlich[26], d. h., das jeweilige Entgelt errechnet sich erst bei Leistungsaustausch direkt aus der Anwendung der Automatikklausel. Zum anderen sind Automatikklauseln auch als Preisanpassungsklauseln denkbar[27], d. h., ein ursprünglich bei Vertragsschluß festgelegter Preis verändert sich im Rahmen der durch die Klausel bestimmten Faktoren.

Die automatisch erfolgende Festlegung bzw. Anpassung des Entgeltes erfordert eine exakte Fassung des Tatbestandes einer solchen Klausel. Nur bei einer klaren Festlegung der Voraussetzung und des Ausmaßes einer gewünschten Veränderung oder Erstfestlegung des Entgeltes kann die Preisbestimmung automatisch erfolgen. Ein auch nur in Teilen unbestimmter Klauseltatbestand erfordert ansonsten eine Willensbetätigung einer oder beider Vertragsparteien, welche durch die Vereinbarung einer Automatikklausel gerade vermieden werden soll. Es erstaunt somit nicht, daß Automatikklauseln oftmals in ihrem Tatbestand eine mathematische Formel aufweisen. Diese differiert naturgemäß in den verschiedenen Untergruppen der Automatikklauseln.

1. Kostenelementklausel

Mittels einer Kostenelementklausel[28] bezweckt der Verwender die Anbindung des Preises an die Entwicklung der Kostenfaktoren, welche für die Erbringung der vertraglichen Hauptleistung maßgebend sind. Dieses Grundmo-

---

[24] So auch BGH BB 1983, 923.

[25] Zum Begriff vgl.Baur, Anpassungsr., S. 47.

[26] Vgl. nur BGH WM 1979, 1097, 1098.

[27] Beispiel bei Mittelbach, S. 52, Rn. 132.

[28] Zum Begriff vgl. Dürkes, S. 212, Rn. 64; Staud.—K. Schmidt, Vorbem. D 244 zu § 244.

dell der Kostenelementklausel unterteilt sich im wesentlichen in zwei Untergruppen, die Kostenelementklausel im engeren und weiteren Sinne[29].

Bei der ersten Untergruppe zielt die Klauselgestaltung darauf ab, daß sich der Preis der vertraglichen Hauptleistung anteilig entsprechend den wichtigsten Kostenelementen der Hauptleistung ändert. So erklärt sich auch der Zusatz „im engeren Sinne“: über die Klausel ist eine möglichst repräsentative Anbindung des Endpreises an die jeweiligen Kostenelemente gewollt. Anders wirkt die Kostenelementklausel „im weiteren Sinne“[30]. Hier soll die Veränderung nur eines Kostenfaktors eine ebensolche prozentuale Veränderung des Gesamtpreises bewirken[31]. Die Entwicklung nur eines Kostenelementes wird damit zur Bezugsgröße für die Berechnung des gesamten Endpreises[32].

Sowohl bei der Kostenelementklausel im engeren als auch im weiteren Sinne erfolgt die Anbindung des Preises an die jeweilige Kostenentwicklung über eine mathematische Formel. Der Grundtyp dieser Formel lautet wie folgt[33]:

$$P_1 = P_0\left(a + b\frac{M\,1}{M\,0} + c\frac{L\,1}{L\,0}\right).$$

Dabei bedeuten:

P_1 = Endpreis der vertraglichen Hauptleistung
P_0 = Ausgangspreis der Hauptleistung
M_1 = Materialkosten im Zeitpunkt des Leistungsaustausches
M_0 = Materialkosten im Zeitpunkt des Vertragsschlusses oder zu einem bestimmten, vor dem Vertragsschluß liegenden Zeitpunkt
L_1 = Lohnkosten im Zeitpunkt des Leistungsaustausches
L_0 = Lohnkosten im Zeitpunkt des Vertragsschlusses oder zu einem bestimmten, vor dem Vertragsschluß liegenden Zeitpunkt.

Die Werte M_0 und L_0 sind als Basiswerte bereits bei Vertragsabschluß festzulegen. Die Werte M_1 und L_1 sind naturgemäß veränderlich.

a, b, c stellen die prozentualen Anteile der einzelnen Kostenfaktoren an den Gesamtkosten dar;

$a + b + c = 1$

a = Festanteil
b = Materialanteil
c = Lohnanteil.

---

[29] Termini nach Dürkes, S. 214, Rn. 67/68.

[30] Von Staud.—K. Schmidt, Vorbem. D 244 a. E. zu § 244, unter währungsrechtlichem Gesichtspunkt als Preisgleitklausel bezeichnet.

[31] Unzutreffend: Frielingsdorf, DB 1982, 791.

[32] Dürkes, S. 215, Rn. 68.

[33] Finger, DB 1970, 1866; Bilda, S. 85, Rn. 113; Dürkes, BB 1979, 813; Dürkes, S. 246, Rn. 140; Mittelbach, S. 61, Rn. 153; Schmalz, S. 196; Graf von Westphalen, Exportf., S. 106.

Soweit mit dieser Formel eine direkte Anpassung des Preises an die Kostensituation bezweckt wird, stellt die Klausel hinsichtlich ihrer näheren Ausgestaltung hohe Ansprüche an die Vertragsparteien[34].

Erforderlich ist eine der tatsächlichen Kostensituation gerechte Fassung der Gleichung. Unproblematisch ist insoweit die Ausrichtung an mehreren Materialposten bzw. Vorprodukten. Diese Differenzierung läßt sich erreichen, indem der Materialanteil *b* weiter aufgefächert wird[35] und einzelne Vorprodukte mit ihren Basiswerten bzw. Folgewerten in die Formel aufgenommen werden. Der Gesamtansatz des Wertes *b* darf sich dabei aber in seiner absoluten Höhe nicht vergrößern, da ansonsten eine überproportionale Gewichtung der Materialkosten bewirkt würde.

Die jeweilige Gewichtung der Anteile *a, b* und *c* ist von entscheidender Bedeutung für den sich aus der Formel errechnenden Endpreis. Grundsätzlich sorgt der Faktor *a*, welcher als Festanteil nicht mit einem Quotienten aus verschiedenen Material- oder Lohnkosten zu multiplizieren ist, für die Konstanz und Berechenbarkeit der Preisentwicklung[36]. Da *a, b* und *c* — egal wieviele Unterwerte von *b* und *c* gebildet werden — zusammen immer als Summe den Wert 1 zu bilden haben, wird sich der Endpreis um so weniger vom Ausgangspreis P_0 entfernen, je größer der Wert *a* ist[37].

Umgekehrt bewirkt ein hoher Anteil der Werte *b* und *c* eine starke Veränderlichkeit des Preises, da dann Material- und Lohnkostenerhöhungen stärker auf den Endpreis durchschlagen, weil der sich aus der Klammerrechnung ergebende, mit dem Ausgangspreis P_0 zu multiplizierende Faktor größer wird. Ein Klauselverwender, welcher an einer starken Veränderlichkeit interessiert ist, wird deshalb den Festanteil *a* möglichst gering bewerten wollen, um damit — da *a, b* und *c* zusammen den Wert 1 ergeben — die Anteile *b* und *c* um so stärker betonen[38] zu können.

Große Bedeutung kommt ebenfalls dem Ansatz der Material- bzw. Lohnbasiswerte — im obigen Beispiel M_0 und L_0 — zu. Da diese Werte innerhalb der Klammerrechnung als Divisor eingesetzt werden, fällt der sich aus der Klammer ergebende Wert um so größer aus, je kleiner der Ausgangswert für Lohn und Material angesetzt wird. Da über die Multiplikation dieses Faktors mit dem Vertragsbasispreis auch das Produkt jeweils höher ausfällt, steht damit fest, daß ein niedriger Ansatz der Material- und Lohnausgangspreise für relativ starke Steigerungen des Endpreises sorgen.

---

[34] Finger, DB 1970, 1866; Niggemann, RIW 1987, 175.

[35] Finger, DB 1970, 1867.

[36] Ebel, DB 1982, 2608.

[37] Wichmann, S. 186; Futter, BB 1976, 1297; umgekehrt betrachtet Harms, DB 1983, 323 den Fixkostenanteil: dieser könne bei starker Verbilligung der Referenzwerte zu einer Überhöhung des Endpreises führen.

[38] Vgl. zur Tendenz den Sachverhalt der Entscheidungen BGH WM 1979, 1097, 1098; OLG Karlsruhe VIK-Mitt. 1980, 74, 76.

Insgesamt wird deutlich, daß eine vollständige Angleichung des Preises an die Kostenentwicklung trotz der scheinbar exakten Klauselfassung nur schwer möglich ist. Zudem ist eine genaue Erfassung der Material- und Lohnkosten wegen der erforderlich werdenden starken Auffächerung[39] der Anteile *b* und *c* wenig praktikabel, da die Unübersichtlichkeit[40] der obigen Formel trotz der Aufnahme in Allgemeine Geschäftsbedingungen zu einer geringen Akzeptanz[41] seitens des Vertragspartners führt. Aus der Sicht des Klauselverwenders ist im übrigen eine starke Anbindung der Formel an die tatsächliche Kostensituation unerwünscht, da durch eine kostenunmittelbare Formelfassung Rückschlüsse auf die Kalkulationsgrundlagen zu ziehen sind.

Vermieden werden diese Nachteile mit der Verwendung einer der Kostenelementklausel im weiteren Sinne zuzurechnenden Barometerklausel[42]. Die Eigenart dieser Klausel besteht darin, daß in der mathematischen Formel, welche dem obigen Grundmodell entspricht, nicht die tatsächlichen Kostenfaktoren mit ihren tatsächlichen Anteilen berücksichtigt werden, sondern auf Material- und Lohnwerte abgestellt wird, welche für die allgemeine Kostenentwicklung als repräsentativ angesehen werden[43].

Die Funktionsweise dieser Klausel verdeutlich sich schon aus ihrer Bezeichnung. Die Berücksichtigung nur einzelner Material- oder Lohnposten soll gleichsam wie ein Barometer die allgemeine wirtschaftliche Entwicklung wiedergeben[44]. Folge dieser Anbindung der Preisberechnung an nur repräsentative Kostenfaktoren ist allerdings, daß die Bildung überproportionaler, nicht benötigter Preiserhöhungsspielräume bewirkt wird.[45]. Diesem mathematisch bedingten Ergebnis begegnet der Klauselverwender durch eine Teilausschöpfung der Klausel, d.h. es wird nicht der durch die Formel errechnete Preis, sondern ein niedrigeres Entgelt vom Klauselverwender bestimmt[46]. Auf diese Weise vermindert sich dabei der Grad der Bestimmtheit der Barometerklausel. Der auf den ersten Blick mathematisch exakte Tatbestand der Klausel eröffnet eine Rechtsfolge (= hoher Preis), welche von den Vertragsparteien nicht gewollt ist. Die deshalb erfolgende Teilausschöpfung der Klausel, welche der Klauselverwender als nachgebender Teil einseitig bestimmt, eröffnet dabei diesem ein

---

[39] Schmalz, S. 199.

[40] BGHZ 82, 21, 26 bezeichnet die Kostenelementklausel in BGH WM 1979, 1097 als eindrucksvolles Beispiel der mangelnden Nachvollziehbarkeit durch den Vertragspartner.

[41] Finger, DB 1970, 1867.

[42] Zum Begriff: Ebel, DB 1982, 2608; Deparade, ET 1981, 22; Ernst, VIK 1974, 37; Hermann, Recht d.E. 1982, 55; Holzapfl, BB 1974, 912.

[43] Ebel, DB 1982, 2608; ders. BB 1980, 486; Deparade, ET 1981, 22; Ernst, VIK-Mitt. 1974, 37; Hermann, Recht d.E. 1982, 55; Harms, DB 1983, 324; Holzapfl, BB 1974, 912.

[44] Ebel, DB 1982, 2608.

[45] Wichmann, S. 186ff.; *Hermann*/Recknagel/Schmidt-Salzer, Rechtsgrundlagen, Rn. 220; Horn, NJW 1985, 1120; Hermann, Recht d.E. 1980, 8; Ebel, DB 1982, 2608; Ernst, VIK 1974, 37; ders. VIK 1971, 28; Deparade, ET 1981, 22.

[46] Wichmann, S. 115; ders. ZIP 1983, 403.

weites Ermessen. Der ursprünglich hohe Bestimmtheitsgrad des Tatbestandes der Klausel geht damit verloren.

2. Spannungsklausel

Bei Verwendung einer Spannungsklausel wird ebenfalls mittels einer Formel der Endpreis errechnet.

Ein Ausgangspreis wird in Beziehung zum Wert von Gütern oder Leistungen gesetzt, die mit der vom Klauselverwender zu erbringenden Leistung gleichartig sind[47]. Insoweit gerät damit der zu bestimmende Endpreis in ein Spannungsverhältnis zu dem Preis vergleichbarer, ihrerseits im Wettbewerb[48] stehender Güter. Eine Kostenorientierung wie bei der Kostenelementklausel liegt dann nicht mehr vor.

Spannungsklauseln können zum einen als Automatikklausel ausgeformt[49], zum anderen aber auch bei der Preisbestimmung einem Willensakt des Klauselverwenders unterworfen sein[50]. Als Automatikklausel beinhaltet die Spannungsklausel eine Formel, die der bei der Kostenelementklausel benutzten Gleichung nachgebildet ist. Dem unterschiedlichen Formelziel entsprechend wird allerdings statt verschiedener Kostenfaktoren der Basiswert bzw. Folgewert eines der vertraglichen Hauptleistung vergleichbaren Wirtschaftsgutes in die Gleichung eingesetzt, so daß insoweit eine Anbindung des Endpreises an die Entwicklung des Preises des Vergleichsgutes erreicht wird.

3. Indexklausel

Mittels der Verwendung einer Indexklausel[51] wird die Änderung eines Ausgangspreises mit der Entwicklung eines bestimmten im voraus festgelegten Indexes verknüpft[52]. Die sich aus der Indexentwicklung ergebenden Veränderungen des Ausgangspreises werden rechnerisch festgelegt. Je nach Ausgestaltung der Indexklausel kann dabei vorgesehen werden, daß Indexveränderungen erst ab einer bestimmten Höhe zu einer automatischen Anpassung des Preises führen[53].

---

[47] BGH WM 1986, 912; BGHZ 14, 306, 310; Dürkes, S. 181, Rn. 5; K. Schmidt, ZIP 1983, 645; Hermann, Recht d. E. 1980, 7; Frielingsdorf, DB 1982, 790; Mittelbach, S. 63, Rn. 158.

[48] Aus diesem Grund wird die Spannungsklausel als Wettbewerbsklausel bezeichnet; so Kunth/Wollburg, BB 1985, 231; Salinger, S. 12.

[49] Staud.—K. Schmidt, Vorbem. D 245 zu § 244.

[50] Staud.—K. Schmidt, Vorbem. D 245 zu § 244.

[51] Bettermann, ZRP 1974, 13f. will Indexklauseln verbreitet zur Verhinderung inflationsbedingter Entwertungen einsetzen; ebenso: Giersch, S. 23ff.; ähnlich: Schmalz, S. 253ff.; skeptisch: Horn, Geldwertveränderungen, S. 31; a. A.: Reichert-Facilides, JZ 1969, 621, welcher auf Leistungsbestimmungsvorbehalte ausweichen will.

[52] Dürkes, S. 99, Rn. 102ff.

III. Preisänderungsvorbehalt

Der Preisänderungsvorbehalt[54] ist der Gruppe der Preisanpassungsklauseln zuzurechnen. Typisch für diese Klauseln ist, daß der Preis bereits bei Vertragsschluß vereinbart wird, der Klauselverwender als Gläubiger des Preises sich jedoch eine spätere Änderung des Preises vorbehält[55]. Insoweit liegt seitens des Gläubigers eine Befugnis zur nachträglichen Bestimmung des Preises vor, deshalb werden die Klauseln verbreitet auch als Leistungsbestimmungsvorbehalt[56] oder als Leistungsvorbehalt[57] bezeichnet.

1. Tatbestand

Charakteristisch für einen Preisänderungsvorbehalt ist, daß der bei Vertragsabschluß vereinbarte Preis nach Ablauf einer bestimmten Zeit oder mit Eintritt bestimmter Veränderungen durch Vereinbarung beider Parteien oder durch rechtsgeschäftliche Erklärungen einer Partei oder eines Dritten den veränderten Umständen angepaßt wird[58].

Im einzelnen weisen die Preisänderungsvorbehalte die unterschiedlichste Gestaltung auf. Im Tatbestand dieser Klauseln geht es dabei um die Festlegung des Punktes, von dem ab der ursprünglich vereinbarte Preis nicht mehr gelten soll. Eine hohe Bestimmtheit in der Festlegung dieses Punktes wird mit der Bezugnahme auf einen Index erreicht[59]. Bei Überschreiten eines in der Klausel festgelegten Indexwertes hat dann eine neue Preisbestimmung zu erfolgen. Der Klauseltatbestand enthält verbreitet das Erfordernis einer Mindestschwankung, d. h., nur Indexveränderungen, welche einen bestimmten Umfang überschreiten, sollen zum Ausgangspunkt einer Neufestlegung des Preises genommen werden.

In Abgrenzung zu den schon oben genannten Indexklauseln bleibt — mit Blick auf die Rechtsfolgenseite eines Preisänderungsvorbehaltes — dabei hervorzuheben, daß die Veränderung des Indexes nicht automatisch zur proportionalen Änderung des Preises führt. Vielmehr ist bei der eigentlichen Entgeltbestimmung ein Willensakt mit Eröffnung eines Rechtsfolgeermessens erforderlich, welches das entscheidende Abgrenzungskriterium zu den automatischen Gleitklauseln kennzeichnet[60].

---

[53] Vgl. Klauselfassung bei Dürkes, S. 584, Rn. H161.

[54] Zum Begriff vgl. BGHZ 90, 69, 71; BGH NJW 1984, 1180, 1181; BGH BB 1985, 1351; BGHZ 82, 21, 25; OLG Hamburg, ZIP 1983, 700, 701; Baur, Anpassungsr., S. 47.

[55] BGH BB 1985, 1351; BGHZ 90, 69, 73.

[56] Vgl. Staud.—K. Schmidt, Vorbem. D 246 zu § 244; Palandt—Heinrichs, § 245 Anm. 5b aa.

[57] Palandt—Heinrichs, a.a.O.; Mittelbach, S. 66, Rn. 165/167; Robertz, S. 88; Willms/Wahlig, BB 1978, 974.

[58] Staud.—K. Schmidt, Vorbem. D 247 zu § 244.

[59] Zur Klauselgestaltung vgl. Bilda, S. 69, Rn. 74.

Eine geringere Bestimmtheit weist demgegenüber die Listenpreis- und Tagespreisklausel auf. Wesentlich für genannte Klauseln ist, daß sich das Vertragsentgelt nach dem vom Klauselverwender zum Zeitpunkt des Leistungsaustausches geforderten Preis richtet.

Die Tagespreisklausel bestimmt dabei in prägnanter Kürze:

„... gilt der am Tag der Lieferung gültige Preis des Verkäufers“[61].

Mit zusätzlichen Kriterien angereichert lautet die Klausel:

„Die Preise sind freibleibend. Bei einer Steigerung von Material- und Rohstoffpreisen, Löhnen und Gehältern, Herstellungs- und Transportkosten, ist der Lieferer berechtigt, die am Tage der Lieferung gültigen Preise zu berechnen“[62].

In versteckterer Form lautet die Klausel:

„Preiserhöhungen oder Änderungen der ortsüblichen Zustellgebühr entbinden nicht von diesem Vertrag, auch dann nicht, wenn diese Änderungen zwischen Vertragsschluß und Lieferbeginn liegen“[63];

oder in kaum engerer Fassung:

„angemessene Erhöhungen des Abonnementpreises, die entsprechend einer Erhöhung des gebundenen Einzelverkaufspreises erfolgen, ...entbinden nicht von diesem Vertrag, auch dann nicht, wenn diese Änderungen zwischen Vertragsabschluß und Lieferbeginn liegen“[64].

Demgegenüber nehmen sogenannte Listenpreisklauseln nicht auf den jeweiligen Tagespreis, sondern auf vom Klauselverwender allgemein verwandte Preislisten Bezug. Gängige Klauselfassungen lauten wie folgt:

„Die Lieferungen ... erfolgen zu den Preisen der jeweils gültigen Liste“[65];

oder mit anderem Wortlaut:

„Als Kaufpreis gelten ... die am Tage der Lieferung gültigen Listenpreise“[66].

Eine etwas modifizierte Fassung heißt:

„... bei Überschreiten des Festtermins erhöht sich der Gesamtpreis um den Prozentsatz, zu dem der Unternehmer entsprechende Bauwerke im Zeitpunkt des Baubeginns nach der dann gültigen Preisliste anbietet“[67].

---

[60] Vgl. Staud.—K. Schmidt, Vorbem. D 248/249 zu § 244.

[61] BGHZ 82, 21, 22; 90, 69, 70; BGH BB 1983, 921; OLG Düsseldorf BB 1983, 2012; OLG Frankfurt, NJW 1983, 946; OLG Hamm ZIP 1983, 186; ähnl. OLG Frankfurt, WRP 1981, 396.

[62] BGH WM 1985, 199.

[63] BGH NJW 1980, 2518.

[64] BGH ZIP 1986, 919, 920.

[65] BGH ZIP 1985, 284.

[66] BGH NJW 1984, 1180; ähnl. OLG München, ZIP 1983, 837, 838.

[67] BGH BB 1985, 1351.

Kennzeichnend für die Tagespreis- und Listenpreisklausel ist damit, daß der endgültige Vertragspreis sich nach der Bestimmung des Klauselverwenders richtet. Ein geringer gradueller Unterschied besteht zwischen den beiden Klauselvarianten darin, daß die Selbstbindung des Klauselverwenders bei der Listenpreisklausel etwas stärker ist, da die Preisbestimmung sich nach den vom Klauselverwender allgemein herausgegebenen Preislisten richtet. Somit wird ein kurzfristiges Abweichen in der Preisbestimmung verhindert.

In beiden Klauselvarianten wird der Preis zumindest dann bei Vertragsabschluß nicht offengehalten, wenn neben der Bezugnahme auf die Preisliste resp. den Tagespreis das aktuelle Entgelt in das Vertragsformular aufgenommen wird[68]. Damit liegt kein Preisvorbehalt, sondern eine Preisanpassungsklausel vor[69].

Die geringste Bestimmtheit weisen Preisänderungsvorbehalte auf, in denen eine Preisanpassung im Falle der wesentlichen Veränderung der wirtschaftlichen Verhältnisse vorgenommen werden soll[70].

Exemplarisch genannt sei die Klausel:

> „Sollte das wirtschaftliche Wertverhältnis von Leistung und Gegenleistung eine so wesentliche Verschiebung erfahren, daß den Parteien eine Fortsetzung des Vertrages zu den vereinbarten Mietzinssätzen nicht zugemutet werden kann, so ist jede Partei verpflichtet, auf Verlangen der Gegenpartei in Verhandlungen über die Anpassung des Mietzinses einzutreten“[71].

Anhand dieser zuletzt genannten Kriterien verdeutlicht sich, daß der für einen Preisänderungsvorbehalt notwendige Anknüpfungspunkt, von dem ab der ursprünglich vereinbarte Preis den veränderten Umständen anzupassen ist, bei einer qualitativen Umschreibung („Veränderung der wirtschaftlichen Verhältnisse“) sehr viel unsicherer zu bestimmen ist, als bei einer quantitativen Definition dieses Punktes[72].

2. Rechtsfolge

In der Rechtsfolge richtet sich der Preisänderungsvorbehalt auf eine Neufestsetzung des Preises. Wesentlich für diesen Klauseltyp ist dabei, daß die Neufestsetzung nicht quasi automatisch erfolgt, sondern eines Willensaktes der am Vertrag Beteiligten mit entsprechender Ermessensausübung bedarf[73]. Das

---

[68] BGHZ 90, 69, 73; BGH BB 1983, 921, 922; BGH NJW 1984, 1180, 1181; Paulusch, Sonderbeil. WM 10/1986, S. 27; Löwe, BB 1982, 644.

[69] BGH BB 1983, 921, 922; a. A.: Bilda, MDR 1979, 89.

[70] BGH BB 1964, 448; BGH BB 1969, 462; BGH BB 1970, 1323; BGH BB 1971, 288; BGH BB 1979, 1472; Dürkes, S. 270, Rn. D 198ff. m.w.N.

[71] BGHZ 62, 314.

[72] Baur, JBL 1987, 141.

[73] Zu den währungsrechtlichen Anforderungen des Ermessens mit Blick auf § 3 WährG, vgl. Staud.—K. Schmidt, Vorbem. D 248ff. zu § 244.

Ausmaß dieses Rechtsfolgeermessens ist teils in dem Preisänderungsvorbehalt konkretisiert. So kann der neu festzusetzende Preis sich beispielsweise an Indexwerten anlehnen[74], am Stundenlohn in der Klausel benannter Berufsgruppen orientieren[75] oder bestimmte Wertrelationen zum Zeitpunkt des Vertragsschlusses als Anhaltspunkt für die Ermessensausübung nehmen[76].

In der Regel ist die Rechtsfolge eines Preisänderungsvorbehaltes jedoch nicht näher konkretisiert. Aus dem Beispiel der Tagespreisklausel geht hervor, daß inhaltliche Maßstäbe für die Anpassung des Preises nicht vorgegeben sind. Die Zuweisung der Ermessensausübung ist in den Klauselvarianten unterschiedlich gestaltet. Jedoch überwiegend steht die Befugnis zur Anpassung des Preises dem Klauselverwender zu. Diese einseitige Befugnis entspricht dem mit der Verwendung von Allgemeinen Geschäftsbedingungen bezweckten Rationalisierungseffekt[77]. Demgegenüber sind Klauselgestaltungen, in denen der den veränderten Umständen anzupassende Preis einer beidseitigen Einigung der Parteien bedarf[78], wegen der umständlichen Handhabung in Allgemeinen Geschäftsbedingungen selten. Zu nennen bleiben Klauselgestaltungen, in denen die Festsetzungsbefugnis einem Dritten, insbesondere einem Schiedsgutachter zugewiesen ist[79].

IV. Preisvorbehalte

Bei sogenannten Preisvorbehalten[80] behält sich der Klauselverwender die Festsetzung des Entgeltes bis zum Leistungsaustausch vor, ohne daß bereits bei Vertragsabschluß ein Preis vereinbart wird.

Der Inhalt solcher Klauseln beschränkt sich auf wenige Worte. Übliche Klauselgestaltungen lauten:

„Preis freibleibend“[81]

oder

„Preis unverbindlich“[82].

Preisvorbehaltsklauseln weisen die Preisbestimmung dem § 316 BGB folgend dem Klauselverwender zu. Diesem wird damit ermöglicht, den zum Zeitpunkt

---

[74] Vgl. Bilda, S. 117, Rn. 164.

[75] BGH BB 1968, 568.

[76] BGH BB 1960, 344.

[77] Dazu vgl. Kötz, Gutachten, S. 24ff.

[78] Zu individualvertraglichen Abreden vgl. BGH BB 1968, 646; BGH BB 1970, 1324; BGH BB 1971, 289.

[79] Nachweise bei Staud.—K. Schmidt, Vorbem. D 253 zu § 244; Bilda, S. 139, Rn. 191.

[80] Zum Begriff BGH BB 1983, 921, 922.

[81] Graf von Westphalen, Exportf., S. 95f.

[82] Vgl. Bilda, MDR 1979, 89; Schlosser/Coester-Waltjen/Graba, § 11 Nr. 1, Rn. 29; Koch/Stübing, § 11 Nr. 1, Rn. 7.

des Leistungsaustausches geltenden Marktpreis zu erzielen[83]. Festzuhalten bleibt damit, daß inhaltliche Maßstäbe der späteren Preisbestimmung bei Verwendung von Preisvorbehaltsklauseln in der Regel fehlen.

---

[83] Palandt—Putzo, § 433, Anm. 5a bb β (3).

Teil 3

Rechtsprechung zum Bestimmtheitsgebot / Rücktrittsrecht

Im folgenden Teil der Arbeit wird die Entwicklung[1] der Rechtsprechung zum Erfordernis der bestimmten Fassung einer Preisklausel untersucht werden. Damit korrespondierend gilt es, die von der Rechtsprechung in Fällen unbestimmter Klauselfassung geforderte Einräumung eines Rücktrittsrechtes zu erfassen.

I. Grundlagen

Eine zentrale Bedeutung kommt dem Urteil des BGH vom 11. 6. 1980[2] zu. Dem BGH war im Wege einer Verbandsklage gemäß § 13 Abs. 2 Nr. 1 AGB-G folgende im Rahmen eines Vertrages über ein Zeitschriftenabonnement verwandte Klausel vorgelegt worden:

> „Preiserhöhungen oder Änderungen der ortsüblichen Zustellgebühr entbinden nicht von diesem Vertrag, auch dann nicht, wenn diese Änderungen zwischen Vertragsabschluß und Lieferbeginn liegen."

Prüfungsmaßstab war § 9 AGB-G, denn die Klausel enthielt als Allgemeine Geschäftsbedingung ein Preisänderungsrecht des Klauselverwenders. Dem Klauselverbot ohne Wertungsmöglichkeit des § 11 Nr. 1 AGB-G unterfiel die Regelung als Vertragsbestandteil eines Dauerschuldverhältnisses nicht, so daß im Sinne des § 9 Abs. 1 und 2 AGB-G zu untersuchen war, inwieweit das Preisänderungsrecht entgegen den Geboten von Treu und Glauben eine unangemessene Benachteiligung des Vertragspartners darstellte.

Der BGH bejahte eine solche Benachteiligung, weil die Klausel „mit dem wesentlichen Grundgedanken der Preisvereinbarung beim Kaufvertrag nicht zu vereinbaren"[3] sei, indem sie „jede beliebige Erhöhung des Bezugspreises"[4] zuließe. Der BGH forderte im Gegenschluß für die Wirksamkeit einer Preiserhöhungsklausel, daß „der Käufer bereits bei Vertragsabschluß aus der Formulierung der Klausel erkennen kann, in welchem Umfang Preiserhöhungen auf ihn zukommen können und daß er in der Lage ist, die Berechtigung vorgenomme-

---

[1] Allgemeiner Abriß bei: Paulusch, RWS-Forum, S. 66ff.; Brandner, RWS-Forum, S. 41, 46.

[2] BGH NJW 1980, 2518, 2519.

[3] BGH a.a.O.

[4] BGH a.a.O.

ner Preiserhöhungen an der Ermächtigungsklausel zu messen"[5]. Bestrebungen zur klaren und verständlichen Fassung des Klauselwerkes müßten „gegenüber dem in einer Konkretisierung der Klausel liegenden Schutz für den Besteller zurücktreten"[6].

Dieses BGH-Urteil stellte insbesondere wegen der über die Bedeutung des konkreten Falles hinausgehenden Ausführungen zu einer im Sinne des § 9 AGB-G angemessenen Abfassung einer Preisänderungsklausel einen Markstein in der Rechtsprechung zu den Preisklauseln dar.

Erstmalig forderte die höchstrichterliche Rechtsprechung für die Wirksamkeit einer Preisklausel eine Fassung, wonach der Vertragspartner schon bei Geschäftsabschluß aus der konkreten Formulierung ersehen können müsse, unter welchen Voraussetzungen der Klauselverwender zu einer Preisänderung ermächtigt sei. Dieses Postulat könnte nun einfach zu erklären sein, indem dieses Urteil als Konsequenz des am 1. April 1977 in Kraft getretenen AGB-Gesetzes mitsamt einer sich immer mehr differenzierenden Anwendung des § 9 AGB-G verstanden würde. Gegen eine solche Sicht spricht jedoch, daß die in § 9 AGB-G kodifizierten Kriterien über die Generalklausel des § 242 BGB auch schon vor dem Inkrafttreten des AGB-Gesetzes bei der Überprüfung einer Formularklausel galten[7]. Gleichwohl wurden im Zeitraum vor 1980 in der Rechtsprechung Anforderungen an die Bestimmtheit einer Anpassungsklausel nur vereinzelt gestellt.

II. Reichsgericht

Die Judikatur des Reichsgerichts ging wie selbstverständlich von der Gültigkeit einer Preisklausel aus. So hatte das Reichsgericht[8] im Jahre 1922 über die Wirksamkeit einer im Rahmen eines Kaufvertrages verwandten Formularregelung

„Preis freibleibend"

zu entscheiden. Das Reichsgericht stellte fest, daß der bei Abschluß des Vertrages vom Verkäufer genannte Preis zum Zeitpunkt des Leistungsaustausches erhöht werden könne, da sich der Klauselverwender mit der Klausel gerade vorbehalten habe, seine Preise der „Konjunktur bei Lieferzeit"[9] anzupassen.

Auf die bestimmte Fassung der Anpassungsklausel legte das Reichsgericht keinen Wert. So stellte es ausdrücklich fest, daß „die Unbestimmtheit der

---

[5] BGH a. a. O.

[6] BGH a. a. O.

[7] BGHZ 89, 206, 210; 83, 169, 174; 71, 167, 170; 69, 302, 306; 60, 377, 380; BGH NJW 1983, 159; Wolf—*Horn*—Lindacher, § 28, Rn. 1.

[8] RGZ 103, 414, 415.

[9] RGZ 103, 414, 416

Preisabrede ... der bindenden Kraft des Vertrags und dem unveränderten Festhalten der Parteien an seinem Inhalt ... nicht den geringsten Abbruch"[10] tue. Der bei Vertragsabschluß vereinbarte Preis sei entsprechend § 315 BGB angemessen vom Klauselverwender zu bestimmen.

Die anpassungsfreundliche Einstellung des Reichsgerichts mag nun nicht zuletzt mit der historischen Situation zu erklären sein[11], denn es ergaben sich vor dem Hintergrund des ersten Weltkrieges, des Wechsels der Staatsform und der Inflation[12] starke Preisschwankungen. Andererseits ist aber nicht zu übersehen, daß das Reichsgericht die Preisabrede auch unter dem Gesichtspunkt der Bestimmtheit geprüft hat, wenn es unter Verwendung des Superlativs feststellt, daß die Unbestimmtheit der Abrede der Bindung des Vertrags — und damit auch der Wirksamkeit der Preisklausel — nicht „den geringsten Abbruch"[13] tue.

In anderen reichsgerichtlichen Entscheidungen wird auf die bestimmte Fassung einer in Form Allgemeiner Geschäftsbedingungen verwandten Preisklausel nicht explizit eingegangen. So wird in der Klausel

„eine Verbindlichkeit in bezug auf Preise wird nicht übernommen"[14]

die Befugnis des Klauselverwenders gesehen, die Preise nach billigem Ermessen unter Berücksichtigung der Verhältnisse festzusetzen.

Das Reichsgericht sieht bei dieser Preisabrede „keinen Anlaß zu rechtlichen Bedenken"[15] — somit auch keinen Mangel an Bestimmtheit — und erachtet den Vertragspartner auch bei im nachhinein erhöhten Preisen in „fester Verpflichtung"[16] zur Abnahme.

Eine bestimmte Fassung einer Preisanpassungsklausel fordert das Reichsgericht[17] — im Gegensatz zur höchstrichterlichen Rechtsprechung der 80er Jahre[18] — auch in Kaufverträgen über Kraftfahrzeuge nicht. Das Reichsgericht hatte über eine Klausel

„die Preise verstehen sich ohne Verbindlichkeit"[19]

zu entscheiden, nach welcher der Verkäufer trotz Vereinbarung eines bezifferten Kaufpreises Preiserhöhungen vorgenommen hatte. Das OLG Dresden hatte als Berufungsinstanz wegen der Vereinbarung eines bezifferten Preises die Klausel

---

[10] RGZ 103, 414, 415

[11] So Kronke, AcP 183 (1983), 119; Kegel, S. 157.

[12] Zur Argumentation: RGZ 107, 78, 88; RG WarnRspr. 1922, Nr. 114, S. 139; Nr. 115, S. 140f.; RG JW 1923, 753 re. Sp. u.; RG JW 1923, 1321 li. Sp. u.

[13] RGZ 103, 414, 415.

[14] RGZ 104, 306, 307.

[15] RGZ 104, 306, 307.

[16] RGZ 104, 306, 308.

[17] RG JW 1922, 1319; RG WarnRspr. 1922, Nr. 115, S. 140; RG JW 1923, 753.

[18] Siehe nur BGHZ 82, 21; BGH BB 1983, 921, BGHZ 90, 69.

[19] RG JW 1922, 1319.

„infolge ihrer Unklarheit und Mißverständlichkeit“[20] als gegen das Gebot von Treu und Glauben verstoßend angesehen. Das Reichsgericht wiederum hielt die rechtliche Einschätzung des OLG Dresden für „allerdings rechtlich bedenklich und mindestens unzureichend“[21].

Deutlicher konnte das Reichsgericht nicht formulieren, daß es eine bestimmte Fassung der Preisanpassungsklausel nicht für erforderlich hielt. Ansonsten wäre eine solche rigorose Ablehnung der Ansicht des Berufungsgerichts, welches im Grunde genommen die mangelnde Bestimmtheit der Klausel rügte — nichts anderes ist mit den Begriffen der „Unklarheit und Mißverständlichkeit“[22] gemeint —, nicht zu erklären.

Allerdings darf nicht verkannt werden, daß das Reichsgericht zumindest bei der konkreten Anwendung der Preisanpassungsklausel ein gewisses Maß an Eindeutigkeit zugunsten des Vertragspartners verlangt. Das Reichsgericht[23] führt nämlich aus, die Klausel könne „nicht dahin ausgelegt werden, daß sie dem Lieferanten das Recht gibt, bis zum Zeitpunkt der tatsächlichen Lieferung je nach dem zwischenzeitlichen Steigen der Preise mit immer wieder neuen Forderungen von Preiserhöhungen hervorzutreten“[24]. Fordere der Klauselverwender zu einer Zeit, „wo die Lieferung in naher Aussicht steht, eine Preiserhöhung, so gibt er damit seinen Willen kund, die Lieferung zu diesem Preise zu bewirken und sich endgültig an ihn zu binden“[25].

Das Preiserhöhungsrecht sei damit erschöpft und der Vertragspartner müsse sich „im Interesse der Sicherheit des Geschäftsverkehrs“[26] darauf verlassen können, daß der Vertrag zu dem einmal erhöhten Preis durchgeführt werde, solange nicht der Verkäufer bereits bei Anwendung der Klausel sich weitere Preiserhöhungen vorbehalten habe[27].

Festzuhalten ist damit, daß das Reichsgericht keine Anforderungen an die bestimmte Abfassung einer Preisanpassungsklausel stellt. Eine Konkretisierung des Ausmaßes der bei Vertragsschluß eröffneten Preiserhöhungsmöglichkeiten ist nach Ansicht des Reichsgerichtes nicht erforderlich. Daraus erhellt auch, daß die Preisanpassungsklausel nicht der Anforderung einer Ermächtigungsklausel zu genügen brauchte, aus welcher der Vertragspartner die Berechtigung einzelner Preiserhöhungen ersehen könnte. Den durch das Gebot einer bestimmten Fassung beabsichtigten Zweck — u. a. die Verhinderung willkürlicher und überraschender Preiserhöhungen[28] — erreicht die reichsgerichtliche Rechtspre-

---

[20] Zitiert nach RG JW 1922, 1319 re. Sp. u.

[21] RG a.a.O.

[22] OLG Dresden, zitiert nach RG JW 1922, 1319 re. Sp. u.

[23] RG JW 1922, 1319, 1320, li. Sp. u.; ebenso: RG WarnRspr. 1922, Nr. 115, S. 140.

[24] RG JW 1922, 1319, 1320.

[25] RG a.a.O.; im Ergebnis ebenfalls RG WarnRspr. 1922, Nr. 115, S. 140.

[26] RG JW 1922, 1319, 1320.

[27] Rg a.a.O.; RG WarnRspr. 1922, Nr. 115, S. 140.

chung ansatzweise dadurch, indem bei der Ausübung der Preisklausel in der Regel nur eine einmalige Preiserhöhung zugestanden wird, wenn nicht der Klauselverwender sich von vornherein weitere Erhöhungen vorbehalten hat.

III. Bundesgerichtshof / Instanzgerichte

1. Preisvorbehalt / Preisanpassung

a) Zeitraum vor 1980

Die Rechtsprechung des Bundesgerichtshofs und der Instanzgerichte geht im Zeitraum vor 1980, d. h. vor Erlaß des oben behandelten Urteils zur Preisanpassungsklausel in einem Zeitschriftenabonnementsvertrag, nicht explizit auf das Gebot der bestimmten Fassung einer Preisklausel ein.

aa) Erfassung der Rechtsprechung

α) BGHZ 1, 353

So lag dem BGH in einer Entscheidung aus dem Jahre 1951 folgende im Rahmen eines Kaufvertrages über eine Gleisanlage vom Verkäufer verwandte Klausel vor:

„Berichtigung des Preises bei einer eventuellen Änderung der Lohn- und Eisenbahntarife, der Material- und Brennstoffpreise“[29].

Der BGH sah die regelmäßige Bedeutung einer solchen Klausel darin, „daß der Verkäufer den endgültigen Kaufpreis nach billigem Ermessen so zu bestimmen hat, daß dieser mit den jeweiligen Marktpreisen und der jeweiligen Wirtschaftslage übereinstimmt“[30].

Der BGH geht damit wie selbstverständlich von der Wirksamkeit der genannten Klausel aus. Inbesondere wird nicht gerügt, daß die Preisklausel nicht beschreibt, in welchem Maße Preiserhöhungen auf den Vertragspartner zukommen können. Zwar wird in der Klausel allgemein auf die Erhöhung bestimmter, für die Kosten der Lieferung bedeutender Eckwerte Bezug genommen. In der Klausel ist jedoch nicht festgelegt, ob der Kaufpreis sich im gleichen Maße oder nur grob als Ausgangspunkt entwickelt wie die angegebenen Bezugsgrößen. Wenn der BGH aus dieser Klausel liest, daß der Verwender zu einer Preisfestsetzung entsprechend dem jeweiligen Marktpreis zum Zeitpunkt der Lieferung verpflichtet sei, wird der preisbeschränkenden Funktion des Marktes vertraut. Im Unterschied zu dieser Entscheidung hielt der BGH in dem o. a. Urteil aus dem Jahre 1980 die korrigierende Wirkung der Wettbewerbsver-

---

[28] BGH NJW 1980, 2518, 2519.

[29] BGHZ 1, 353.

[30] BGHZ 1, 353, 354.

hältnisse nicht für ausreichend, weil der Vertragspartner bei Vertragsabschluß die Marktpreise zur Zeit der Lieferung noch nicht kenne und er deshalb nicht aus der Preisklausel ersehen könne, in welchem Maße er mit Preiserhöhungen belastet werde[31].

β) BGH NJW 1974, 859

In einer Entscheidung aus dem Jahre 1974 hatte der BGH anläßlich eines Rechtsstreits über die Kaufpreisfestsetzung im Rahmen eines formularmäßigen Kaufvertrages über Kraftfahrzeuge folgende Listenpreisklausel zu beurteilen:

„Die Lieferung des Fahrzeuges ... erfolgt zu den am Tage der Auslieferung des Fahrzeuges geltenden Listenpreisen zuzüglich Umsatzsteuer“[32].

Der BGH mißt die Wirksamkeit dieser Klausel allein an §§ 1, 2, 9 und 10 der Preisauszeichnungsverordnung vom 18. 9. 1969[33]. Die Klausel verstieß zwar gegen die §§ 1 und 2 der Preisauszeichnungsverordnung, ein materiellrechtlicher Aussagegehalt über § 134 BGB wurde der genannten Verordnung vom BGH jedoch nicht zuerkannt[34]. Der BGH stellt sogar ausdrücklich fest, daß die Listenpreisklausel in ihrer Wirksamkeit „aus Rechtsgründen nicht zu beanstanden“[35] sei.

Der BGH bejaht also die Wirksamkeit der Listenpreisklausel, obwohl es sich offensichtlich um ein Preisbestimmungsrecht in Allgemeinen Geschäftsbedingungen handelt. Hervorzuheben ist, daß der 8. Senat die Klausel auch nicht in Ansätzen an § 242 BGB mißt, obwohl die Inhaltskontrolle Allgemeiner Geschäftsbedingungen über die Generalklausel des § 242 BGB knapp 3 Jahre vor Verkündung des AGB-Gesetzes weit fortgeschritten war. Nach späteren Äußerungen des BGH[36] stellt die Inhaltskontrolle nach den §§ 9, 10 und 11 des AGB-Gesetzes im wesentlichen eine legislative Fortschreibung der bereits vorher zu § 242 BGB geltenden Kriterien dar. Um so mehr erstaunt, daß der 8. Senat im Jahre 1974 keine Bedenken wegen der Unbestimmtheit der formularmäßigen Listenpreisklausel erhoben hat.

Gemessen an den Kriterien der Zeitschriftenabonnements-Entscheidung vermag der Vertragspartner bei einer Listenpreisklausel nicht zu ersehen, in welchem Maße spätere Preiserhöhungen auf ihn zukommen werden. Eine Überprüfung der Berechtigung dieser Preiserhöhungen im Sinne einer „Ermächtigungsklausel“[37] scheidet bei einer Listenpreisklausel naturgemäß

---

[31] BGH NJW 1980, 2518, 2519.

[32] BGH NJW 1974, 859.

[33] BGBl 1969, I, 1733.

[34] BGH NJW 1974, 859, 860.

[35] BGH a.a.O.

[36] BGHZ 89, 206, 210; 83, 169, 174; 71, 167, 170; 69, 302, 306; 60, 377, 380; BGH NJW 1983, 159.

aus, weil nicht definiert ist, unter welchen Voraussetzungen und in welchem Maße der Verwender zu Preiserhöhungen befugt sein soll.

Festzuhalten ist damit, daß derselbe Zivilsenat, welcher im Jahre 1980 für die Wirksamkeit einer Preisklausel das Gebot einer bestimmten Fassung im Sinne einer „Ermächtigungsklausel“[38] postulierte, im Jahre 1974 eine inhaltlich nicht konkretisierte Listenpreisklausel „aus Rechtsgründen nicht zu beanstanden“[39] sah.

γ) OLG Hamm, BB 1975, 489

In die gleiche Richtung weist ein Urteil des OLG Hamm aus dem Jahre 1975[40]. Anläßlich einer Klage auf Zahlung eines gegenüber dem Vertragsabschluß um 10% erhöhten Werklohnes hatte das Gericht über folgende in den Allgemeinen Geschäftsbedingungen der Klägerin enthaltene Preisklausel zu entscheiden:

„. . . Alle Preise gelten unter Voraussetzung ungehinderter Bauausführung und gleichbleibender Lohn- und Materialkosten“[41].

Unter Bezugnahme auf die bereits behandelte Entscheidung im BGHZ 1, 353, 354, legt das OLG Hamm der Klausel die Bedeutung bei, daß der Verwender je nach Marktpreis zum Zeitpunkt der Leistungserbringung berechtigt sei, gemäß § 315 BGB einen Teuerungszuschlag auf den vertraglich vereinbarten Werklohn zu erheben[42].

Das OLG Hamm führt aus, die Preisklausel sei „aus dem Gesichtspunkt der Inhaltskontrolle auch jedenfalls dann nicht zu mißbilligen, wenn der vereinbarte Preis nicht ausdrücklich als Festpreis garantiert ist. . .“[43]. Ausdrücklich stellt das Gericht fest, „die Klausel ist auch hinreichend bestimmt, um ein billiges Ermessen im Sinne des § 315 BGB nachprüfbar zu machen. Lohn- und auch Materialpreiserhöhungen gelangen zur allgemeinen Kenntnis, so daß ein Besteller die zu erwartende Erhöhung in etwa schätzen kann“[44].

Das vorstehend beschriebene Urteil weist grundlegende Unterschiede in den Anforderungen an eine formularmäßige Preisklausel gegenüber dem Zeitschriftenabonnement-Urteil des BGH auf. Beachtenswert ist, daß das OLG Hamm eine genügende Bestimmtheit der Klausel schon dann bejaht[45], wenn durch eine

---

37 BGH NJW 1980, 2518, 2519.

38 BGH a.a.O.

39 BGH NJW 1974, 859, 860.

40 OLG Hamm BB 1975, 489.

41 OLG Hamm a.a.O.

42 OLG Hamm BB 1975, 489, 490.

43 OLG Hamm a.a.O.

44 OLG Hamm a.a.O.

45 OLG Hamm a.a.O., li. Sp. u.

Bezugnahme auf die Lohn- und Materialkosten ein billiges Ermessen im Sinne des § 315 BGB eingegrenzt wird.

Demgegenüber konstatierte der BGH im Jahre 1980, daß die sich aus § 315 BGB ergebende Befugnis zur Überprüfung der vom Klauselverwender vorgenommenen Preiserhöhung „das Erfordernis einer Konkretisierung nicht ersetzen“[46] könne.

Ein zweiter großer Unterschied in den beiden Urteilen besteht darin, daß nach Auffassung des OLG Hamm für die Rechtswirksamkeit der Preisklausel ausreichend sei, wenn der Vertragspartner die zu erwartenden späteren Preiserhöhungen in etwa schätzen könne[47]. Demgegenüber ist nach späterer Ansicht des BGH[48] erforderlich, daß der Vertragspartner „bereits bei Vertragsabschluß aus der Formulierung der Klausel erkennen kann, in welchem Umfang Preiserhöhungen auf ihn zukommen“[49]. Letzteren Anforderungen genügte die Klausel nicht, da weder festgelegt war, in welchem Maße die Steigerungen der Eckwerte sich auf den Werklohn auswirken würden, noch diese Steigerungen dem Kunden bei Vertragsschluß bekannt sein konnten.

δ) LG Heidelberg, WM 1975, 1271

In die gleiche Richtung weist ein Urteil des Landgerichts Heidelberg[50] zur Rechtswirksamkeit einer formularmäßigen Zinsanpassungsklausel folgenden Inhalts:

> „Der Zinssatz beträgt 3,75% über dem jeweiligen Diskontsatz der Deutschen Bundesbank, zur Zeit also 7% jährlich... Die Bank behält sich vor, den Zinssatz je nach den Geldmarktverhältnissen zu ändern“[51].

Das Gericht sah die Zinsanpassungsbestimmung gemäß Satz 2 der Klausel als rechtswirksam an, da die Klausel eindeutig sei und zu keinen Unklarheiten Anlaß gebe[52]. Ausdrücklich wurde bejaht, daß die „Klausel nach Treu und Glauben (§ 242 BGB) ... anzuwenden“[53] sei.

Auf den Gesichtspunkt einer konkreten Fassung der Zinsanpassungsklausel wurde nicht eingegangen, obwohl die Entscheidung mit dem Hinweis auf „§ 242 BGB“ durchaus den Besonderheiten einer damaligen Kontrolle der Allgemeinen Geschäftsbedingungen gerecht werden wollte. Aus der Perspektive der späteren Zeitschriftenabonnement-Entscheidung konnte der Kreditkunde bei

---

[46] BGH NJW 1980, 2518, 2519.

[47] OLG Hamm BB 1975, 489, 490 re. Sp. o.

[48] BGH NJW 1980, 2518, 2519.

[49] BGH a.a.O., li. Sp.

[50] LG Heidelberg, WM 1975, 1271.

[51] LG Heidelberg a.a.O.

[52] LG Heidelberg, WM 1975, 1271, 1272 re. Sp.

[53] LG Heidelberg a.a.O.

vorstehender Zinsanpassungsklausel das Ausmaß der Zinsveränderung nicht bereits bei Vertragsabschluß ersehen. Auch kam der Klausel eine Ermächtigungsfunktion bezüglich späterer Zinserhöhungen nicht zu, da der allgemeine Hinweis auf die Geldmarktverhältnisse nicht definierte, in welchem rechnerischen Ausmaß Veränderungen des Geldmarktes sich auf den jeweiligen Zinssatz auswirken sollten.

Nach dem Sinn und Zweck dieser Klausel dürfte dabei eine rechnerische Anbindung an allgemeine Zinsverhältnisse auch nicht gewollt sein, da die allgemeine Bestimmung des Satzes 2 der Klausel — quasi wie bei einer Korrekturklausel[54] — bei Änderungen des Geldmarktes eine Korrektur der mathematischen Ermittlung des Zinssatzes auf der Basis des Diskontsatzes in Handsteuerung ermöglichen sollte. Diese ratio der Geldmarktklausel hat das Landgericht Heidelberg vor Augen, wenn es zwecks Ermittlung eines angemessenen Interessenausgleichs anführt[55], daß die „Zinsklausel in Zeiten erhöhter wirtschaftlicher Unsicherheit bestimmt und geeignet ist, das in der Zurverfügungstellung einer so hohen Summe (DM 200000,— als Bauzwischenkredit, d. Verf.) liegende Risiko für die Bank zu begrenzen und diese insoweit abzusichern". Bei Berücksichtigung dieses Klauselzweckes verblieb damit im Gegensatz zu Satz 1 der Klausel für eine bestimmte Fassung der Klausel kein Raum.

ε) OLG Oldenburg, WM 1977, 1266
LG Berlin, WM 1979, 322

Auf gleicher Linie liegend halten auch das OLG Oldenburg[56] sowie das Landgericht Berlin[57] bei der Frage der Rechtswirksamkeit des § 14 Abs. 2 und 3 a. F. der Allgemeinen Geschäftsbedingungen der Banken eine nähere Bestimmtheit dieser Leistungsbestimmungsrechte nicht für erforderlich. § 14 Abs. 3 AGB-Banken besagt, daß bei einer Überziehung des Dispositionskredites die Bank statt etwa vereinbarter niedrigerer Zinsen gemäß § 315 BGB für Überziehungen geltende Provisionen einseitig festlegen kann.

Beide Gerichte halten diese Klausel auch angesichts des Charakters als Allgemeine Geschäftsbedingung für rechtswirksam, da die Befugnis einer Bank zur einseitigen Festlegung der Überziehungsprovision „üblich und anerkannt"[58] bzw. die Bank an den gesetzlichen Rahmen der Billigkeit gebunden und der Vertragspartner „somit nicht in einer Rechtsposition beeinträchtigt"[59] sei. Auf die unbestimmte Fassung der formularmäßigen

[54] Zur Wirkungsweise siehe Baur, Anpassungsr., S. 34ff.
[55] LG Heidelberg, WM 1975, 1271, 1272.
[56] OLG Oldenburg, WM 1977, 1266.
[57] LG Berlin, WM 1979, 322.
[58] OLG Oldenburg, WM 1977, 1266, 1267 re. Sp.
[59] LG Berlin, WM 1979, 322.

Einräumung eines Leistungsbestimmungsrechtes wird dabei von beiden Gerichten trotz des Maßstabes der Inhaltskontrolle nicht eingegangen.

ζ) BGH NJW 1979, 2353

Im Unterschied zur bisher dargestellten Rechtsprechung werden vom BGH erstmalig im Jahre 1979 strengere Maßstäbe an die bestimmte Fassung einer Preisanpassungsklausel gestellt. Der 6. Zivilsenat hatte einen Rechtsstreit über die Wirksamkeit der rückwirkenden Erhöhung von Einbettzimmerzuschlägen im Rahmen eines Krankenhausaufnahmevertrages zu entscheiden. Der beklagte Krankenhausträger berief sich gegenüber dem Kläger, welcher über die streitbefangenen Wahlleistungen einen privatrechtlichen Vertrag geschlossen hatte, auf folgende Klausel:

> „Sofern für die Zeit des stationären Krankenhausaufenthaltes das allgemeine Benutzerentgelt durch Festsetzungsbescheid des Hessischen Sozialministers geändert wird, so ist das veränderte Benutzerentgelt in seiner vom Hessischen Sozialminister festgesetzten Höhe von dem Tag ab zu zahlen, an dem es — ggf. auch rückwirkend — nach Maßgabe des Tarifes für Benutzerentgelte ... in Kraft tritt. Dies gilt gleichermaßen auch für eine auf die Neufestsetzung des allgemeinen Benutzerentgeltes zurückgehende Änderung des Zuschlages für die Inanspruchnahme eines Einbettzimmers“[60].

Der 6. Senat unterwarf diese Formularklausel gemäß § 242 BGB der Inhaltskontrolle und bejahte die angemessene Berücksichtigung der Interessen des Krankenhausbenutzers u. a. deshalb, weil nach der Klauselfassung „das Maß der Erhöhung durch die von der zuständigen Landesbehörde festgesetzte Erhöhung des allgemeinen Pflegesatzes bestimmt, jedenfalls nach oben hin begrenzt wird“[61].

Diese Argumentation des 6. Senates liegt bereits auf der Linie des Urteiles des 8. Senates zum Zeitschriftenabonnement aus dem Jahre 1980, demnach eine Preisklausel unangemessen ist, wenn sie jede beliebige Erhöhung des Preises zuläßt[62] Indem der 6. Senat bei der Untersuchung, ob die Preisklausel die Interessen des Vertragspartners angemessen berücksichtigt, auf die Begrenzung der durch die Klausel eröffneten Preissteigerung abstellt, wird insoweit das gleiche Kriterium geprüft, wie es im Jahre 1980 der 8. Zivilsenat explizit hervorgehoben hat. Mit der Anbindung an die behördlich genehmigten Benutzerentgelte war es dem Vertragspartner einer Wahlleistung ermöglicht, „die Berechtigung vorgenommener Preiserhöhungen an der Ermächtigungsklausel zu messen“[63].

Aber auch in einem weiteren Punkt nimmt das vorstehend erörterte Urteil des 6. Senates das vom 8. Senat ein Jahr später geforderte Kriterium vorweg, daß

---

[60] BGH NJW 1979, 2353.

[61] BGH NJW 1979, 2353, 2354.

[62] BGH NJW 1980, 2518, 2519.

[63] BGH a. a. O.

nämlich der Vertragspartner schon bei Vertragsabschluß aus der Formulierung der Preisklausel den Umfang der späteren Preiserhöhungen erkennen können müsse[64]. Insoweit stellt der 6. Senat fest, daß die Preisklausel im Rahmen des Krankenhausaufnahmevertrages dem „Interesse (des Patienten, d. Verf.) an umfassender Kenntnis der auf ihn zukommenden Belastungen“[65] gerecht werde, weil der Patient als Vertragspartner „die Absicht des Krankenhausträgers, die Zuschläge zu erhöhen, bereits bei der Aufnahme klar erkennen“[66] könne. Der Vertragspartner habe damit die Möglichkeit, „sich über die ungefähre Höhe des Anhebungsbetrages zu erkundigen“[67].

Eine strengere Auffassung vertrat dagegen das Landgericht Frankfurt[68] schon im Jahre 1977, welches aus dem Gesichtpunkt der Inhaltskontrolle einer Preisklausel[69] im Rahmen des angemessenen Interessenausgleichs eine Pflicht des Krankenhausträgers entwickelte, dem Krankenhausbenutzer bereits bei Vertragsabschluß einen Hinweis zu geben, daß ein Antrag auf Neufestsetzung der Pflegesätze laufe, sowie ihn gleichzeitig über die beantragte Höhe noch vor der Genehmigung zu unterrichten.

Aus den Urteilen des 6. BGH-Senates im Jahre 1979 sowie des LG Frankfurt im Jahre 1977 ergibt sich damit, daß das vom 8. BGH-Senat im Jahre 1980 ausdrücklich postulierte Gebot, der Vertragspartner müsse bereits durch die Klauselfassung über das „ob“ und „wie“ einer Preiserhöhung unterrichtet werden, bereits kurz nach Inkrafttreten des AGB-Gesetzes — wenn auch auf der Grundlage des § 242 BGB — in der Rechtsprechung gefordert wurde.

bb) Zwischenergebnis

Die Analyse der vor der Entscheidung des 8. BGH-Senates zur Preisanpassungsklausel in einem Dauerschuldverhältnis ergangenen Rechtsprechung führt somit zu folgendem Zwischenergebnis:

- Die Rechtsprechung des Reichsgerichts stellte an die Bestimmtheit einer Preisklausel keine Anforderungen. Ein Schutz des Vertragspartners wurde erreicht, indem mehrfache und vorbehaltlose Entgelterhöhungen als gegen Treu und Glauben verstoßend angesehen wurden.
- Die frühe Rechtsprechung des Bundesgerichtshofs verlangte ebenfalls für die Rechtswirksamkeit einer Preisklausel keine konkrete Klauselfassung.
- Eine restriktivere Haltung der Rechtsprechung wird nach dem Inkrafttreten des AGB-Gesetzes erkennbar, obwohl sich die Inhaltskontrolle für Altfälle

---

[64] BGH a. a. O.

[65] BGH NJW 1979, 2353, 2355; ebenfalls: LG Frankfurt NJW 1978, 595, 596.

[66] BGH a. a. O.

[67] BGH a. a. O.

[68] LG Frankfurt, NJW 1978, 595, 596 re. Sp.

[69] Fast identisch mit der hier untersuchten Klausel.

gemäß § 28 AGB-Gesetz nach bisherigem Recht, d.h. nach § 242 BGB richtete. Die Urteile des 6. BGH-Senates sowie des Landgerichts Frankfurt betrafen Fälle, in denen das Entgelt nicht wettbewerbsorientiert war, vielmehr sich nach behördlich festgesetzten Benutzerentgelten richtete, welche auf die privatrechtlichen Verträge übertragen wurden.

— Das Urteil des 8. BGH-Senates aus dem Jahre 1980 weitete dieses Gebot der bestimmten Fassung einer Preisklausel auch auf marktorientierte Preise aus und stellt die Anforderungen an die Wirksamkeit einer Preisklausel deutlicher als bisher in den Vordergrund. Mit dieser Einschränkung kommt dem Urteil des 8. Zivilsenates die Funktion eines Marksteines zu. Inwieweit diese Linie in der Rechtsprechung weiter verfolgt und differenziert wurde, wird in der folgenden Analyse der Entscheidungen aus der zweiten Jahreshälfte 1980 bis 1986 zu untersuchen sein.

b) Zeitraum nach dem 11. Juni 1980

aa) Nichtkaufmännischer Bereich

α) OLG Frankfurt, BB 1980, 1550

Bereits einen Tag nach dem Urteil des 8. BGH-Senates erging eine Entscheidung des OLG Frankfurt[70] zur interessengerechten Abfassung einer Tagespreisklausel.

Dem Gericht lag folgende im Kraftfahrzeug-Neuwagengeschäft verwandte Klausel vor:

> „Preisänderungen sind nur zulässig, wenn zwischen Vertragsabschluß und vereinbartem Liefertermin mehr als vier Monate liegen; dann gilt der am Tag der Lieferung gültige Preis des Verkäufers“[71].

Das OLG Frankfurt sah die Klausel als unangemessene Benachteiligung gemäß § 9 AGB-Gesetz an, da sie als formularmäßige Preisänderungsklausel einschränkungslos gelten solle. Der Verwender könne „beliebige Preissteigerungen automatisch weitergeben“[72] und es könnten dem Vertragspartner nicht nur durch Kostensteigerungen begründete Preiserhöhungen, sondern auch willkürliche Preissteigerungen, welche sich aus der Ausnutzung der Marktsituation ergäben, überbürdet werden. In dieser Situation sei zudem „das Interesse des Vertragspartners, der sich nach erfolgter Preissteigerung zumindest vom Vertrag muß lösen können, unberücksichtigt geblieben“[73].

---

[70] OLG Frankfurt, BB 1980, 1550.

[71] OLG Frankfurt a.a.O.

[72] OLG Frankfurt a.a.O.

[73] OLG Frankfurt, BB 1980, 1550, 1551.

β) BGHZ 82, 21

Der 8. BGH-Senat bestätigte vorstehendes Urteil in der Revisionsinstanz am 7. Oktober 1981[74].

Der BGH hob hervor, daß formularmäßige Preisanpassungsklauseln dann nicht mehr gemäß § 9 AGB-Gesetz angemessen seien, „wenn sie es dem Verkäufer als Verwender ermöglichen, über die Abwälzung der Kostensteigerungen hinaus den vereinbarten Kaufpreis ohne jede Begrenzung anzuheben, — sei es, um künftig zu erwartende Kostensteigerungen vorweg aufzufangen, sei es, um sich angesichts der besonderen Nachfrage einen zusätzlichen Gewinn zu sichern“[75]. Diese Merkmale sah der BGH bei der o.g. Tagespreisklausel verwirklicht, denn „angesichts ihrer uneingeschränkten Fassung ermöglicht die Klausel jede beliebige Preiserhöhung, auch soweit sie durch zwischenzeitlichen Kostenanstieg nicht gedeckt ist“[76]. Eine Angemessenheit der Preise sei auch durch die Wettbewerbslage nicht gewährleistet, weil der Verwender gerade nicht gehindert sei, einen nach Marktlage erzielbaren höheren Gewinn in den Preis einzubeziehen.

Der BGH[77] sieht es angesichts dieser Forderungen an die Abfassung einer Preisanpassungsklausel als naheliegend an, daß es dem Klauselverwender wegen der zahlreichen Faktoren, die für eine notwendige Preiserhöhung maßgebend sein könnten, nicht möglich sei, eine Preisklausel in einer für den Vertragspartner nachvollziehbaren Form zu fassen[78]. Prägnant formuliert der 8. BGH-Senat, daß „eine allgemein gehaltene Fassung des Anderungsvorbehalts dahingehend, daß Preiserhöhungen lediglich im Umfang zwischenzeitlicher Kostensteigerungen zulässig sind, ... die sich aus § 9 AGB-G ergebenden Bedenken ebensowenig ausräumen wie eine komplizierte, alle Faktoren der Kostensteigerung erfassende Klausel, deren Verständnis sich jedoch dem Käufer, wenn er Nichtkaufmann ist, verschließt und deren Voraussetzungen er im übrigen im konkreten Fall ohnehin kaum nachprüfen kann“[79].

Preisklauseln, die diesen sehr hohen und teils vom Verwender nicht zu erfüllenden Anforderungen an die bestimmte Fassung nicht genügen, werden vom 8. BGH-Senat als unangemessen angesehen[80]. Der Senat eröffnet dem auch von ihm gesehenen berechtigten Interesse des Klauselverwenders, „zwischenzeitlich notwendig werdende Preiserhöhungen auf den Käufer abzuwälzen“[81], einen Weg, indem es für erforderlich und angemessen im Sinne des § 9 AGB-G

---

[74] BGHZ 82, 21.

[75] BGHZ 82, 21, 25.

[76] BGH a.a.O.

[77] BGHZ 82, 21, 26.

[78] So auch OLG Düsseldorf, BB 1983, 2012, 2013.

[79] BGHZ 82, 21, 26/27; so auch OLG Düsseldorf a.a.O.

[80] BGHZ 82, 21, 27.

[81] BGHZ 82, 21, 24.

gehalten wird, daß dem Vertragspartner in den Fällen, in denen die notwendige Preiserhöhung einen bestimmten Prozentsatz des Kaufpreises übersteigt, eine Lösungsmöglichkeit vom Vertrag eingeräumt wird[82].

Diese im Verbandsprozeß gemäß § 13 Abs. 2 Nr. 1 AGB-G ergangene Entscheidung des BGH wird später auch für den Individualprozeß[83] vom 8. BGH-Senat[84] bestätigt. Ebenfalls werden die Ausführungen zur Unangemessenheit einer Tagespreisklausel von der späteren Instanzgerichts-Rechtsprechung mitgetragen[85], indem meist knapp auf die „uneingeschränkte Fassung“[86] der Klausel bzw. auf die dadurch eröffneten „nachträglichen einseitigen Preiserhöhungen in beliebiger Höhe“[87] abgestellt wird.

Die in der Rechtsprechung vorgenommene Inhaltskontrolle der formularmäßigen Tagespreisklausel zeichnet sich damit durch folgende Merkmale aus:

(1) Marktpreis-/Kostenorientierung

Im Unterschied zu den Entscheidungen zur Erhöhung eines Krankenhausentgeltes sind die durch die Tagespreisklausel zu erhöhenden Preise marktorientiert. Trotzdem hält die Rechtsprechung eine durch Preisklauseln bezweckte Erhöhung der Preise nur bei reinen Kostensteigerungen, welche zwischen Vertragsabschluß und Leistungsaustausch liegen, für angemessen. Nur Preisklauseln, die eine solche Beschränkung auf im einzelnen aufzugliedernde Kostensteigerungen sicherstellen, seien angemessen im Sinne des § 9 AGB-Gesetz.

Insoweit stoßen zwei grundverschiedene Prinzipien der Preisbildung aufeinander. Zum einen richtet sich die Höhe der vertraglichen Gegenleistung nach den Mechanismen des Wettbewerbes, d. h. die Vertragspartner vereinbaren den Marktpreis im Zeitpunkt des Vertragsschlusses; zum anderen ist aber dann dieser Marktpreis bis zum Austausch der vertraglichen Hauptleistung von der weiteren Entwicklung auf dem Markt abgekoppelt, der endgültige Preis ist vielmehr — so die Konsequenz der Rechtsprechung zur Tagespreisklausel — entsprechend der Kostensteigerung zu berechnen. Die Kostensteigerung ist jedoch an die Entwicklung des Marktpreises des Endproduktes, also der vertraglichen Hauptleistung, im engeren Sinne nicht gebunden, da die Marktmechanismen sich ganz überwiegend nur auf das Endprodukt beziehen, nicht

---

[82] BGHZ 82, 21, 27.

[83] Staud.—K. Schmidt, Vorbem. D 168 zu § 244; Kötz BB 1982, 647 betonten demgegenüber, daß die Tagespreisklauselentscheidung sich aus den Besonderheiten des § 13 AGB-G verstehe.

[84] BGH BB 1983, 921, 923; BGHZ 90, 69; NJW 1984, 1180, 1181.

[85] LG Nürnberg-Fürth, BB 1982, 456; OLG Frankfurt, NJW 1983, 946; OLG Düsseldorf, BB 1983, 2012, 2013; OLG Stuttgart, BB 1982, 148.

[86] LG Nürnberg-Fürth, a. a. O.

[87] OLG Frankfurt, a. a. O.

aber schon auf einzelne Kostenansätze der Vorprodukte gerichtet sind. Dem Abnehmer des Endproduktes kann nämlich gleichgültig sein, inwieweit sich die Kostenstruktur und -höhe der für die Erbringung der Hauptleistung wesentlichen Faktoren entwickelt, da seine Entscheidung zum Vertragsschluß allein von dem Preis des von ihm begehrten vertraglichen Endproduktes abhängt. Damit ergibt sich folgende Konsequenz:

Indem die Rechtsprechung einzig Kostensteigerungen als angemessenen durch eine Tagespreisklausel eröffneten Grund zur Preiserhöhung ansieht — jedenfalls soweit die Tagespreisklausel als Ermächtigung zur Vornahme berechtigter Preiserhöhungen verstanden wird — ist den Vertragsparteien gemäß § 9 AGB-G eine formularmäßige Vertragsgestaltung verwehrt, demnach der Vertragspartner „den Marktpreis zur Zeit der Lieferung des Kraftfahrzeuges" als Kaufpreis zu zahlen hat.

(2) Konkretisierung der Preissteigerungsfaktoren

Die Beschränkung der Preiserhöhungsmöglichkeit auf zwischenzeitliche Kostensteigerungen führt im übrigen zu dem Ergebnis, daß dem vom BGH geforderten Gebot der bestimmten Fassung in der Praxis nicht nachgekommen werden kann. Denn dieser Forderung genügt weder ein pauschaler Hinweis auf zwischenzeitliche Kostensteigerungen[88] noch eine komplizierte und alle Faktoren der Kostensteigerungen erfassende, für den Nichtkaufmann jedoch unverständliche Klausel[89]. Daraus ergibt sich, daß der 8. BGH-Senat sehenden Auges[90] Anforderungen an die Bestimmtheit einer Tagespreisklausel stellt, welche vom Klauselverwender faktisch nicht erfüllt werden können. Darüber hinaus zwingt eine kostenrepräsentative Fassung der Preisklausel den Verwender zu einer teilweisen Offenlegung der Kalkulation, obwohl der 8. Zivilsenat an anderer Stelle[91] durchaus ein Interesse des Klauselverwenders anerkennt, die Kalkulationsgrundlagen nicht dem Vertragspartner darlegen zu müssen.

Das Postulat der Rechtsprechung nach genügender Bestimmtheit führt damit den Verwender einer Tagespreisklausel in eine Aporie. Auf der einen Seite hat er die Tagespreisklausel so zu fassen, daß eine Befugnis zu Preiserhöhungen nur bei zwischenzeitlichen Kostensteigerungen eröffnet wird. Auf der anderen Seite soll aber weder ein allgemeiner Hinweis auf Kostensteigerungen noch eine komplizierte Kostenfaktorenerfassung dem Bestimmtheitsgebot genügen. Per se führt diese Sicht dazu, daß die Tagespreisklausel trotz Anerkennung eines Interesses des Verkäufers an flexibler Preisgestaltung[92] unangemessen im Sinne des § 9 AGB-G ist.

[88] BGHZ 82, 21, 26.

[89] BGH a.a.O.

[90] BGH a.a.O.; ebenfalls OLG Düsseldorf, BB 1983, 2012, 2013.

[91] BGH NJW 1970, 29, 32.

[92] BGHZ 82, 21, 24.

Als Konsequenz ergibt sich damit, daß die Rechtsprechung im Grunde genommen das Gebot der bestimmten Klauselfassung aufgegeben und dieses durch das Postulat der Einräumung eines Lösungsrechts ersetzt hat[93]. Ob einem solchen Rücktrittsrecht eine ausgleichende Wirkung im Rahmen der gemäß § 9 AGB-G vorzunehmenden Interessenabwägung zukommt, bleibt späterer Untersuchung vorbehalten.

γ) OLG Frankfurt, WRP 1981, 396

Noch vor dem oben genannten Urteil des BGH vom 7. Oktober 1981 entschied im Januar desselben Jahres das OLG Frankfurt über folgende im Möbelhandel mit Nichtkaufleuten verwandte Preisklausel:

„...sind längere Lieferzeiten (als 4 Monate, d. Verf.) vereinbart, so werden die am Liefertag gültigen Preise des Verkäufers berechnet“[94].

Der Senat hielt gemäß § 9 AGB-G die Klausel für unangemessen, weil dem Möbelkäufer „vertraglich ein Kündigungs- oder Rücktrittsrecht bei Preiserhöhungen nicht eingeräumt ist und ... beliebige Preissteigerungen automatisch weitergegeben werden können“[95].

δ) OLG Frankfurt, NJW 1982, 2198

Einen noch strengeren Maßstab verlangt das OLG Frankfurt für die Angemessenheit einer in einem Reisevertrag verwandten Preisklausel folgenden Inhalts:

„Sollten sich nachträglich Veränderungen der behördlich festgelegten oder genehmigten Beförderungstarife, der Steuern oder öffentlichen Abgaben ergeben, sind wir zu einer auch nachträglichen Anpassung unserer Preise an die veränderte Situation berechtigt“[96].

Das Gericht sah diese Klausel als nicht interessengerecht an, da sie nicht das Recht zur Lösung vom Vertrag zubillige und keine Bestimmung enthalten sei, bis zu welchem Betrag und bis zu welcher Größenordnung Preisanhebungen aufgrund der Erhöhung der Beförderungstarife, Steuern und Abgaben hinzunehmen seien[97].

Erstaunlich ist bei dieser Entscheidung, daß im Grunde genommen die Preisklausel eine Beschränkung auf reine Kostensteigerungen enthält und diese auch aufgegliedert genannt werden, trotzdem aber der Senat eine „einschränkungslose“[98] Klauselfassung annimmt. Die hier gerügte mangelnde

---

[93] Horn, NJW 1985, 1122.

[94] OLG Frankfurt, WRP 1981, 396.

[95] OLG Frankfurt, WRP 1981, 396, 397

[96] OLG Frankfurt, NJW 1982, 2198.

[97] OLG Frankfurt, NJW 1982, 2198, 2199.

Einschränkung der Klausel kann sich dabei nur auf die Größenordnung beziehen. Insoweit war aber auch dem Verwender eine Angabe kaum möglich, da ihm als Reiseunternehmer eine Beeinflussung der in der Klausel benannten Kostenfaktoren nicht möglich war.

Im wesentlichen stützt damit der Senat in Erweiterung zur bisherigen Rechtsprechung das Erfordernis der Einräumung eines Rücktrittsrechts nicht auf die hier grundsätzlich gegebene Bestimmtheit der Klausel, sondern auf den Gedanken der individuellen Zumutbarkeit einer Preiserhöhung. Keinen anderen Gesichtspunkt dürfte der Senat verfolgt haben, wenn er formuliert, „der Verbraucher ... darf hier nicht einseitig festgelegt werden, vielmehr muß für ihn die Möglichkeit bestehen bleiben, gerade bei besonders erheblichen Veränderungen der Beförderungsentgelte, die auf den ihm berechneten Preis durchschlagen, sich vom Vertrage lösen zu können“[99].

ε) LG Frankfurt, DB 1984, 2505

Auf der Linie der BGH-Rechtsprechung zur Tagespreisklausel bewegt sich demgegenüber ein Urteil des Landgerichts Frankfurt aus dem Jahre 1984. Im Verbandsprozeß war über folgende Klausel eines Sprachunterrichtsvertrages zu befinden:

> „Die Schulleitung ist berechtigt, die monatlich zu entrichtende Unterrichtsgebühr nach pflichtgemäßem Ermessen zu ändern“[100].

Die Kammer hielt die Klausel gemäß § 9 AGB-G für unangemessen, weil nicht nur Kostensteigerungen abgewälzt werden könnten, sondern je nach Konkurrenzlage die Unterrichtsvergütung auch ansonsten angehoben werden könne. Die Begrenzung auf pflichtgemäßes Ermessen stelle keine solche Einschränkung des Anwendungsbereichs dar, welche zur Angemessenheit der Klausel führe[101], da auch im Fall von Preiserhöhungen ein Rücktrittsrecht nicht eröffnet werde[102].

Somit weist die vorliegende Interessenabwägung die bekannte Argumentation auf, daß gerade wegen der fehlenden Bestimmtheit der Preisklausel ein Rücktrittsrecht zu eröffnen sei.

ζ) OLG Düsseldorf, WM 1984, 1134

Strenge Anforderungen an die Bestimmtheit einer Preisanpassungsklausel verlangt das OLG Düsseldorf im Jahre 1984. Im Verbandsprozeß war über

[98] OLG Frankfurt, NJW 1982, 2198, 2199.

[99] OLG Frankfurt, a.a.O.; auf den Gedanken der Zumutbarkeit abstellend auch BVerwGE 61, 59, 71.

[100] LG Frankfurt, DB 1984, 2505.

[101] LG Frankfurt, a.a.O.

[102] LG Frankfurt, DB 1984, 2505, 2506.

folgende, von einem Einzelhandelsunternehmen bei dem Verkauf von Komplettküchen verwandte Klausel zu entscheiden:

> „Nach den gesetzlichen Bestimmungen ist eine Erhöhung der im Kaufvertrag angegebenen Preise nur dann zulässig, wenn vom Zeitpunkt der Lieferung vereinbarungsgemäß mehr als 4 Monate verstrichen sind. Voraussetzung für eine Erhöhung ist außerdem, daß der Hersteller die Preise ebenfalls angehoben hat; die Erhöhung darf dann nur in diesem Maße erfolgen. Der Verkäufer macht jedoch von der Möglichkeit einer Preiserhöhung nur dann Gebrauch, wenn die Abnahme der Ware durch den Käufer erst nach dem im Kaufvertrag vereinbarten äußersten Abnahmetermin erfolgt“[103].

Der Senat hielt die Klausel für unwirksam, „weil sie ... nur scheinbar eine begrenzte, in Wirklichkeit aber einseitige Preiserhöhung ermöglicht, die im Belieben des Herstellers steht, ohne dem Käufer für diesen Fall die Möglichkeit seiner Lösung vom Vertrag einzuräumen“[104].

Die vorliegende Entscheidung stimmt nur auf den ersten Blick mit den bis dahin in der Rechtsprechung entwickelten Kriterien zur Angemessenheit einer Preisklausel überein. Die Klausel weist die Besonderheit auf, daß der Verwender die Weitergabe der ihm vom Hersteller berechneten Preiserhöhungen an den Abnehmer sicherstellen will. Es ließe sich deshalb argumentieren, daß die Preiserhöhungen durch den Hersteller als Kostensteigerungen bei dem Verwender — für ihn erhöhen sich die Einkaufspreise — anzusehen sind. Kostensteigerungen, welche der Klauselverwender hier im gleichen Maße[105] an seinen Vertragspartner weitergeben will, müßten jedoch den bisher entwickelten Kriterien zur angemessenen Klauselgestaltung genügen. Der Senat geht jedoch einen Schritt weiter und hält die Klausel für unangemessen, weil sie nicht die Konstellation ausschließe, daß der Hersteller seine Preise unabhängig von Kostensteigerungen erhöhe[106].

In seiner Argumentation hebt der Senat deutlich hervor, daß der Vertragspartner nicht bei Vertragsabschluß aus der Klauselfassung ersehen könne, in welchem Umfang Preiserhöhungen auf ihn zukämen. Aus dem Zusammenhang der Argumentation wird dabei deutlich, daß der Senat es als umfangmäßige Beschränkung der Preissteigerungsmöglichkeit nicht ausreichen läßt, daß Preiserhöhungen des Herstellers sich im selben Maße[107] auch auf den Abnehmerpreis auswirken sollten, sondern vielmehr verlangt, daß eine zahlenmäßige Begrenzung in die Klausel aufgenommen werde. Inwieweit dabei der Klauselverwender als Eigenhändler die Preiserhöhungen des Herstellers einzuschätzen vermag — nur dann ist eine Begrenzung in der Klausel möglich — wird vom Senat nicht näher untersucht.

---

[103] OLG Düsseldorf, WM 1984, 1134.

[104] OLG Düsseldorf, WM 1984, 1134, 1135/1136.

[105] Siehe den Wortlaut der Klausel.

[106] OLG Düsseldorf, WM 1984, 1134, 1136.

[107] Siehe den Wortlaut in Satz 2, 2. Halbsatz der Klausel.

Hervorzuheben bleibt, daß der Senat auf die begrenzende Funktion des letzten Satzes der Preisklausel nicht eingeht. Insoweit hatte der 8. BGH-Senat in der Tagespreisklauselentscheidung noch konstatiert[108], daß Kostensteigerungen in den Risikobereich des Vertragspartners fielen, wenn die Lieferfrist auf seinen Wunsch zurückzuführen sei. Das OLG Düsseldorf mißt hier der in der Preisklausel enthaltenen Beschränkung, daß Preiserhöhungen erst nach Ablauf des im Vertrag genannten äußersten Abnahmetermins erfolgen sollten, keine Bedeutung zu. Daß aber hier insbesondere Nichtabnahmen aus der Sphäre des Käufers vorliegen können und deshalb in Übereinstimmung mit den genannten Ausführungen des BGH durchaus für diesen Fall eine inhaltliche Einschränkung der Preiserhöhungsmöglichkeiten vorliegt, erkennt der Senat nicht. Soweit das Gericht Fristüberschreitungen aus der Sphäre des Verwenders bedacht haben und deshalb eine Einschränkung konkludent verneint haben sollte, stünde einer solchen Preiserhöhung in der Regel schon § 286 BGB entgegen.

η) OLG Frankfurt, NJW 1986, 1355

An dem Gebot der bestimmten Fassung einer Preisanpassungsklausel hält ebenfalls das OLG Frankfurt im Jahre 1985 bei der Entscheidung über die im Rahmen eines Leasingvertrages verwandte Klausel folgenden Inhalts fest:

> „Bei einer Veränderung der Verhältnisse am Geld- und Kapitalmarkt, z.B. bei Änderungen des Diskontsatzes der Deutschen Bundesbank bis zur Bezahlung des Mietgegenstandes behält sich der Vermieter eine Anpassung des Mietpreises vor..."[109].

Der Senat hält die Klausel für unangemessen gemäß § 9 AGB-G, weil sie nicht aus der Sicht des Verwenders kostenorientiert sei[110]. Anlaß für eine Anpassung solle allgemein eine Veränderung der Verhältnisse am Kapitalmarkt sein, nicht aber eine konkrete Verschlechterung der Refinanzierungsbedingungen des Verwenders. Die gewählte Fassung werde auch dem Erfordernis nicht gerecht, die maßgebenden Umstände möglichst im voraus genau zu bezeichnen[111] und lege auch keine konkret bezeichnete Einschränkung hinsichtlich der Höhe der zu zahlenden Miete fest.

ϑ) OLG Hamm, NJW-RR 1986, 927

Eine vergleichbare Argumentation findet sich im März 1986 in einer im Verbandsprozeß ergangenen Entscheidung des OLG Hamm über folgende Klausel eines Leasingvertrages:

---

[108] BGHZ 82, 21, 24.
[109] OLG Frankfurt, NJW 1986, 1355.
[110] OLG Frankfurt, a.a.O.
[111] OLG Frankfurt, a.a.O.

„Der Leasinggeber kann die Höhe der Mietraten angemessen anpassen, wenn sich solche der Preiskalkulation zugrundeliegenden Faktoren gegenüber dem Stand bei Vertragsabschluß ändern, auf deren Bildung der Leasinggeber keinen Einfluß hat, wie z.B. die Zinssätze auf dem Geld- und Kapitalmarkt“[112].

Der Senat hält die Klausel für unangemessen, weil sie zu unbestimmt gefaßt sei und dem Vertragspartner kein Lösungsrecht biete. Aus der Klauselfassung sei nicht ersichtlich, „auf welche Preisbildungsfaktoren der Verwender keinen Einfluß“[113] habe. Stattdessen habe es nahegelegen, diese Faktoren „eindeutig und unmißverständlich in den formularmäßigen Vertragstext aufzunehmen und nicht lediglich insoweit einen Beispielsfall zu bilden, der ... eine Anwendung auf andere Sachverhalte möglich erscheinen“[114] lasse. Der pauschale Hinweis auf die „mögliche Erhöhung von Preisbildungsfaktoren einer dem Kunden ohnehin nicht mitgeteilten und offengelegten Kalkulation“[115] verhindere keine Preiserhöhungen nach freiem Belieben, da es nach dem Klauselwortlaut auch möglich sei, „bei Veränderungen anderer Faktoren als Geld- oder Kapitalmarktzinsen eine Erhöhung der Leasingraten zu verlangen“[116].

Der Senat verdeutlicht damit noch einmal die Anforderungen an das Gebot einer bestimmten Klauselfassung und stellt heraus, daß der pauschale Hinweis auf Preisänderungsfaktoren einschließlich einer beispielsweisen Benennung solcher Faktoren für eine einschränkende Wirkung im Sinne einer Ermächtigungsklausel nicht ausreichend sei.

Insgesamt befinden sich das OLG Frankfurt sowie das OLG Hamm mit dieser Argumentation im Gefolge der BGH-Rechtsprechung, da genau die Punkte
— fehlende Beschränkung auf Kostensteigerungen,
— fehlende konkrete Angabe der zur Änderung führenden Verhältnisse,
— fehlende Begrenzung im Umfang der Erhöhung,
aus der Sicht der beiden Senate zur Unangemessenheit der Klausel führen.

ι) BGH WM 1985, 199

Diese Linie setzt der 7. BGH-Senat für den werkvertraglichen Bereich fort. Im Dezember 1984 war im Verbandsprozeß über folgende, im nichtkaufmännischen Bereich in Verträgen über Lieferung und Montage von Metallfenstern verwandte Klausel zu entscheiden:

„Die Preise sind freibleibend. Bei einer Steigerung von Material- und Rohstoffpreisen, Löhnen und Gehältern, Herstellungs- und Transportkosten ist der Lieferer berechtigt, die am Tage der Lieferung gültigen Preise zu berechnen“[117].

---

112 OLG Hamm, NJW-RR 1986, 927.

113 OLG Hamm, NJW-RR 1986, 927, 929.

114 OLG Hamm, a.a.O.

115 OLG Hamm, a.a.O.

116 OLG Hamm, a.a.O.

Der Senat sieht die Klausel als unangemessen an, da sie mangels genügender Bestimmtheit dem Verwender die Möglichkeit eröffne, den Preis „ohne jede Begrenzung einseitig anzuheben“[118]. Die Klausel führe nur die Gründe an, welche zur Erhöhung des Entgeltes auf die am Tage der Lieferung gültigen Preise berechtigten. Sie stelle jedoch nicht sicher, daß „Preiserhöhungen nur im Rahmen oder zum Ausgleich der angeführten Preis- und Kostensteigerungen möglich“[119] seien. Der Vertragspartner könne der Klausel nicht den Umfang der Preiserhöhung entnehmen, weil der Verwender bei dem Ausmaß der Preiserhöhung nicht an Steigerungen der in der Klausel genannten Kosten gebunden sei, sondern nach dem Wortlaut der Klausel die am Tage der Lieferung „gültigen Preise“ verlangen wolle.

Die bisherige Rechtsprechung auf Werkverträge ausdehnend betont der BGH in dieser Entscheidung erneut, daß die durch eine Preisklausel bezweckte Erhöhung des Preises wegen einer Kostensteigerung nur dann angemessen ist, wenn bereits die Klausel sicherstellt, daß solche Kostensteigerungen nicht nur den Anlaß für Preiserhöhungen darstellen, sondern diese gerade im Umfang auch begrenzen. Weiterhin wird an dem schon früher geäußerten Postulat festgehalten, daß der Vertragspartner bei angemessener Klauselgestaltung in der Lage sein muß, den Umfang der späteren Preiserhöhung schon aus der Preisklausel entnehmen zu können. Daß aber gerade der Umfang der späteren Kostensteigerungen und damit auch der Umfang der durch die Verwendung der Klausel angestrebten Preiserhöhung dem Verwender bei Vertragsschluß nicht bekannt ist und deshalb von diesem auch nicht in der Klauselfassung berücksichtigt werden kann, geht in die Argumentation des 7. BGH-Senates nicht ein.

κ) BGHZ 94, 335

Bereits ein halbes Jahr später entscheidet der 7. BGH-Senat im Mai 1985 zur Wirksamkeit einer im Rahmen eines Formularvertrages über die Errichtung eines Bauwerkes trotz einer Festpreisabrede verwandten Preisklausel. Der von dem Werkunternehmer zugesagte Festpreis sollte für die gesamte Bauzeit gelten,

> „sofern alle Voraussetzungen zum Baubeginn vor dem 15. September 1980 gegeben sind... Wird der Festpreistermin überschritten, so erhöht sich der Gesamtpreis um den Prozentsatz, für den die Firma ... entsprechende Haustypen zum Zeitpunkt des Baubeginns der Baumaßnahme verkauft bzw. anbietet (z. Z. gültige Preisliste)“[120].

Der Senat erkennt ein Interesse des Werkunternehmers an, den Festpreis auf einen bestimmten Zeitraum zu begrenzen und für den Fall einer Fristüberschreitung eine Preisänderungsklausel in Allgemeinen Geschäftsbedingungen vorzu-

---

[117] BGH WM 1985, 199.

[118] BGH WM 1985, 199, 200.

[119] BGH a.a.O.

[120] BGHZ 94, 335, 336.

sehen[121]. Bei der Fassung einer solchen Klausel sei in besonderem Maße die bei Abschluß eines Festpreisvertrages bestehende Interessenlage des Auftraggebers zu berücksichtigen. Demnach sei eine Preisklausel unangemessen, welche es dem Verwender über die Abwälzung der konkreten Kostensteigerung hinaus ermögliche, die vereinbarte Vergütung ohne jede Begrenzung einseitig anzuheben. Der Besteller müsse die Berechtigung der Preiserhöhungen an der als „Ermächtigungsklausel"[122] fungierenden Preisklausel messen können.

Insoweit entspricht der Duktus des Urteils der schon etablierten Argumentation. Hervorzuheben ist jedoch, daß der 7. BGH-Senat die Beschränkungen auf Kostensteigerungen — und damit letztlich das Gebot einer bestimmten Fassung der Klausel — als Grenze zur Unangemessenheit der Preisklausel erachtet, „jedenfalls im nichtkaufmännischen Verkehr"[123]. Mit dieser äußerlich unauffälligen Einschränkung — welche hier, da es sich um einen Individualprozeß handelt, gerade nicht auf die durch § 13 Abs. 2 Nr. 1, Abs. 3 AGB-G bedingten Besonderheiten des Verbandsprozesses zurückzuführen ist — deutet der BGH für die Frage der Angemessenheit einer Preisklausel gemäß § 9 AGB-G eine Differenzierung zwischen dem kaufmännischen und privaten Verkehr an, welche sich in dem unten zu untersuchenden kaufmännischen Bereich ab 1984 zu einer immer gewichtiger werdenden Zweiteilung entwickeln sollte.

λ) BGH ZIP 1986, 919

Für den nichtkaufmännischen Bereich bekräftigt der 8. BGH-Senat in der bisher jüngsten Entscheidung vom 26. März 1986 die frühere Argumentation. Im Verbandsprozeß war dem Gericht erneut[124] eine im Rahmen eines Zeitschriftenabonnementvertrages von einem selbständigen Vertriebsunternehmen, welches gesellschaftsrechtlich jedoch mit dem Verlag verflochten war, verwandte Klausel folgenden Inhalts vorgelegt worden:

> „Angemessene Erhöhungen des Abonnementspreises, die entsprechend einer Erhöhung des gebundenen Einzel-Verkaufspreises erfolgen, sowie Änderungen der ortsüblichen Zustellgebühr entbinden nicht von diesem Vertrag, auch dann nicht, wenn diese Änderungen zwischen Vertragsabschluß und Lieferbeginn liegen"[125].

Der Senat stellt fest, daß an dem Erfordernis der Konkretisierung der Preiserhöhungsfaktoren festzuhalten sei. Der Klauselverwender habe bei unumgänglichen Preiserhöhungen einen angemessenen Ausgleich zu schaffen, indem er dem Vertragspartner ein Lösungsrecht vom Vertrag zubillige[126].

---

[121] BGHZ 94, 335, 339.

[122] BGHZ 94, 335, 340.

[123] BGHZ 94, 335, 339/340.

[124] Vgl. schon BGH NJW 1980, 2518.

[125] BGH ZIP 1986, 919, 920.

[126] BGH ZIP 1986, 919, 921.

Die Möglichkeit einer unangemessenen freien Preisgestaltung liege bei vorstehender Klausel vor, da trotz der Anknüpfung des Preiserhöhungsrechts an eine Erhöhung des Einzelverkaufspreises der Zeitschrift weder der Umfang einer Preisanhebung begrenzt noch „die Transparenz der Formularbestimmung für den Kunden“[127] erhöht werde. Durch die Bezugnahme auf den Einzelverkaufspreis werde „für den Kunden ... lediglich die eine unkalkulierbare Größe (Preisgestaltung durch den Verwender) durch eine andere (Preiserhöhung durch den Zeitschriftenverlag) ersetzt“[128]. Die Verhinderung überzogener Preiserhöhungen durch den Wettbewerb mit anderen Unternehmen reiche für eine Angemessenheit der Klausel nicht aus[129], denn „nicht den für ihn nicht durchschaubaren und sich wandelnden Wettbewerbsverhältnissen, sondern der Klausel selbst muß der Kunde den Umfang einer in Betracht kommenden Preiserhöhung entnehmen können“[130]. Bei einer angemessenen Preisanpassungsklausel müsse der Vertragspartner — und auch insoweit stimmt das BGH-Urteil mit der bisher entwickelten Rechtsprechung überein — „die Berechtigung einer von dem Klauselverwender vorgenommenen Erhöhung an der Ermächtigungsklausel selbst messen“[131] können. Für den Klauselverwender als rechtlich verselbständigtes Vertriebsunternehmen reiche es für eine vollständige Aufführung der Preissteigerungsfaktoren nicht aus, wenn an die vom Verlag bestimmten Einzelverkaufspreise angeknüpft werde, denn wegen der wirtschaftlichen Verflechtung zum Verlag könnte ansonsten das Gebot zur Konkretisierung einer formularmäßigen Preisklausel unschwer unterlaufen werden[132]. Soweit eine Begrenzung künftiger Preiserhöhungen einschließlich der Konkretisierung der hierfür nötigen Voraussetzungen nicht möglich sei, müsse dem Vertragspartner ein angemessener Interessenausgleich durch Einräumung eines Lösungsrechts vom Vertrag zugestanden werden. Ein solches Lösungsrecht sei auch nicht mit dem Charakter eines Dauerschuldverhältnisses unvereinbar, denn zu berücksichtigen sei, daß „das in Allgemeinen Geschäftsbedingungen einseitig in Anspruch genommene Recht zur Preisänderung ... nicht grundsätzlich, sondern nur unter bestimmten Voraussetzungen zulässig“[133] sei.

μ) Zwischenergebnis

Zusammenfassend ist damit festzuhalten, daß nach gefestigter instanz- und höchstrichterlicher Rechtsprechung formularmäßige Preisklauseln, die gegenüber einem nichtkaufmännischen Vertragspartner verwendet werden, nur dann dem von § 9 AGB-G geforderten Interessenausgleich entsprechen, wenn

---

127 BGH ZIP 1986, 919, 922.

128 BGH a.a.O.

129 BGH a.a.O.

130 BGH a.a.O.

131 BGH ZIP 1986, 919, 922.

132 BGH ZIP 1986, 919, 923.

133 BGH a.a.O.

— dem Gebot einer konkreten Fassung der Klausel genügt sei. Der Klausel müsse unmittelbar zu entnehmen sein, unter welchen Voraussetzungen und in welchem Umfang der Preis erhöht werden könne. Der Preisklausel sei die Funktion einer Ermächtigungsklausel beizulegen, so daß der Vertragspartner die Berechtigung der Preiserhöhung anhand des Klauselwortlautes überprüfen könne.

— Preiserhöhungen nicht schon bei veränderten Marktlagen, sondern nur bei Kostensteigerungen im durch die Preisklausel festgelegten und dem Kostenanstieg proportionalen Umfang verlangt werden könnten. Dies ist eine mittelbare Wirkung des Verständnisses der Preisklausel als Ermächtigungsklausel, denn bei marktorientierten Erhöhungen des Entgeltes entfiele eine Überprüfung der Preiserhöhung durch den Vertragspartner auf ihre Berechtigung.

— dem Vertragspartner ein folgenloses Lösungsrecht eingeräumt werde, falls obigen Geboten nicht nachgekommen werde.

bb) Kaufmännischer Bereich

Eine weniger strenge Linie entwickelte die Rechtsprechung bei Preisklauseln, welche gegenüber Kaufleuten verwandt wurden.

α) OLG Düsseldorf, DB 1982, 537

Zwar war diese Tendenz bei einem Urteil des OLG Düsseldorf[134] aus dem Jahre 1981 noch nicht sichtbar. Zu entscheiden war über die Wirksamkeit folgender Klausel, welche in einem von Kaufleuten abgeschlossenen Werkvertrag enthalten war:

„Erhöhen sich zwischen Vertragsabschluß und Abnahme die unserer Kalkulation zugrundeliegenden Kosten, so sind wir bis zur endgültigen Erledigung des uns erteilten Auftrages berechtigt, die in unserer Auftragsbestätigung genannten Preise entsprechend zu berichtigen“[135].

Der Senat hebt hervor, daß zweifelhaft sei, ob vorstehende Klausel dem angemessenen Interessenausgleich des § 9 AGB-G entspreche, da im Gegensatz zur obigen Klauselfassung die Interessen des Vertragspartners nur bei einer „klar umrissenen Lohn- und Materialpreisgleitklausel“[136] gewahrt seien.

Mit dieser Sicht scheint das OLG Düsseldorf die zwischen Kaufleuten vereinbarte Preisklausel dem zum nichtkaufmännischen Verkehr entwickelten Gebot der bestimmten Klauselfassung unterwerfen zu wollen. Zu berücksichtigen ist allerdings, daß vorstehende Entscheidung bereits zu Beginn der sich erst

---

[134] OLG Düsseldorf, DB 1982, 537.

[135] OLG Düsseldorf a.a.O.

[136] OLG Düsseldorf, DB 1982, 537, 538.

entwickelnden Rechtsprechung zur Angemessenheit von Preisklauseln ergangen ist.

β) BGHZ 93, 252; OLG Hamburg, ZIP 1983, 700

Sehr viel deutlicher geht demgegenüber das OLG Hamburg im Jahre 1983 sowie als Revisionsinstanz der 8. BGH-Senat im Januar 1985 auf die Besonderheiten des kaufmännischen Verkehrs in bezug auf die Angemessenheit folgender Listenpreisklausel eines langfristigen Belieferungsvertrages über Kraftfahrzeug-Schmiermittel ein:

> „Die Lieferungen gegen diesen Abschluß erfolgen zu den Preisen der jeweils gültigen Liste und den Allgemeinen Lieferungs- und Zahlungsbedingungen der V.-GmbH“[137].

Das OLG Hamburg[138] bejaht die Wirksamkeit der Listenpreisklausel, weil es bei langfristigen Belieferungsverträgen als selbstverständlich erscheine, wenn „der Hersteller die Preise festsetzt und sie auch ändert, ohne im Vertrag einen Katalog von Preisänderungsfaktoren aufführen zu müssen, die dem Vertragspartner eine Überprüfung der Preisveränderungen ermöglichen“[139]. Der Vertragspartner werde nicht unangemessen benachteiligt, „wenn der Hersteller die ihn zur Preisänderung bestimmenden Faktoren nicht im einzelnen aufschlüsselt und nachprüfbar macht“[140]. Sehr deutlich hebt der Senat hervor, „die Forderung nach einer ... die Preiserhöhung durchsichtig machenden Ermächtigungsklausel in langfristigen Bezugsverträgen ist nicht zu rechtfertigen“[141].

Eindeutiger konnte die Ablehnung des Gebots der konkreten Fassung einer Preisklausel, insbesondere im Sinne einer Ermächtigungsklausel, kaum ausfallen. Dem OLG Hamburg kam dabei eine Vorreiterfunktion zu, denn diese Entscheidung stellte in der Frage der angemessenen Gestaltung einer Preisklausel mit der starken Differenzierung zwischen einer Verwendung im kaufmännischen bzw. im nichtkaufmännischen Verkehr ein Novum dar.

Der 8. BGH-Senat[142] als Revisionsinstanz hat den Verzicht auf das Konkretisierungsgebot ausdrücklich bestätigt. Das Gericht konstatierte: „Bringt ... die lange Vertragsdauer zwingend das Bedürfnis des Klauselverwenders nach einer Preisanpassung mit sich ... und stößt ... die Formulierung einer Preisänderungsklausel, die dem vom Senat für andere Vertragsgestaltungen aufgestellten Anforderungen an eine Konkretisierung der Preiserhöhungsfaktoren genügen könnte, auf besondere Schwierigkeiten, so kann die den Vertragspartnern im Rahmen eines angemessenen Interessenausgleichs zuzumutende Belastung

---

[137] OLG Hamburg, ZIP 1983, 700; BGHZ 93, 252.

[138] OLG Hamburg, ZIP 1983, 700, 701.

[139] OLG Hamburg a.a.O.

[140] OLG Hamburg a.a.O.

[141] OLG Hamburg a.a.O.

[142] BGHZ 93, 252.

unter Umständen auch in einem nicht näher konkretisierten Preiserhöhungsrecht des anderen Teils bestehen"[143]. „Das Gebot, in einer einseitigen Preisänderungsklausel die preisbildenden Faktoren hinreichend zu konkretisieren, kann . . . nur so weit reichen, wie der Klauselverwender die — zumutbare — Möglichkeit hierzu hat"[144]. Die Frage, ob eine mangelnde Konkretisierung sowie ein fehlendes Lösungsrecht zur Unangemessenheit der Klausel führe, könne deshalb „nicht ohne Berücksichtigung der Art des konkreten Vertrages, der typischen Interessen der Vertragsschließenden und der die jeweilige Klausel begleitenden Regelung entschieden werden"[145].

In einer Gesamtschau berücksichtigt der Senat auf der einen Seite das angesichts der langen Vertragsdauer und der instabilen Rohstoffpreise hohe Interesse des Klauselverwenders an einer durch eine Preisklausel eröffneten variablen Preisgestaltung[146]. Dieses Interesse richte sich insbesondere auch darauf, die Preisgestaltung an der Wettbewerbssituation auf dem Markt ausrichten zu können[147]. Auf der anderen Seite wird die Gefahr einer überhöhten Preisänderung als gering angesehen, da der Klauselverwender ebenso wie der Vertragspartner ein gleichlaufendes Interesse am Absatz der Schmiermittel an den Endverbraucher habe, was aber durch nicht wettbewerbsorientierte Preise erschwert würde[148]. Im kaufmännischen Verkehr seien an die Angemessenheit einer Preisklausel nicht so strenge Maßstäbe wie im nichtkaufmännischen Bereich anzulegen[149], da der kaufmännische Vertragspartner regelmäßig die ihm aufgebürdeten Preiserhöhungen an den Letztverbraucher weitergeben könne[150]. Da die Preisklausel trotz der fehlenden Konkretisierung der Preissteigerungsfaktoren nicht unangemessen im Sinne des § 9 AGB-G sei, brauche deshalb auch dem Vertragspartner nicht zum Ausgleich ein Recht zur Lösung vom Vertrag eingeräumt zu werden[151].

γ) BGHZ 92, 200

Diese Entwicklung weniger strenger Maßstäbe an die Konkretisierung einer im kaufmännischen Verkehr verwandten Preisklausel zeigt sich ebenfalls in einem Urteil des 10. BGH-Senats vom 27. September 1984. Der Senat hat die Wirksamkeit einer in einem Werklieferungsvertrag, welcher sich auf Teillieferungen von Zündholzschachteln auf mehrere Jahre richtete, enthaltenen Preisklausel folgenden Inhalts bejaht:

143 BGHZ 93, 252, 260.
144 BGHZ 93, 252, 263.
145 BGHZ 93, 252, 257.
146 BGHZ 93, 252, 258.
147 BGHZ 93, 252, 262.
148 BGHZ 93, 252, 259.
149 BGHZ 93, 252, 260.
150 BGHZ 93, 252, 261.
151 BGHZ 93, 252, 263.

„Werden Teillieferungen auf Abruf vereinbart, so wird der Kaufpreiswert zwei Jahre nach Erteilung dieses Auftrages fällig. Erhöht der Verkäufer während der Zeit seine Preise allgemein, so ist der Verkäufer berechtigt, auch die hier vereinbarten Preise in gleicher Weise zu erhöhen“[152].

Das OLG Frankfurt hatte als Berufungsgericht die Klausel gemäß § 242 BGB — es handelte sich um einen vor Inkrafttreten des AGB-Gesetzes abgeschlossenen Vertrag, auf den infolge der Definition des Lieferumfanges die Übergangsregelung des § 28 Abs. 2 AGB-G nicht anwendbar war — noch für unwirksam gehalten, da der Vertragspartner aus dem Klauselwortlaut nicht erkennen könne, in welchem Umfang Preiserhöhungen auf ihn zukämen und er nicht in der Lage sei, „die Berechtigung der Preiserhöhung an der Ermächtigungsklausel zu messen“[153].

Diesen strengen Maßstäben tritt der 10. Zivilsenat in der Revisionsinstanz nicht bei. Ausdrücklich sieht er den Umstand, daß der Vertragspartner aus der Klauselfassung nicht den Umfang der auf ihn zukommenden Preiserhöhungen ermitteln könne, nicht als Gesichtspunkt für eine Sitten- und Treuwidrigkeit der Preisklausel an[154]. Bei einem langfristigen Vertrag bestehe naturgemäß eine Ungewißheit über den bei Leistungsaustausch zu zahlenden Preis. Diese Unsicherheit könne im Verkehr unter Kaufleuten nicht zu einer Sittenwidrigkeit des Preisbestimmungsrechts des Werkunternehmers führen[155]. Eine Begrenzung der späteren Preiserhöhungen enthalte die Klausel nach ihrem Wortlaut („erhöht der Verkäufer seine Preise allgemein...“) mit der Beschränkung auf allgemein am Markt durchgesetzte Preise[156]. Der Vertragspartner stehe damit nicht in der Gefahr einer beliebigen und unverhältnismäßigen Preiserhöhung, da die eigene Konkurrenzfähigkeit dem Klauselverwender eine wirtschaftlich vernünftige Grenze zur Erhöhung der Preise ziehe[157]. Im Gegensatz zum nichtkaufmännischen Verkehr bedürfe der kaufmännische Vertragspartner auch deshalb keines stärkeren Schutzes vor Preisklauseln, weil er erhöhte Einkaufspreise gewöhnlich auf seine Kunden abwälzen könne[158].

δ) Zwischenergebnis

Zusammenzufassen ist damit, daß die Rechtsprechung des BGH beginnend im Jahre 1984 die Angemessenheit von Preisklauseln, die gegenüber Kaufleuten verwendet werden, nach weniger strengen Maßstäben ermittelt. Im kaufmännischen Verkehr sei danach eine Preisklausel auch dann angemessen, wenn

---

152 BGHZ 92, 200.

153 OLG Frankfurt, zit. nach BGHZ 92, 200, 203.

154 BGHZ 92, 200, 204.

155 BGHZ 92, 200, 205.

156 BGHZ 92, 200, 203.

157 BGHZ 92, 200, 203.

158 BGHZ 92, 200, 206.

— das Gebot einer konkreten Klauselfassung nicht gewahrt sei. Es sei für eine angemessene Preisklausel nicht notwendig, daß der Vertragspartner den Umfang der auf ihn zukommenden Preiserhöhung bereits bei Vertragsabschluß ersehen könne. Ebenfalls sei nicht erforderlich, daß der Vertragspartner im Sinne einer Ermächtigungsklausel anhand des Klauselwortlautes die Berechtigung vorgenommener Preiserhöhungen überprüfen könne;

— der Klauselverwender nach dem Klauselwortlaut spätere Preiserhöhungen nicht nur auf Kostensteigerungen beschränke. Entgelterhöhungen ließen sich auch auf eine geänderte Marktsituation zurückführen. Eine Unangemessenheit der Preisklausel ergebe sich auch nicht aus der Gefahr beliebiger Preiserhöhungen, da dem Wettbewerb insoweit begrenzende Funktion zukomme;

— dem Vertragspartner ein Lösungsrecht vom Vertrag nicht eingeräumt sei. Da die Preisklausel bei fehlender Definition der Preissteigerungsfaktoren nicht unangemessen sei, brauche kein Interessenausgleich in Form eines Rücktrittsrechts vom Vertrag vorgesehen zu werden.

cc) Gewerblicher nichtkaufmännischer Bereich

α) BGH WM 1986, 73

Die aufgezeigte Tendenz zur weniger strengen Sicht setzt der 10. BGH-Senat in einer Entscheidung vom 29. Oktober 1985 für den gewerblichen, aber nichtkaufmännischen Bereich fort. Ein nicht in das Handelsregister eingetragenes Taxiunternehmen mit zwei Fahrzeugen bestellte mit Werbeaufdrucken versehene Zündholzschachteln, welche über einen Zeitraum von 10 Jahren geliefert werden sollten. Die Allgemeinen Geschäftsbedingungen des Lieferanten sahen folgende Klausel vor:

> „Erhöht der Hersteller seine Preise, bevor die Verkäuferin geliefert hat, so ist auch die Verkäuferin berechtigt, den mit dem Käufer vereinbarten Preis für die noch nicht ausgelieferte Ware im gleichen Rahmen zu erhöhen, jedoch nur, wenn und soweit sie ihre Preise allgemein erhöht und nur, wenn sich die Verkäuferin nicht im Leistungsverzug befindet“[159].

Das OLG Hamm hatte als Berufungsgericht die Klausel als unangemessen angesehen, da sie jede beliebige Preiserhöhung durch den Hersteller[160] zulasse, welche von dem Klauselverwender an den Vertragspartner weitergegeben werden könne, ohne daß ihm ein Lösungsrecht vom Vertrag zustünde[161]. Demgegenüber betont der BGH, daß „Klauseln, die bestimmen, daß Preiserhöhungen nur im Rahmen von Preis- und Kostensteigerungen erfolgen sollen, grundsätzlich nicht zu beanstanden“[162] seien. Indem der Klauselverwender sich

---

[159] BGH WM 1986, 73.

[160] Vgl. die Parallele zu OLG Düsseldorf WM 1984, 1134, 1136.

[161] OLG Hamm, zit. nach BGH WM 1986, 73, 75.

gegenüber seinen Abnehmern Preiserhöhungen „im gleichen Rahmen“[163] vorbehalten habe, wie ihn Entgelterhöhungen des Herstellers träfen, habe er Preiserhöhungen auf Kostensteigerungen beschränkt[164]. Die Entgelterhöhungen durch den Hersteller brauche der Klauselverwender nicht auf sachliche Berechtigung zu prüfen, da diese „sich in aller Regel nach dem ... auf dem Markt ... allgemein durchsetzbaren Preis...“[165] richteten. Insgesamt seien damit durch die Preisklausel dem Klauselverwender keine beliebigen Preiserhöhungen eröffnet, so daß eine unangemessene Klauselgestaltung nicht vorliege[166].

β) Zwischenergebnis

Die vorstehende Entscheidung zeichnet sich dadurch aus, daß der BGH im zwar gewerblichen, aber nichtkaufmännischen Bereich — das im Handelsregister nicht eingetragene Taxiunternehmen mit zwei Fahrzeugen stellt keine Beförderungsanstalt im Sinne des § 1 Abs. 2 Nr. 5 HGB dar — das Gebot der bestimmten Klauselfassung bei einem Hinweis auf Preiserhöhungen des Herstellers eingehalten sieht. Wie bereits gezeigt, hatte noch das OLG Düsseldorf[167] und das OLG Frankfurt[168] es als nicht für die begrenzende Funktion einer angemessenen Preisklausel ausreichen lassen, wenn der Klauselverwender auf Entgelterhöhungen des Herstellers (so der Fall des OLG Düsseldorf) oder auf Tariferhöhungen von Beförderungsanstalten (so der Fall des OLG Frankfurt) Bezug nahm. Beide Senate sahen insoweit die Gefahr beliebiger Preiserhöhungen durch auf der Vorstufe stehende Vertragspartner der Klauselverwender, welche diese dann einschränkungslos an ihre Abnehmer weitergeben könnten.

Diesbezüglich hält der 10. BGH-Senat die Gefahr einer „beliebigen Preiserhöhung“[169] — zum Ansatzpunkt siehe schon BGHZ 82, 21, 25 — nicht mehr für gegeben, da der Markt dem Hersteller und damit auch den Preiserhöhungen des auf der Stufe des Händlers stehenden Klauselverwenders eine Grenze ziehe. Insoweit aber stellt der BGH in dieser Entscheidung erstmals auch im nichtkaufmännischen Bereich auf die durch die Wettbewerbsverhältnisse bewirkte Verhinderung beliebiger Preiserhöhungen ab[170], obwohl der Vertragspartner die Entwicklung auf dem Markt nicht bereits bei Vertragsabschluß

162 BGH WM 1986, 73, 75.

163 Vgl. den Wortlaut der Klausel.

164 BGH a.a.O.

165 BGH a.a.O.

166 BGH a.a.O.

167 OLG Düsseldorf, WM 1984, 1134, 1136.

168 OLG Frankfurt, NJW 1982, 2198, 2199.

169 BGH WM 1986, 73, 75.

170 Vgl. einerseits zum nichtkaufmännischen Bereich: BGHZ 82, 21, 25; BGH NJW 1980, 2518, 2519; andererseits zum kaufmännischen Bereich: BGHZ 93, 252, 259; 92, 200, 204.

einschätzen und damit das Maß der auf ihn zukommenden Preiserhöhungen aus dem Klauselwortlaut nicht ermitteln kann. In der Entscheidung des 10. BGH-Senates wurde damit zumindest teilweise das Gebot, zukünftige Preiserhöhungen dem Vertragspartner aus der Klauselfassung auch im Umfang transparent zu machen, aufgegeben. Im Gegensatz dazu steht das — im nichtkaufmännischen Bereich ergangene — oben behandelte Urteil des 8. BGH-Senates[171], nach welchem dem formularmäßigen Hinweis auf Preiserhöhungen des Herstellers dann keine einschränkende Wirkung im Sinne des Gebotes einer bestimmten Fassung der Preisklausel zukomme, wenn der Hersteller und der mit dem Produktabsatz befaßte Klauselverwender wirtschaftlich verflochten seien.

2. Preisklauseln — Zinsanpassung

Eine vergleichbare Tendenz zur Differenzierung zwischen dem nichtkaufmännischen und kaufmännischen bzw. gewerblichen Bereich wird in der Rechtsprechung zur Angemessenheit von formularmäßigen Zinsanpassungsklauseln in Darlehensverträgen deutlich.

a) LG Frankfurt, WM 1985, 316

Im nichtkaufmännischen Bereich hatte das Landgericht Frankfurt im Jahre 1984 über die Wirksamkeit folgender Zinsklausel[172/173] eines Darlehensvertrages zu entscheiden:

> „...die Bank berechtigt ist, die Zinsen bei wesentlicher Änderung des Geld- und Kapitalmarktes zu senken oder zu erhöhen. Eine evtl. notwendig werdende Zinsänderung wird vier Wochen nach Veröffentlichung durch die Bank wirksam"[174].

Das Gericht verneint die Angemessenheit der Klausel, weil die Bank „in die Lage versetzt wird, den Zinssatz für den gewährten Kredit, sofern eine wesentliche Änderung des Geld- und Kapitalmarktes eingetreten ist, nach ihrem Belieben zu verändern oder beizubehalten"[175]. Dieses Änderungsrecht, welches bei sinkendem Zinsniveau zudem nicht zu Ermäßigungen des Zinses verpflichtete, enthalte keine Marge der zukünftigen Zinsveränderungen. Im Ergebnis stehe damit „die Höhe der Veränderung im freien Belieben, sofern nur die Bedingung ‚wesentliche Änderung des Geld- und Kapitalmarktes'[176] eingetreten ist"[177].

---

[171] BGH ZIP 1986, 919.

[172] Zur Inhaltskontrolle der der Zinsanpassung durch sog. Abschnittsfinanzierung dienenden Klauseln siehe einerseits: BGH NJW 1985, 617; LG Dortmund, NJW-RR 1986, 1170; LG Köln WM 1986, 787; andererseits: LG Dortmund, WM 1985, 536.

[173] § 14 Abs. 3 AGB-Banken in seiner Wirksamkeit bejahend siehe auch: BGH NJW-RR 1986, 205, 207 re. Sp.

[174] LG Frankfurt, WM 1985, 316.

[175] LG Frankfurt, WM 1985, 316, 317.

[176] Vgl. den Wortlaut der Klausel.

[177] LG Frankfurt, a. a. O.

Deshalb seien die Interessen des Vertragspartners nicht gewahrt und die Klausel gemäß § 9 Abs. 1 AGB-G unangemessen.

b) BGH NJW 1986, 1803

Im Unterschied dazu hatte der 3. BGH-Senat in einer Entscheidung vom 6. März 1986 die Wirksamkeit folgender in einem Kreditvertrag im kaufmännisch-gewerblichen Bereich verwandten Zinsklausel bejaht:

> „Die Bank ist berechtigt, den Zinssatz zu ändern, wenn sie dies (z. B. wegen der Entwicklung am Geld- oder Kapitalmarkt) für erforderlich hält; sie wird die Änderung den Kreditnehmern mitteilen“[178].

Der 3. BGH-Senat hält die vorstehende Zinsklausel als einseitiges Leistungsbestimmungsrecht für im Sinne des § 9 Abs. 1 AGB-G angemessen, da ein sachlicher Grund für die formularmäßige Vereinbarung der Zinsklausel bestehe. Dieser sei in dem Bedürfnis einer Bank zu sehen, „die Darlehensbedingungen, insbesondere den Zinssatz, den wechselnden und bei Vertragsabschluß meist nicht überschaubaren künftigen Refinanzierungsbedingungen“[179] anpassen zu können, ohne den Weg der im massenhaften Darlehensgeschäft umständlichen individualvertraglichen Vereinbarungen beschreiten zu müssen[180]. Es sei unschädlich, daß die „Zinsklauseln die Voraussetzungen und die Grenzen für die vorbehaltene Bestimmung der Zinsen nicht ausdrücklich umschreiben“[181]. Ein schrankenloses Leistungsbestimmungsrecht sei hier der Bank nicht eingeräumt worden, da sie sich bei Zinsänderungen in den Grenzen einer Änderung ihrer Refinanzierungsmöglichkeiten halten müsse[182].

Die Frage, ob ein „einseitiges Preisänderungsrecht, das keine Einschränkungen, insbesondere keine Konkretisierung der dafür maßgebenden Faktoren enthält und dem Vertragspartner keine Lösungsmöglichkeit gewährt, stets gegen § 9 AGB-G verstößt, (kann; d. Verf.) nicht ohne Berücksichtigung der Art des konkreten Vertrages, der typischen Interessen der Vertragsschließenden und der die jeweilige Klausel begleitenden Regelungen entschieden werden“[183]. Hier sei ausschlaggebend, daß die untereinander im Wettbewerb stehenden Kreditinstitute am Kreditmarkt gegenüber ihren Kunden keine beliebigen, sondern nur marktkonforme Zinssätze durchsetzen könnten[184]. Eine Präzisierung der Voraussetzungen und der Grenzen für Zinsänderungen bereite erhebliche Schwierigkeiten. Nach den Umständen, welche im Kreditgeschäft kennzeichnend seien, könne „eine Konkretisierung der Zinsänderungsklausel nur so allgemein

---

178 BGH NJW 1986, 1803.

179 BGH NJW 1986, 1803, 1804.

180 BGH a. a. O.

181 BGH a. a. O.

182 BGH a. a. O.

183 BGH a. a. O.

184 BGH a. a. O.

gehalten sein..., daß sie dem Bankkunden über seinen ... allgemeinen ... Wissensstand hinaus keine zusätzlichen Erkenntnisse ... vermitteln würde"[185].

c) Zwischenergebnis

Hervorzuheben ist damit, daß der BGH erneut bei einer Verwendung der Preisklausel im kaufmännischen Verkehr für eine Angemessenheit im Sinne des § 9 Abs. 1 AGB-G

— nicht fordert, daß die Preissteigerungsfaktoren in der Preisklausel angegeben seien und das Ausmaß der zu erwartenden Entgelterhöhung schon in seinen Grenzen bei Vertragsabschluß zu bestimmen sei;

— anerkennt, daß eine Präzisierung der Voraussetzungen und Grenzen zukünftiger Preiserhöhungen erheblichen Schwierigkeiten begegnet[186]. Bei einer Klauselverwendung im nichtkaufmännischen Bereich war demgegenüber dieser durchaus auch dort erkannten Schwierigkeit keine Bedeutung beigemessen worden[187], vielmehr aus der Unmöglichkeit konkreter Klauselfassung die Notwendigkeit einer Lösungsmöglichkeit vom Vertrag abgeleitet worden[188]. Demgegenüber sieht der BGH in der Entscheidung zur Zinsanpassungsklausel das dem Vertragspartner eingeräumte Lösungsrecht nur als untergeordneten Gesichtspunkt an[189];

— berücksichtigt, daß dem Klauselverwender auch bei nicht konkretisierter Klauselfassung der Sache nach ein schrankenloses Preisbestimmungsrecht nicht zustehe, da Preiserhöhungen den Gesetzmäßigkeiten des Marktes folgend sich nur im durchsetzbaren Rahmen, d.h. in enger Orientierung am Marktpreis hielten. Diese faktische Begrenzung der dem Verwender einer nicht konkretisierten Preisklausel gewährten Befugnisse betonte der BGH ebenfalls schon in Entscheidungen des Jahres 1984[190] und 1985[191], verneinte aber andererseits im nichtkaufmännischen Bereich eine solche beschränkende Wirkung des Marktes[192] im Sinne einer angemessenen Klauselgestaltung.

3. Vertragsanpassungsklauseln

Weitere Kasuistik zu dem Gebot einer bestimmten Klauselfassung findet sich in höchstrichterlichen Entscheidungen zu Klauseln, welche nicht allein ein

---

[185] BGH NJW 1986, 1803, 1805.

[186] Ebenso BGHZ 93, 252, 263.

[187] BGH NJW 1986, 919, 923; BGHZ 82, 21, 26.

[188] BGH a.a.O.

[189] BGH NJW 1986, 1803, 1805.

[190] BGHZ 92, 200, 204.

[191] BGHZ 93, 252, 259.

[192] BGHZ 82, 21, 25; BGH NJW 1980, 2518, 2519.

Preisbestimmungsrecht enthalten, sondern teils auf Änderung der vertraglichen Hauptleistung, teils auf Anpassung des gesamten Vertragsgefüges wegen veränderter Umstände gerichtet sind.

a) BGHZ 82, 238

So oblag dem Kartellsenat des BGH im Jahre 1981 die Beurteilung folgender, in einem Vertrag zwischen Großhändler und Einzelhändler über die Belieferung mit Presseerzeugnissen enthaltenen Klausel:

„... bei der Ausübung des Dispositionsrechts für Presseerzeugnisse unterliegt der Grossist folgenden Beschränkungen:

Die Branchenüblichkeit sowie die Richtlinien der Verlage und die von ihnen vorgegebenen Remissionsquoten sind zu beachten; allerdings sind dem Einzelhändler nur so viele Exemplare zu liefern, daß die Gesamtremission aller Objekte im Jahresdurchschnitt nicht unangemessen hoch ist. Die Angemessenheit der Remissionshöhe bestimmt sich aus der Umsatzgruppe des Kunden und der Schwankungsbreite des Verkaufs beim jeweiligen Objekt“[193].

Der Kartellsenat hat die Angemessenheit der Klausel gemäß § 9 AGB-G bejaht. Grundsätzlich sei zwar eine Verlagerung des Dispositionsrechts, d. h. des Rechts, über Art und Menge der zu liefernden Ware zu bestimmen, vom Käufer auf den Verkäufer nicht interessengerecht und wegen der Abweichung von einem wesentlichen Grundgedanken des Vertragsrechts im Sinne des § 9 Abs. 2 Nr. 1 AGB-G unangemessen[194].

Andererseits sei die Unangemessenheit einer Klausel vor dem Hintergrund des gesamten Vertragsgefüges und der beiderseits begründeten Rechte und Pflichten zu beurteilen[195]. Wesentlich sei deshalb, daß die Benachteiligung durch das Dispositionsrecht angesichts der Einräumung des Remissionsrechts einen Ausgleich finde[196], da das Risiko einer Fehldisposition auf den Großhändler als Klauselverwender abgewälzt werde[197].

Damit kommt der konkreten Ausgestaltung des in obiger Klausel umschriebenen Remissionsrechts wegen seiner Ausgleichsfunktion hohe Bedeutung zu. Der Kartellsenat tritt der Revision, welche das Remissionsrecht als nicht genügend konkretisiert und deshalb als Willkürinstrument des dem Klauselverwender übergeordneten Verlages ansieht, entgegen und hebt in Hinsicht auf das Gebot einer bestimmten Klauselfassung hervor, „daß generalisierende Regelungen ... nicht einen solchen Grad der Konkretisierung erhalten können, daß ihre Anwendung in jedem Einzelfall von vornherein keine Zweifelsfragen aufkommen lassen kann; sie müssen vielmehr, sofern sie auf eine Vielzahl von

193 BGHZ 82, 238.

194 BGHZ 82, 238, 239/240.

195 BGHZ 82, 238, 241.

196 BGHZ a.a.O.

197 BGHZ a.a.O.

Einzelfällen mit untereinander unterschiedlichen tatsächlichen Merkmalen anwendbar sein sollen, ausreichend flexibel sein"[198]. Die Möglichkeit, daß im Einzelfall Fragen über die Tragweite der Klausel aufkämen, habe die Formularbestimmung „mit zahlreichen, wenn nicht der Mehrzahl generalisierender Regelungen gemeinsam, ohne daß diese allein deshalb dem Vorwurf der unangemessenen Benachteiligung ausgesetzt wären"[199].

Festzuhalten ist damit, daß der BGH bei der Beurteilung obengenannter Klausel zur Verlagerung des Dispositionsrechts eine liberale Haltung zum Gebot einer konkreten Klauselfassung vertritt. Bei der beurteilten Verwendung im kaufmännischen Verkehr erfordert § 9 AGB-G danach nicht, daß bereits bei Vertragsschluß jede Zweifelsfrage mit Blick auf die spätere Anwendung der Klausel — gerade soweit es um die Veränderung und Anpassung der vertraglichen Hauptleistung gehe — ausgeschlossen sei. Im Rahmen der Inhaltskontrolle ungewöhnlich ist die höchstrichterliche Argumentation, daß die spätere flexible Handhabung einer Formularklausel geradezu deren generalisierende Fassung voraussetze.

b) BGHZ 89, 206

Eine strengere Haltung nimmt der 8. BGH-Senat in einer Entscheidung aus dem Jahre 1983 ein. Zu entscheiden war über die Wirksamkeit folgender Klausel, welche in einem Formularvertrag zwischen einem Kraftfahrzeughersteller und einem Vertragshändler Veränderungen des sogenannten Marktverantwortungsgebietes ermöglichen sollte:

> „Sollte die Gesellschaft zu der Erkenntnis kommen, daß ihre Interessen im Marktverantwortungsgebiet aus Gründen der Marktabdeckung oder der Verkaufsleistung nicht genügend gewahrt sind, so behält sie sich das Recht vor, einen oder mehrere zusätzliche Haupthändler im Marktverantwortungsgebiet zu ernennen, die dann gemeinsam für dieses Gebiet die Verantwortung mittragen. Aus den gleichen Gründen behält sie sich das Recht vor, die Grenzen eines bestehenden Marktverantwortungsgebietes zu ändern"[200]

Der Senat hält die Klausel trotz der Vereinbarung im kaufmännischen Bereich für unangemessen, da von dem „das Vertragsrecht beherrschenden Rechtsgrundsatz, der Bindung beider Vertragspartner an eine von ihnen getroffene Vereinbarung und der daraus folgenden Abänderbarkeit nur im beiderseitigen Einvernehmen"[201] abgewichen werde. Formularmäßig könne der Bindungsgrundsatz, der eine wesentliche Grundlage für ein die Äquivalenz gegenseitiger Leistungen sicherndes Vertragsrechtssystem darstelle, „auch im kaufmännischen Verkehr nur dann verdrängt werden, wenn die Vertragsklausel schwerwie-

[198] BGHZ 82, 238, 243.

[199] BGHZ a.a.O.

[200] BGHZ 89, 206, 207.

[201] BGHZ 89, 206, 211.

gende Änderungsgründe nennt und in ihren Voraussetzungen und Folgen erkennbar die Interessen des Vertragspartners angemessen berücksichtigt“[202].

Eine solche Beschränkung auf schwerwiegende Änderungsgründe sieht der 8. BGH-Senat in vorstehender Klausel nicht, und kommt deshalb zur „Unangemessenheit der zu weit gefaßten Klausel“[203]. Der Senat mißt auch einer Auslegung der Klausel im Sinne des § 315 BGB, d.h., Veränderungen des Marktverantwortungsgebietes haben nur nach billigem Ermessen zu erfolgen, keine begrenzende und konkretisierende Wirkung zu. Ausdrücklich konstatiert der Senat, daß „der weite Spielraum der Billigkeit ... nicht den an die Eingrenzung und Konkretisierung einer Formularbestimmung zu stellenden Anforderungen“[204] genüge. Dieser Maßstab lasse im Zeitpunkt des Vertragsschlusses, auf den es für die Wirksamkeit der Formularklausel ankomme, keine Beurteilung der möglichen Anwendungsfälle zu und sei deshalb als inhaltsbestimmendes Tatbestandsmerkmal ungeeignet[205].

Festzuhalten ist damit, daß der 8. BGH-Senat auch im kaufmännischen Bereich Klauseln, welche eine einseitige Einwirkung auf die für die vertraglichen Hauptleistungen wesentlichen Umstände ermöglichen, nur dann für angemessen hält, wenn in der Klausel eine konkrete Benennung der für die Änderung maßgebenden Gründe erfolge und dem Vertragspartner schon bei Vertragsabschluß eine Beurteilung der möglichen Anwendungsfälle eröffnet werde. Damit werden an die Konkretisierung der Klausel hohe Anforderungen gestellt, welche auf den ersten Blick den Erfordernissen im nichtkaufmännischen Bereich nahekommen.

Für eine solche Parallele spricht auch die Argumentation, daß die Klausel nicht beliebige Änderungen[206] des Marktverantwortungsgebietes eröffnen dürfe und der Vertragspartner bei angemessener Klauselgestaltung schon bei Vertragsabschluß ersehen solle, unter welchen späteren objektiven Umständen Änderungen des Marktverantwortungsgebietes zu gewärtigen seien.

Im Unterschied zu den oben behandelten Urteilen zum nichtkaufmännischen Bereich ist aber andererseits zu berücksichtigen, daß die genannte Klausel nicht nur auf den Preis wirkt, sondern als Vertragsanpassungsklausel Änderungen des für den Vertragshändler zentralen Punktes des Marktverantwortungsgebietes eröffnet. Solche Änderungen wirken sich damit nicht allein auf die Höhe des Entgeltes aus, sondern beeinflussen Gesichtspunkte, welche aus der Sicht des Vertragshändlers, der in seinem Marktverantwortungsgebiet vom Hersteller ursprünglich als einziger Haupthändler eingesetzt wurde, von zentraler Bedeutung für den Vertragsabschluß waren.

---

202 BGH a.a.O.

203 BGHZ 89, 206, 212.

204 BGHZ 89, 206, 213.

205 BGHZ a.a.O.

206 BGHZ 89, 206, 212.

c) BGHZ 93, 29

Eine differenzierende Haltung zu dem Gebot der konkreten Fassung einer Vertragsanpassungsklausel nimmt der 8. BGH-Senat demgegenüber in einer Entscheidung vom November 1984 ein. Auf eine Verbandsklage gemäß § 13 Abs. 2 Nr. 2 AGB-G war die Angemessenheit der in einem Formularvertrag zwischen dem Hersteller der Opel-Kraftfahrzeuge und seinen Vertragshändlern, denen im Unterschied zum Urteil vom 21. Dezember 1983 kein Marktverantwortungsgebiet zugewiesen war, enthaltenen Klauseln zu beurteilen. Angesichts des verzweigten Regelungsgehaltes der einzelnen Klauseln hatte der 8. BGH-Senat sich an mehreren Punkten mit dem Gebot der bestimmten Klauselfassung auseinanderzusetzen.

aa) Änderung des Absatzgebietes

In Sachnähe zu der am 21. Dezember 1983 zu beurteilenden Klausel über Änderungen des Marktverantwortungsgebietes durch Beauftragung weiterer Vertragshändler stand folgende Formularbestimmung:

> „11. O. (das ist der Klauselverwender, d. Verf.) entscheidet allein nach eigenem unternehmerischen Ermessen über die Einsetzung weiterer Vertragshändler; diese bedarf nicht der Zustimmung des Vertragshändlers“[207].

Der Senat bejaht die Angemessenheit der Klausel. Soweit die Belange der Vertragspartner durch die Einsetzung weiterer Vertragshändler wirtschaftlich berührt würden, habe das Interesse des Klauselverwenders an einer auf Absatzsteigerung ausgerichteten Vertriebsstrategie Vorrang, zumal „einer konkretisierenden Einschränkung des Bestimmungsrechtes hier engere (als bei der Klausel in BGHZ 89, 206; d. Verf.) Grenzen gesetzt sind“[208]. Der Klauselverwender könne die Vielzahl der für eine Einsetzung weiterer Vertragshändler denkbaren Anlässe nicht bereits in der Klausel aufzählen, denn auch wenn die Kriterien quantitativer Art seien, „stößt ihre Erfassung — vor allem in einer wechselseitigen Kombination — in einer Formularbestimmung auf Hindernisse, zumal ihre jeweilige Beurteilung und Gewichtung dem unternehmerischen Ermessen vorbehalten bleiben muß“[209]. Die Absicht eines expansiven Wettbewerbes, welche dem Klauselverwender nicht zu verwehren sei[210], entziehe sich darüber hinaus der Konkretisierung in einer Klausel völlig. Bei Beachtung der unternehmerischen Freiheit lasse sich „die vom Kläger angestrebte Nachprüfbarkeit der Voraussetzungen des Bestimmungsrechts“[211] nicht erreichen.

Festzuhalten ist damit, daß der 8. BGH-Senat bei der Beurteilung vorstehender Klausel an die Konkretisierung der inhaltlichen Voraussetzungen zur

---

[207] BGHZ 93, 29, 32.

[208] BGHZ 93, 29, 54.

[209] BGHZ 93, 29, 55.

[210] BGHZ a.a.O.

[211] BGHZ a.a.O.

Einsetzung weiterer Vertragshändler wesentlich geringere Anforderungen stellt als im Urteil vom 21. Dezember 1983. Als entscheidender Unterschied sieht der BGH den Umstand an, daß in dem Opel-Vertragshändlervertrag dem Vertragspartner nicht ein Marktverantwortungsgebiet zugewiesen und dem Vertragspartner damit kein Alleinvertriebsrecht auf seiner Handelsstufe eingeräumt sei[212]. Des weiteren wird den Schwierigkeiten des Klauselverwenders bei der Erfassung der Änderungsvoraussetzungen wesentlich weiter entgegengekommen als in der Entscheidung vom 21. Dezember 1983. Diese Argumentation erklärt sich daraus, daß dem Vertragspartner ohne Marktverantwortungsgebiet ein geringeres Schutzbedürfnis gemäß § 9 Abs. 1 AGB-G zukommt, da bei der Einsetzung weiterer Händler eine Änderung des einzelnen Vertragshändlervertrages nicht erforderlich ist und somit nicht der Rechtsgrundsatz der Bindung beider Vertragsparteien an getroffene Vereinbarungen direkt berührt wird. Damit aber wird mit obiger Klausel nicht formularmäßig von Normen mit hohem Gerechtigkeitsgehalt abgewichen, sondern es werden allein wirtschaftliche Belange des Vertragspartners berührt, welche im Sinne eines Alleinvertriebsrechts im Vertrag gerade nicht begründet werden sollten.

bb) Änderung der Gewährleistungspflicht

In dieses Bild passend legt der 8. BGH-Senat deshalb folgerichtig an die Angemessenheit nachstehender Klausel strengere Maßstäbe an:

> 8. O. kann die von ihr übernommene Gewährleistung und Garantie jederzeit ändern, soweit dies aus Wettbewerbs- oder wirtschaftlichen Gründen als zweckmäßig erscheint"[213].

Der Senat hält die Klausel für unangemessen. Der Klauselverwender könne sich eine Befugnis zur Änderung der im Vertragshändlerrahmenvertrag übernommenen Gewährleistungspflicht „in einem Formularvertrag allenfalls dann einräumen, wenn die Klausel die Voraussetzungen, unter denen eine Änderung möglich ist, hinreichend konkret benennt"[214]. Ein völlig freies, an keine Voraussetzungen gebundenes Änderungsrecht sei auch im kaufmännischen Verkehr unangemessen[215]. Dabei stellten die in der Klausel genannten Begriffe „Wettbewerbs- oder wirtschaftliche Gründe"[216] sowie „zweckmäßig"[216] keinen nachprüfbaren Begriffskern dar, so daß eine Konkretisierung der Änderungsvoraussetzungen nicht vorliege. Das im freien Belieben des Klauselverwenders stehende Änderungsrecht sei unangemessen im Sinne des § 9 Abs. 1 AGB-G[217]. Auch das dem Vertragspartner zustehende Recht zur jederzeitigen Kündigung

---

212 BGHZ 93, 29, 53.

213 BGHZ 93, 29, 31.

214 BGHZ 93, 29, 47.

215 BGH a.a.O.

216 Vgl. den Wortlaut der Klausel.

217 BGHZ 93, 29, 47/48.

des Vertrages vermöge „schon im Hinblick auf die vom Händler erbrachten Investitionen und die weiteren ihm bei einer Vertragsbeendigung entstehenden Nachteile die Unangemessenheit eines einschränkungslosen Änderungsvorbehaltes nicht auszugleichen“[218].

Damit bleibt festzuhalten, daß der 8. BGH-Senat hinsichtlich der soeben genannten Klausel wesentlich strengere Anforderungen an die Konkretisierung stellt, als bei der behandelten Formularbestimmung zur Einsetzung weiterer Vertragshändler. Dieser strengere Maßstab erklärt sich jedoch daraus, daß die auf die Änderung bereits eingegangener Gewährleistungspflichten abzielende Klausel eine echte Vertragsanpassung, d. h. eine Änderung bereits getroffener Vereinbarungen bezweckt. Damit durchbricht die Klausel den Rechtsgrundsatz der Einhaltung getroffener Abreden und muß sich deshalb als Formularbestimmung gemäß § 9 AGB-G an strengeren Anforderungen messen lassen, als die auf die Einsetzung von Vertragshändlern abzielende Bestimmung, da dort eine echte Änderung bereits getroffener Vereinbarungen mangels der Zuweisung eines Marktverantwortungsgebietes nicht vorlag.

cc) Ausübung von Leistungsbestimmungsrechten

Der 8. BGH-Senat nimmt in der Entscheidung zum Opel-Vertragshändlervertrag eine weitere Gelegenheit wahr, um zu dem Gebot der bestimmten Klauselfassung Stellung zu beziehen. Die vorgelegte Klausel lautet:

> „Soweit dieser Vertrag O. ausdrücklich das Recht vorbehält, den Inhalt der von O. oder den Vertragshändlern zu erbringenden Leistungen festzulegen oder zu ändern, wird O. die Entscheidung unter Prüfung und Abwägung der objektiven wirtschaftlichen Interessenlagen von O. und der O.-Vertragshändler nach billigem Ermessen treffen...“[219].

Der Senat hebt hervor, daß im Rahmen der Inhaltskontrolle zu unterscheiden sei, ob eine Klausel die Einräumung eines Bestimmungsrechts oder die Maßstäbe zu seiner Ausübung regelt[220]. Soweit es um die Einräumung ginge, sei in der Klausel eine Konkretisierung der Voraussetzungen und des Umfangs des Änderungsvorbehalts erforderlich[221]. Prägnant formuliert der Senat, daß „die Einräumung eines einschränkungslosen Leistungsbestimmungs- oder Leistungsänderungsrechts auch im kaufmännischen Geschäftsverkehr nicht deshalb seine Unangemessenheit verliert, weil seine Ausübung an die Einhaltung billigen Ermessens gebunden ist“[222]. Da vorstehend aufgeführte Klausel allein die Ausübung eines anderweitig durch Formularbestimmung eingeräumten

---

[218] BGHZ 93, 29, 47.
[219] BGHZ 93, 29, 30.
[220] BGHZ 93, 29, 34.
[221] BGHZ a. a. O.
[222] BGHZ 93, 29, 35.

Änderungsrechts betreffe, sei insoweit die Festschreibung des Maßstabes der Billigkeit unproblematisch und nicht unangemessen.

Der 8. BGH-Senat differenziert somit in den Anforderungen an den Grundsatz einer bestimmten Fassung einer Anpassungsklausel zwischen der Einräumung und der Ausübung der Änderungsbefugnisse. Die Einräumung des Anpassungsrechts sei bei im Sinne des § 9 AGB-G angemessener Klauselgestaltung in den Voraussetzungen und im Umfang konkret zu definieren, während die Ausübung nicht bereits eng umschrieben sein müsse.

Diese Zweiteilung in Einräumung und Ausübung eines formularmäßigen Bestimmungsrechtes besticht durch die Prägnanz der Begriffe. Wechselnde Anforderungen an das Konkretisierungsgebot, welche sich durch die diversen Entscheidungen ziehen, scheinen einer prognostizierbaren Differenzierung zugeführt werden zu können. Ob aber diese Aufteilung den materiellen Anforderungen des § 9 AGB-G an das Gebot einer bestimmten Gestaltung einer Anpassungsklausel gerecht wird, wird sich in der in Teil 4 folgenden Stellungnahme zeigen. Auffällig ist jedenfalls, daß die vom 8. BGH-Senat verlangte Beschreibung von Voraussetzung und Umfang eines Änderungsrechts jedenfalls zum Teil auch die Frage der Ausübung betrifft. Nichts anderes ist mit dem Begriff „Umfang des Änderungsrechts" gemeint, denn insoweit geht es allein um die Rechtsfolge der Anpassungsklausel, also im Sinne der obigen Zweiteilung nicht um ein Problem der Einräumung, sondern um eine Frage der Ausübung des Anpassungsrechts.

4. Ergebnis Teil 3

Die bisherigen Zwischenergebnisse sind damit zu einem Gesamtergebnis des Teil 3 zusammenzufassen.

a) Preisklauseln

Die Rechtsprechung des Reichsgerichts und des Bundesgerichtshofs nahm bis zum Ende der siebziger Jahre eine sehr verwenderfreundliche Haltung gegenüber Preisklauseln ein. Weder aus § 242 BGB noch — ab 1977 — aus § 9 AGB-G wurde ein Gebot der konkreten Fassung solcher Klauseln entwickelt.

Der 6. BGH-Senat fordert im Jahre 1979 erstmalig für die Angemessenheit einer Klausel, welche sich auf die Anpassung nicht marktorientierter Entgelte richtete, daß der Vertragspartner aus der Klausel die Möglichkeit und ungefähre Höhe späterer Preiserhöhungen ersehen müsse. Im Jahre 1980 erweitert der 8. BGH-Senat dieses Postulat auch auf Klauseln, welche der Veränderung wettbewerbsorientierter Preise dienen. Der Vertragspartner müsse aus dem Klauselwortlaut die Voraussetzungen und den Umfang zukünftiger Preiserhöhungen entnehmen können, um im Sinne einer Ermächtigungsklausel die vorgenommene Preiserhöhung auf ihre Berechtigung überprüfen zu können. Im Jahre 1981 präzisiert derselbe Senat diese Rechtsprechung und stellt klar, daß eine Berechtigung zur Preiserhöhung nur bei Kostensteigerungen bestehe. Soweit der Klauselverwender zu einer dahingehenden Beschränkung nicht in der Lage sei, sei die Klausel unangemessen. Die Unangemessenheit könne durch die Einräumung eines Rücktrittsrechts zugunsten des Vertragspartners beseitigt werden. Diese Grundlinien werden in den Jahren 1982/1983 von den Instanzgerichten wie vom Bundesgerichtshof weiter ausgebaut.

Im Jahre 1984 entwickelt der 10. BGH-Senat eine Differenzierung im kaufmännischen Verkehr: danach seien Tagespreis- und Listenpreisklauseln auch dann angemessen, wenn sie eine Konkretisierung der preiserhöhenden Umstände sowie eine Begrenzung im Umfang nicht enthielten. Mangels Unangemessenheit entfiele damit auch die sonst erforderliche Einräumung eines Rücktrittsrechts.

Der 8. BGH-Senat schließt sich dieser liberalen Sicht im kaufmännischen Bereich Anfang 1985 an und fordert mit Blick auf die preisbeschränkende Wirkung des Wettbewerbs und der gemeinsamen Absatzinteressen von Klauselverwender und Vertragspartner für die Angemessenheit einer Listenpreisklausel keine besondere Konkretisierung und keine Einräumung eines Lösungsrechts.

Im Oktober 1985 verzichtet der 10. BGH-Senat im nichtkaufmännischen, aber gewerblichen Bereich auf eine nähere Konkretisierung und läßt den Hinweis des großhändlerischen Klauselverwenders auf Preiserhöhungen des Herstellers genügen. Ebenfalls verzichtet der 3. BGH-Senat im März 1986 auf die Konkretisierung einer Zinsanpassungsklausel und ermittelt im Wege der Auslegung eine zinsbeschränkende Wirkung durch den Kapitalmarkt.

Der 8. BGH-Senat hält demgegenüber an der strengen Haltung im nichtkaufmännischen Bereich fest und verlangt im Mai 1986 für die Angemessenheit einer Preisklausel ein hohes Maß an Konkretisierung, eine Begrenzung der Preiserhöhungen auf Kostensteigerungen sowie die Einräumung eines Rücktrittsrechts, falls dem Gebot der Konkretisierung in der Klausel nicht nachzukommen sei.

b) Vertragsanpassungsklauseln

Der 8. BGH-Senat verlangt in seinen Entscheidungen von Dezember 1983 und November 1984 gerade im kaufmännischen Bereich ein hohes Maß an Konkretisierung einer Vertragsanpassungsklausel. Der Klauselverwender habe bei angemessener Gestaltung bereits im Wortlaut anzugeben, unter welchen Voraussetzungen und in welchem Umfang die Änderung der vertraglichen Abreden erfolgen solle. Der Einräumung eines Lösungsrechts vom Vertrag wird dabei eine ausgleichende Funktion nicht zuerkannt, da die dem Vertragspartner bei einer Vertragsbeendigung entstehenden Nachteile die Unangemessenheit eines schrankenlosen Änderungsvorbehaltes nicht beseitigten. Geringere Anforderungen der Konketisierung werden allerdings dort gefordert, wo eine materielle Vertragsanpassung nicht vorliege, sondern durch Maßnahmen des Klauselverwenders allein wirtschaftliche Belange des Vertragspartners mittelbar beeinträchtigt würden.

Teil 4

Kritik und Stellungnahme zum Gebot der bestimmten Fassung einer Preisklausel sowie zur Funktion des Rücktrittsrechts

Vor diesem Hintergrund ist nunmehr zu untersuchen, welche normativen Anforderungen an das Gebot der bestimmten Fassung einer formularmäßigen Preisklausel zu stellen sind. Damit einher geht die Frage, ob der Einräumung einer Lösungsmöglichkeit eine Ausgleichsfunktion zukommt und dadurch ein Defizit an Bestimmtheit kompensiert werden kann.

I. Normativer Maßstab

Der normative Maßstab dieser Überlegungen ist das AGB-Gesetz. Das folgt aus der Anwendungsbreite des AGB-Gesetzes auf der einen Seite und des Charakters einer Preisklausel auf der anderen Seite. Typisch für den Anwendungsbereich einer solchen Klausel ist nämlich, daß sie nur selten in einzeln ausgehandelten Individualverträgen enthalten ist, da bei solchen Kontrakten die Vertragspartner das Entgelt von Anfang an ohne Veränderungsmöglichkeiten festzulegen pflegen, falls es sich nicht um langfristige Dauerschuldverhältnisse handelt. Prägend für das Erscheinungsbild der Preisklausel ist vielmehr, daß sie in vorformulierten, für eine Vielzahl von Verwendungen vorgesehenen Verträgen enthalten sind. Insoweit sorgt die Definition des § 1 AGB-G dafür, daß die Preisklausel den Normen des AGB-Gesetzes unterliegt, da für die Einstufung als Allgemeine Geschäftsbedingung eine geplante Verwendung der Klausel in drei bis fünf Fällen[1] unabhängig von der äußeren Gestaltung der niedergelegten Klausel gemäß § 1 Abs. 1 AGB-G ausreichend ist. Damit beantwortet sich die Frage der Rechtswirksamkeit einer Preisklausel aus den Kriterien der Inhaltskontrolle.

Einer Inhaltskontrolle steht auch § 8 AGB-Gesetz nicht entgegen, da Preisklauseln — wie bereits oben in Teil 1 bei der Betrachtung über Funktion und Wirkung der Klauseln gezeigt — keine Leistungsbeschreibung darstellen. Leistungsbeschreibungen enthalten formularmäßig Abreden über den unmittelbaren Gegenstand der Haupt- oder Gegenleistung[2]. Preisklauseln hingegen enthalten eine die Rechtsvorschriften im Sinne des § 8 AGB-G ergänzende

---

[1] *Ulmer*/Brandner/Hensen, § 1, Rn. 26.

[2] BGH WM 1987, 652, 657; ausführlich: Werber, VersR 1986, 3.

Nebenabrede[3] und sind danach gemäß § 9 AGB-G der Inhaltskontrolle unterworfen[4]. Eine andere Ansicht wird entgegen der Interpretation des BGH[5] auch nicht von Baur[6] vertreten. Dieser führt zwar aus, daß Preisklauseln im „Ausstrahlungsbereich des § 8 AGB-G"[7] lägen und deshalb einem „Gebot schonender Behandlung"[8] unterfielen[9]. Diese Argumentation bezieht sich jedoch allein auf den im Rahmen des § 9 AGB-G zu entwickelnden Maßstab, nicht aber darauf, daß Preisklauseln der Inhaltskontrolle entzogen seien. Anders ist daselbst der Hinweis auf § 11 Nr. 1 AGB-G[10] sowie die Abgrenzung zur Kontrollfreiheit einer reinen Preisfestsetzung[11] nicht zu verstehen.

Somit ergibt sich der Maßstab der zu fordernden Bestimmtheit einer Preisklausel im Wege der Inhaltskontrolle aus § 9 AGB-G. Demgegenüber vermag das Verbot des § 11 Nr. 1 AGB-G keinen direkten Beitrag zur Frage der Klauselbestimmtheit zu leisten. Zum einen ist die unmittelbare Bedeutung des Klauselverbotes gering[12], da § 11 Nr. 1 AGB-G gerade in den Vertragsverhältnissen, in denen Preisanpassungen wegen einer längeren Zeitdauer zwischen Vertragsabschluß und Leistungsaustausch erforderlich werden, wegen der normimmanenten Begrenzung auf einen Leistungsaustausch innerhalb von 4 Monaten nach Vertragsabschluß nicht anwendbar ist. Zudem erfaßt § 11 Nr. 1 AGB-G ausdrücklich nicht den Bereich der Dauerschuldverhältnisse und ist ebenfalls im kaufmännischen Bereich nicht einschlägig, so daß § 11 Nr. 1 AGB-G zutreffend als „überwiegend von seinen Ausnahmen lebend"[13] bzw. als eine nur eine geringe Rolle spielende Spezialregelung[14] bezeichnet worden ist.

---

[3] Ulmer / *Brandner* / Hensen, Anh. §§ 9-11, Rn. 470.

[4] Ganz allgem. Meinung: BGHZ 93, 358, 361; 93, 252, 255; 81, 229, 232; 82, 21, 23; *Wolf* / Horn / Lindacher, § 9, Rn. L61; *Löwe* / Graf von Westphalen / Trinkner, § 8, Rn. 14/15; MK—Kötz, § 8 AGB-G, Rn. 4; Staud.—Schlosser, § 8 AGB-G, Rn. 3; Soergel—Stein, § 8 AGB-G, Rn. 11; Palandt—Heinrichs, § 8 AGB-G, Anm. 2b; Paulusch, RWS-Forum, S. 64; Beggerow, S. 17; Mockenhaupt, S. 29.

[5] BGHZ 93, 252, 255.

[6] Baur, Anpassungsr., S. 99/100.

[7] Baur, a. a. O.

[8] Baur, a. a. O.

[9] Ähnlich: Canaris, NJW 1987, 614, welcher im Rahmen des § 9 AGB-G um so mildere Maßstäbe anlegen will, je näher eine Klausel im Ausstrahlungsbereich des nach § 8 AGB-G kontrollfreien Bereiches liegt.

Dagegen aber: Paulusch, RWS-Forum, S. 64; Löwe, NJW 1987, 939: eine „Milderung" der Inhaltskontrolle sei nicht nachvollziehbar; Koch / Stübing, § 8, Rn. 11: je näher AGB-Bestimmungen in den Bereich der Hauptleistungspflichten rücken, um so eher fallen sie der Inhaltskontrolle anheim.

Zur Frage des Kontrollmaßstabes im Spannungsfeld der §§ 8, 9 AGB-G vgl. auch: Werber, VersR 1986, 4.

[10] Baur, Anpassungsr., S. 99.

[11] Baur, a. a. O.

[12] Burck, DB 1978, 1388; Paulusch, RWS-Forum, S. 58.

[13] Ulmer / Brandner / *Hensen*, § 11, Nr. 1, Rn. 10.

Zum anderen vermag aber § 11 Nr. 1 AGB-G auch deshalb keinen unmittelbaren Beitrag zur Reichweite des Bestimmtheitsgebotes zu leisten, da die Norm als Klauselverbot ohne Wertungsmöglichkeit kategorisch Preisklauseln unter den Voraussetzungen des § 11 Nr. 1 AGB-G für unwirksam erklärt. Eine Abgrenzung dahingehend, ob und wann bei einer Konkretisierung eine Preisklausel den Anforderungen der Inhaltskontrolle genügt, kann deshalb bei einem Klauselverbot ohne Wertungsmöglichkeit gerade nicht erwartet werden.

Sedes materiae für die im Rahmen der Inhaltskontrolle einer Preisklausel zu fordernde Bestimmtheit ist die Generalklausel des § 9 AGB-G. Ausschlaggebend ist damit, ob und in welchem Maße der Vertragspartner bei Verwendung einer Preisklausel entgegen den Geboten von Treu und Glauben unangemessen benachteiligt wird bzw. in welchem Umfang dieses Benachteiligungsverbot eine Konkretisierung des Tatbestandes sowie der Rechtsfolge einer Preisklausel fordert.

II. Kritik an dem von der Rechtsprechung entwickelten Modell

1. Argumentative Entwicklung des Konkretisierungsgebotes

a) Methodische Bedenken

Die Argumentation des BGH zur interessengerechten Abfassung einer Preisklausel im allgemeinen sowie zum Gebot der Konkretisierung der Klauselvoraussetzungen im besonderen unterliegt methodischen Bedenken. Die Analyse des BGH-Urteiles vom 11. Juni 1980[15], welches, wie oben Seite 31 gezeigt, das Konkretisierungsgebot in den Mittelpunkt der Interessenabwägung stellt, ergibt eine sehr starke Anlehnung an die in der amtlichen Begründung zum Regierungsentwurf[16] des AGB-Gesetzes enthaltene Argumentation. So wird dort für eine dem beiderseitigen Interessenausgleich gerecht werdende Klauselgestaltung verlangt, daß die für Preiserhöhungen „maßgebenden Umstände nach Möglichkeit im Voraus genau bezeichnet werden“[17]. Der BGH[18] bezieht sich ausdrücklich[19] auf diese Ausführungen der Regierungsentwurfsbegründung und bewertet im Gegenschluß die im Zeitschriftenabonnementsvertrag enthaltene Preisklausel als nicht interessengerecht, da sie „jede beliebige Erhöhung des Bezugspreises“[20] erlaube und keine Begrenzung auf durch Kostensteigerungen bedingte Entgelterhöhungen enthalte[21]. Sodann entwickelt der 8. BGH-Senat in

[14] K. Schmidt, ZIP 1983, 641.

[15] BGH NJW 1980, 2518.

[16] BT-Drucksache 7/3919.

[17] Begr. zum RegE, BT-Drucksache 7/3919, S. 28.

[18] BGH NJW 1980, 2518, 2519.

[19] BGH NJW 1980, 2518, 2519 re. Sp.

[20] BGH NJW 1980, 2518, 2519 li. Sp.

Anlehnung an die Begründung zum Regierungsentwurf das für die Wirksamkeit einer Preisklausel entscheidende Kriterium, daß der Vertragspartner „bereits bei Vertragsabschluß aus der Formulierung der Klausel erkennen kann, in welchem Umfang Preiserhöhungen auf ihn zukommen können, und daß er in der Lage ist, die Berechtigung vorgenommener Preiserhöhungen an der Ermächtigungsklausel zu messen“[22]. Auf gleicher Linie liegend lehnt sich der 8. BGH-Senat in der Entscheidung vom 7. 10. 1981[23] an die Begründung des Regierungsentwurfes an. Wenn auch in der Entscheidung nicht direkt auf den Wortlaut der Begründung zurückgegriffen wird[24], so wird doch der Sache nach auf die dort genannten Kriterien abgestellt, wenn der 8. BGH-Senat auf die entscheidende Bedeutung des Äquivalenzprinzips „als der Vorstellung beider Parteien von der Gleichwertigkeit der von ihnen zu erbringenden Leistungen“[25] hinweist. Auf genau das gleiche Merkmal weist nämlich auch die Regierungsentwurfsbegründung[26] hin, indem auf den durch Preisklauseln ermöglichten „nachträglichen einseitigen Eingriff in das ursprüngliche Verhältnis von Leistung und Gegenleistung“[27] abgestellt wird. Eine ebensolche Parallele wird ersichtlich, wenn der 8. BGH-Senat[28] die durch die uneingeschränkte Fassung der Klausel geschaffene Möglichkeit zur beliebigen Preiserhöhung moniert, während die Regierungsentwurfsbegründung für angemessene Klauselgestaltungen als erforderlich erachtet, daß „die maßgebenden Umstände nach Möglichkeit im voraus genau bezeichnet werden“[29].

Auch Entscheidungen des 8. BGH-Senates aus neuester Zeit weisen diese starke Anlehnung an die amtliche Begründung zum Regierungsentwurf auf. So wird in dem Urteil vom 26. 5. 1986[30] unter direkter Bezugnahme auf die amtliche Begründung hervorgehoben, daß zu einer Einschränkung der bis dahin ergangenen, Preisklauseln betreffenden Rechtsprechung kein Anlaß bestehe, da diese „allein dem gesetzgeberischen Anliegen bei Schaffung der §§ 9, 11 Nr. 1 AGB-G gerecht“[31] werde.

Diese hier aufgezeigte, sich ebenso in den oben in Teil 3 besprochenen Entscheidungen widerspiegelnde Argumentationsweise des BGH ist nicht frei von methodischen Bedenken. Sie nähren sich aus der insoweit wenig reflektierten Übernahme der in der amtlichen Begründung zum Regierungsentwurf obiter

---

[21] BGH a.a.O.

[22] BGH a.a.O.

[23] BGHZ 82, 21, 25.

[24] Vgl. aber auch BGHZ 82, 21, 23.

[25] BGHZ 82, 21, 25.

[26] BT-Drucksache 7/3919, S. 27 re. Sp.

[27] BT-Drucksache a.a.O.

[28] BGHZ 82, 21, 25.

[29] BT-Drucksache 7/3919, S. 28 li. Sp.

[30] BGH ZIP 1986, 919, 922.

[31] BGH ZIP 1986, 919, 922 li. Sp.

angestellten Erwägungen zur interessengerechten Abfassung einer Preisklausel. Der 8. BGH-Senat übernimmt diese Sicht der amtlichen Begründung, füllt auf diese Weise die Generalklausel des § 9 AGB-G aus und subsumiert dann unter die in der amtlichen Begründung enthaltenen Kriterien für eine interessengerechte Klauselgestaltung, um — verkürzt dargestellt — schließlich festzustellen, daß die streitbefangene Preisklausel diesen Anforderungen nicht genüge, weshalb sie letztlich unwirksam sei.

Zwar ist schon nach älterer Ansicht anerkannt[32], daß Gesetzesmaterialien als Hilfsmittel zur Auslegung einer Norm dienen können. Auch nach neuerer Auffassung[33] sei als Ziel der Gesetzesauslegung der rechtlich als maßgeblich zu erachtende Sinn des Gesetzes unter Berücksichtigung der Regelungsabsichten und der konkreten Normvorstellungen des historischen Gesetzgebers zu ermitteln. Nach etwas abgewandelter Ansicht[34] sei bei der Gesetzesauslegung auf den realen Willen des historischen Gesetzgebers abzustellen, wobei dieser in seiner zeitgemäßen Bedeutung kritisch zu reflektieren sei[35].

Im Gegensatz dazu kommt es nach der insbesondere in der Rechtsprechung[36] vertretenen objektiven Theorie bei der Auslegung eines Gesetzes nicht auf den subjektiven Willen des historischen Gesetzgebers an, vielmehr sei allein der im Gesetzeswortlaut objektivierte Wille des Gesetzgebers maßgebend. Die Gesetzesmaterialien dürften nur mit Vorsicht sowie nur unterstützend und nur insoweit herangezogen werden, als sie auf einen objektiven Gesetzesinhalt schließen ließen[37]. Die subjektive Vorstellung der am Gesetzgebungsverfahren beteiligten Organe sei nicht entscheidend[38]. Demgegenüber wird vom BGH[39] darauf hingewiesen, daß die Äußerungen der an dem Gesetzgebungsverfahren beteiligten Verfassungsorgane einen Anhaltspunkt für die mit der Schaffung der Norm verfolgten Zweckvorstellungen zu geben vermöchten.

Auf den letzteren Gesichtspunkt könnte sich nun die Argumentation des 8. BGH-Senates zur Übernahme der in der amtlichen Begründung zum Regierungsentwurf enthaltenen Überlegungen stützen. Eine solche Vorgehensweise ist jedoch zu formal. Ohne im einzelnen zwischen den dargelegten Ansichten zur historischen Auslegung einer Norm entscheiden zu wollen, ist nämlich allgemein anerkannt, daß die in Gesetzesmaterialien enthaltenen Äußerungen der am Verfahren beteiligten Organe nicht ohne weiteres als Kriterium für die

[32] Heck, S. 93.

[33] Larenz, Methodenlehre, S. 304.

[34] MK—Säcker, Einleitung, Rn. 65/108.

[35] MK—Säcker, Einleitung, Rn. 108.

[36] BVerfGE 1, 299, 312; 8, 274, 307; 10, 234, 244; 11, 126, 130; 19, 354, 362; 13, 261, 268; 62, 1, 45; BGHZ 46, 74, 76; 49, 221, 223.

[37] BVerfGE 62, 1, 45.

[38] BVerfGE 10, 234, 244; 1, 299, 312.

[39] BGHZ 46, 74, 80 mit umfangreichen Nachweisen.

Auslegung einer Norm geeignet sind[40]. So führt das Bundesverfassungsgericht[41] ausdrücklich aus, daß die Berücksichtigung der Materialien nicht dazu verleiten dürfe, die subjektiven Vorstellungen der gesetzgebenden Instanzen dem objektiven Gesetzesinhalt gleichzusetzen. Auf der gleichen Linie liegt die Literatur[42], wonach bei der Auslegung einer Norm zu unterscheiden sei, ob die vom Gesetzgeber verfolgten Vorstellungen und Zwecke in den Norminhalt eingegangen oder bloßes gesetzgeberisches Motiv geblieben seien. Ebenso weist Larenz[43] darauf hin, daß zwischen der Regelungsabsicht und den Grundentscheidungen des Gesetzgebers auf der einen Seite und den Normvorstellungen der an der Abfassung des Gesetzes beteiligten Organe auf der anderen Seite zu unterscheiden sei.

Die mangelnde Beachtung dieses Punktes läßt an der Methodik der oben aufgezeigten Argumentation des Bundesgerichtshofes zweifeln. Denn anläßlich der Übernahme der in der amtlichen Begründung zum Regierungsentwurf enthaltenen Erwägungen geht der 8. BGH-Senat auch nicht in Ansätzen darauf ein, ob die in der amtlichen Begründung enthaltenen Ausführungen mit dem Willen des Gesetzgebers gleichzusetzen waren. Zweifel ergeben sich nämlich deshalb, weil die amtliche Begründung[44] neben dem eigentlichen Regelungsvorhaben des jetzt in § 11 Nr. 1 AGB-G enthaltenen Klauselverbotes zusätzlich die — nach der seinerzeitigen Ansicht der Bundesregierung — angemessenen Kriterien einer Preisklausel behandelt. Daß diese Erwägungen über das Vorhaben des Klauselverbotes ohne Wertungsmöglichkeit weit hinausgehen, verdeutlicht sich schon deshalb, weil die Überlegungen sich auch auf Dauerschuldverhältnisse beziehen[45], während die zu begründende Norm — der jetzige § 11 Nr. 1 AGB-G — gerade Dauerschuldverhältnisse nicht erfassen sollte.

Auch bei Berücksichtigung der durchaus wechselhaften und sich auf einen erheblichen Zeitraum erstreckenden Entstehungsgeschichte[46] des AGB-Gesetzes erscheint es nicht als selbstverständlich, daß die in der amtlichen Begründung zum Regierungsentwurf enthaltenen, über den Regelungsbereich der zu verabschiedenen Norm hinausgehenden Überlegungen ohne weiteres mit dem „gesetzgeberischen Anliegen“[47], gleichgesetzt werden. Auf den Kompetenzbereich der Verfassungsorgane bezogen, ergibt sich schon aus äußerer Betrach-

---

[40] Siehe aber auch BGH WM 1987, 652, 654: „...die Frage, ob die angegriffene Klausel mit dem Gerechtigkeitsgehalt der maßgeblichen Norm zu vereinbaren ist, läßt sich nicht mit bloßen Vorstellungen der Gesetzgebungskörperschaften beantworten,...“.

[41] BVerfGE 62, 1, 45; 54, 277, 298; 11, 126, 130; so auch schon RGZ 27, 409, 411.

[42] Ballerstedt, S. 188.

[43] Larenz, Methodenlehre, S. 314.

[44] BT-Drucksache 7/3919, S. 28 li. Sp.

[45] BT-Drucksache 7/3919, S. 28 li. Sp.

[46] *Ulmer*/Brandner/Hensen, Einleitung, Rn. 12ff.; *Wolf*/Horn/Lindacher, Einleitung, Rn. 8ff.

[47] So wörtlich noch BGH ZIP 1986, 919, 922.

tung, daß der aus der Regierungsbegründung allein ersichtliche Wille der Bundesregierung nicht mit den Regelungszielen der Legislative übereinzustimmen braucht[48].

Die Argumentationsweise des 8. BGH-Senates birgt aber auch die Gefahr, daß durch die Übernahme der in der Regierungsentwurfsbegründung enthaltenen, über den eigentlichen Regelungsbereich des Klauselverbotes hinausgehenden Erwägungen Vorstellungen in faktisch geltendes Recht umgegossen und durch spätere judikative Bezugnahme auf die erstmalige Urteilsbegründung zementiert werden, welche im Grunde ohne demokratische Legitimation entstanden sind. Die Argumentationsweise genügt auch den für die Schaffung sogenannten Richterrechts geltenden Anforderungen[49] nicht, da für letzteres die eingehende Begründung und Auseinandersetzung ausschlaggebend ist, nicht aber die einfache Übernahme der in einer amtlichen Regierungsbegründung enthaltenen Überlegungen ausreichend ist.

Damit ist festzuhalten, daß die Argumentation des 8. BGH-Senates zur Entwicklung des Gebotes einer bestimmten Fassung der Preisklausel methodischen Bedenken unterliegt. Allein die Bezugnahme auf die in der amtlichen Begründung zum Regierungsentwurf des AGB-Gesetzes enthaltenen Kriterien zur interessengerechten Gestaltung einer Preisklausel vermag nicht zu über zeugen.

b) Konsequenzen des Bestimmtheitsgebotes

Im Rahmen der Kritik an dem von der Rechtsprechung entwickelten Modell einer angemessenen Klauselgestaltung ist im folgenden zu untersuchen, ob das Gebot der bestimmten Klauselfassung aus der Sicht des Klauselverwenders bzw. seines Vertragspartners negative Konsequenzen zeitigt.

aa) Bestimmtheitsgebot versus Klauselzweck

Der mit der Vereinbarung einer Preisklausel vom Klauselverwender verfolgte Zweck steht dem Gebot einer konkreten Klauselfassung entgegen. Mit einer Preisklausel will der Klauselverwender sich die Möglichkeit eröffnen, das endgültig vom Vertragspartner zu erbringende Entgelt trotz eines längeren Zeitraumes zwischen Vertragsabschluß und Leistungsaustausch den zu diesem Zeitpunkt vorliegenden Marktverhältnissen anzupassen. Hintergrund ist somit das Bemühen des Klauselverwenders, in der Zukunft liegende sowie beiden Parteien unbekannte und kaum einschätzbare Verhältnisse bereits bei Vertragsschluß in einer allgemeinen Regelung als Konsens zu erfassen, um während der Laufzeit des Vertrages auf veränderte Umstände in quantitativer, auf den Preis

---

[48] Auf unterschiedliche Normvorstellungen der am Gesetzgebungsverfahren im weiteren Sinne beteiligten Organe eingehend: Larenz, Methodenlehre, S. 314; stark vereinfachend: MK—Säcker, Einleitung, Rn. 124.

[49] Larenz, Methodenlehre, S. 412ff.

bezogenen Weise reagieren zu können. Dieser Klauselzweck bringt es mit sich, daß die zukünftige Entwicklung der tatsächlichen Umstände bei Vertragsschluß vom Klauselverwender nicht vorhergesehen werden kann. Wären diese Umstände bekannt, würde die Anpassungsklausel obsolet, denn dann könnte die Entwicklung bereits bei Abschluß des Vertrages unmittelbar und dezidiert berücksichtigt werden.

Der Zwiespalt zwischen der mangelnden Erfaßbarkeit der Enwicklung zukünftiger Verhältnisse auf der einen Seite und dem Gebot der konkreten Klauselfassung auf der anderen Seite erlangt angesichts des in der Rechtsprechung[50] verlangten Konkretisierungsgrades um so mehr Gewicht. Diese gegenläufige Tendenz deutlich markiert zu haben, kommt als Verdienst in der Literatur insbesondere den Untersuchungen von Baur[51] zu, wonach hohe Anforderungen an die Konkretisierung „dem Zweck von Anpassungsklauseln geradezu kontradiktorisch“[52] seien. Der Sache nach zum gleichen Ergebnis — daß nämlich Preisklauseln im Lichte des § 9 AGB-G angesichts des Widerstreits zwischen Konkretisierung und kaum prognostizierbarer zukünftiger Preisentwicklung nur schwerlich durch eine bestimmte Klauselgestaltung an Interessengerechtigkeit gewinnen könnten —, kommt der 8. BGH-Senat[53]. Er stellt fest, daß weder „eine allgemein gehaltene Fassung des Änderungsvorbehaltes dahingehend, daß Preiserhöhungen lediglich im Umfang zwischenzeitiger Kostensteigerungen zulässig sind, ... die sich aus § 9 AGB-Gesetz ergebenden Bedenken ... ausräumen (würde, noch; d. Verf.) eine komplizierte, alle Faktoren der Kostensteigerungen erfassende Klausel, deren Verständnis sich jedoch dem Käufer, wenn er Nichtkaufmann ist, verschließt...“[54].

Somit ergibt sich, daß das Gebot der bestimmten Fassung einer Anpassungsklausel nicht per se für eine angemessene Klauselgestaltung im Sinne des § 9 AGB-G sorgen kann. Die normative Geltung dieses Gebotes wird damit unten insbesondere unter dem Aspekt zu untersuchen sein, ob die bestimmte Klauselfassung einer interessengerechten Klauselgestaltung dienlich ist.

bb) Bestimmtheitsgebot — Kostenorientierung

Das Gebot der bestimmten Klauselfassung führt im Ergebnis zu einer starken Kostenorientierung der durch die Klausel festzulegenden Entgelte. Zu diesem Ergebnis führt das Postulat des 8. BGH-Senates[55], wonach es dem Vertragspartner durch die Formulierung der Klausel zu ermöglichen sei, „die Berechtigung vorgenommener Preiserhöhungen an der Ermächtigungsklausel“[56] mes-

---

[50] Siehe oben Teil 3, S. 43ff.

[51] Baur, Anpassungsr., S. 103; später gleichfalls: Köndgen/König, ZIP 1984, 132.

[52] Baur, a.a.O.

[53] BGHZ 82, 21, 26.

[54] BGH a.a.O.

[55] BGH NJW 1980, 2518, 2519.

sen zu können. Auf den ersten Blick mag nun diese Formulierung ambivalent für wettbewerbs- wie kostenorientierte Preiserhöhungen sein. Auf den zweiten Blick erhellt jedoch, daß ein Marktpreis zum Zeitpunkt der Lieferung nur eingeschränkt auf seine Berechtigung überprüft werden kann. Typisch für die Bildung des Marktpreises ist gerade, daß dieser sich aus dem Zusammenwirken von Angebot und Nachfrage entwickelt und damit infolge der ständigen Dynamik der auf diese Wertschätzung einwirkenden Faktoren einer permanenten Änderung unterworfen ist. Zudem wird sich der Marktpreis im Sinne einer Überprüfung nicht auf einer genau bestimmten Höhe ansiedeln lassen, stattdessen nur innerhalb einer bestimmten Bandbreite[57] festzulegen sein, welche sich aus einer Vielzahl abgeschlossener Geschäfte ergibt.

Wenn der 8. BGH-Senat[58] gleichwohl verlangt, daß im Sinne einer Ermächtigungsklausel die Berechtigung zur Preiserhöhung aus der Preisklausel hervorgehen müsse, bleibt nur der Schluß, daß insoweit auf eine kostenorientierte Fortschreibung des bei Vertragsschluß vereinbarten Preises abgezielt werden soll. So verwundert es nicht, wenn der 8. BGH-Senat in der Entscheidung zur Tagespreisklausel konstatiert, daß für die Entgeltfestlegung der Zeitpunkt des Vertragsschlusses ausschlaggebend sei[59] und für den Zeitraum bis zum Leistungsaustausch allein die Weitergabe von Kostensteigerungen einer interessengerechten Klauselgestaltung entspreche[60], nicht aber die Berücksichtigung einer veränderten Marktlage[61].

Die nicht zuletzt durch die Forderung nach bestimmter Klauselfassung hervorgerufene Kostenorientierung weist jedoch Schwachpunkte auf, die bei näherem Hinsehen einer interessengerechten Klauselfassung abträglich sind. Zu bedenken ist, daß gegen eine Kostenorientierung volkswirtschaftliche Bedenken bestehen, da durch eine kostenabhängige Betrachtung Kostensteigerungen geradezu herausgefordert werden[62], welche im Gefolge zu einer Fehlallokation von Ressourcen führen[63]. Ein Abstellen innerhalb der Preisklausel auf Kostenfaktoren steht ebenso den Kennzeichen einer marktwirtschaftlichen Ordnung entgegen[64], wonach gerade die durch den Wettbewerbsprozeß geprägte Preisordnung ausschlaggebend ist[65].

Aber auch die in der Wertung des AGB-Gesetzes vorgegebene, auf den einzelnen Vertragspartner bezogene Sicht spricht gegen eine kostenabhängige

[56] BGH a.a.O.
[57] Dally, BB 1977, 727.
[58] BGH NJW 1980, 2518, 2519.
[59] BGHZ 82, 21, 26.
[60] BGHZ 82, 21, 24/25.
[61] BGHZ 82, 21, 25.
[62] Horn, NJW 1985, 1122.
[63] Baur, Anpassungsr., S. 102; Kunth/Wollburg, BB 1985, 237.
[64] Kunth/Wollburg, BB 1985, 236.
[65] Ulmer, BB 1982, 1131.

Fortschreibung des Vertragspreises[66]. Eine Überprüfung der Festsetzung des letztlich zu erbringenden Entgeltes im Sinne einer Ermächtigungsklausel ist dem Vertragspartner nämlich in der Regel nicht möglich, da er — diesen Umstand sieht trotz der favorisierten Kostenorientierung auch der 8. BGH-Senat[67] — die Voraussetzungen der vom Klauselverwender angegebenen Kostensteigerungen kaum nachprüfen kann. Zudem müßte mit einer Kompetenz des Vertragspartners zur Überprüfung der vom Klauselverwender angegebenen Kostensteigerung eine gerichtliche Geltendmachung dieser Befugnisse korrespondieren. Insoweit wird jedoch in der Literatur[68] deutlich davor gewarnt, daß sich Richter quasi als „Preiskommissare“[69] betätigten und Sachverständigenbeweis zu erheben hätten, ob und in welchem Umfang einzelne Kostenfaktoren zwischen Vertragsabschluß und Leistungsaustausch gestiegen seien.

Gegen eine breite Anwendung[70] kostenorientierter Preisklauseln spricht darüber hinaus, daß eine kostenrepräsentative Erfassung der vertraglichen Hauptleistung unter betriebswirtschaftlichen Gesichtspunkten insbesondere dann schwierig ist[71], wenn der Vertragsgegenstand — wie z.B. bei einem Kraftfahrzeug — aus zahlreichen Vorprodukten mit unterschiedlichen Lohn- und Materialkostenanteilen besteht. In diesen Fällen steht dem Klauselverwender schon unter betriebswirtschaftlichen Aspekten ein Ermessensrahmen zu[72]. So kann er die einzelnen Vorprodukte und Arbeitsleistungen einschließlich der von verbundenen Unternehmen[73] erbrachten Anteile unterschiedlich bewerten. Gleichfalls müßten — wenn den Ausführungen des 8. BGH-Senates[74] gefolgt würde — bei im Laufe der Zeit erforderlich werdenden Neubewertungen der Kostenanteile die in der Preisklausel angeführten Kostenfaktoren angepaßt werden, womit die angestrebte Überprüfung der Preiserhöhungen „auf ihre Berechtigung“[75] konterkariert würde. Unberücksichtigt bliebe zudem, daß die auf das einzelne Produkt bezogene Kostenkalkulation des Klauselverwenders kein statisches Datum ist. Angesichts umfangreicher Rationalisierungs- und Innovationsbemühungen sowie des wechselnden Auslastungsgrades der Produktionsstätte, welche sich wegen der fixen Kosten auf die Gesamtkostenkalkulation auswirkt[76], stellt diese einen dynamischen Prozeß dar. Wie aber dieser

---

[66] Horn, NJW 1985, 1122.

[67] BGHZ 82, 21, 27.

[68] Kötz, BB 1982, 644.

[69] Kötz, a.a.O.

[70] Generell gegen Kostenklauseln sich aussprechend: Brocke, S. 40.

[71] Mestmäcker, S. 219, betont, daß der auf ein einzelnes Produkt entfallende Anteil an den Gemeinkosten exakt überhaupt nicht zu ermitteln sei.

[72] Wöhe, S. 871.

[73] Bydlinski, JBl 1975, 249.

[74] BGH NJW 1980, 2518, 2519; BGHZ 82, 21, 24.

[75] BGH NJW 1980, 2518, 2519.

[76] Mestmäcker, S. 218; Salje, DAR 1982, 97.

permanenten Wandlung innerhalb der Kostenfaktoren mit einer — so die Sicht des BGH[77] — nach Vertragsabschluß nicht abänderbaren kostenorientierten Preisklausel entsprochen werden soll, bleibt seitens des BGH unausgesprochen.

cc) Bestimmtheitsgebot — Teilausschöpfung

Das Gebot einer bestimmten Klauselfassung, welches bei der Gestaltung von Automatikklauseln infolge der für die Funktion der Klauseln typischen mathematischen Erfassung der Kostenfaktoren verwirklicht zu sein scheint, verliert infolge der bei dieser Klauselart oft unvermeidlichen und vom Klauselverwender gewollten sogenannten Teilausschöpfung[78] an Bestimmtheit. Diese Teilausschöpfung wird aus der Klauselfassung nicht sichtbar, vielmehr eröffnet sich der Klauselverwender ein Anwendungsermessen[79], welches dann dem Bestimmtheitsgebot entzogen ist. Die in der Automatikklausel enthaltenen Faktoren werden so konzipiert, daß in der Regel ein Entgelt automatisch festgelegt wird, welches über den tatsächlich geforderten Preisen liegt[80]. Neben einer vielleicht noch augenfälligen Klauselgestaltung mit niedrigem Festanteil[81] werden nicht benötigte Preisfreiräume insbesondere durch einen niedrigen Ansatz der jeweiligen Bezugsgrößen[82] geschaffen. Dem Gebot der bestimmten Klauselfassung kommt dabei je nach Größenordnung der Teilausschöpfung bzw. der sie voraussetzenden Preisfreiräume nur noch eine rudimentäre Bedeutung zu, indem durch das rechnerische Ergebnis der Automatikklausel eine Höchstgrenze hinsichtlich des festzulegenden Entgeltes gesetzt wird.

dd) Zwischenergebnis

Als Zwischenergebnis bleibt somit festzuhalten, daß das von der Rechtsprechung für die Abfassung einer interessengerechten Preisklausel geforderte Gebot der bestimmten Fassung

- dem beabsichtigten Zweck der Klausel, das ist das Bemühen um spätere Berücksichtigung in der Zukunft liegender und damit zwangsläufig ungewisser Umstände, entgegensteht;
- zu einer Kostenorientierung der nach Vertragsschluß anzupassenden Entgelte führt. Die nach Auffassung des BGH bei angemessener Klauselgestaltung dem Vertragspartner zuzugestehende Möglichkeit zur Überprüfung

---

[77] BGHZ 82, 21, 24.

[78] Siehe oben Teil 2, S. 24.

[79] So auch Wichmann, ZIP 1983, 397/403; Horn, NJW 1985, 1120; Hermann, Recht d. E. 1980, 8; Ebel, DB 1982, 2608; Ernst, VIK 1974, 37; Deparade, ET 1981, 22.

[80] Gärtner, BB 1980, 450, weist auf eine marktpreisorientierte Parallele im Lebensversicherungsvertrag hin: dort würden bewußt überhöhte Prämien verlangt, welche teilweise als Jahresüberschuß wieder zurückgewährt würden.

[81] Zu den Auswirkungen siehe oben Teil 2, S. 23.

[82] Zu den Auswirkungen siehe oben Teil 2, S. 23.

der Preiserhöhung auf ihre Berechtigung impliziert diese Sichtweise, da nach Ansicht des 8. Zivilsenates nur Kostensteigerungen zwischen Vertragsabschluß und Leistungsaustausch zur interessengerechten Anhebung des Preises berechtigen;

— in den Fällen scheinbarer Exaktheit unterlaufen wird, indem seitens des Klauselverwenders Preisfreiräume geschaffen werden, die im Rahmen der Teilausschöpfung ein vom Gebot der bestimmten Klauselfassung losgelöstes Preisermessen zugunsten des Klauselverwenders eröffnen.

2. Einräumung einer Lösungsmöglichkeit vom Vertrag

Im folgenden wird zu untersuchen sein, ob die von der Rechtsprechung im nichtkaufmännischen Bereich in den Fällen mangelnder Klauselbestimmtheit geforderte Einräumung einer Lösungsmöglichkeit vom Vertrag einer an den Vorgaben des § 9 AGB-G ausgerichteten Klauselgestaltung entspricht.

a) Argumentative Herleitung in der Rechtsprechung

Wie sich bereits aus den Untersuchungen in Teil 3 ergeben hat, wird in der Rechtsprechung erstmalig vom 8. BGH-Senat[83] — wenn auch zurückhaltend und fast als obiter dictum — die Notwendigkeit der Einräumung eines Rücktrittsrechts angesprochen. In der Argumentation nimmt der Senat auf die Ausführungen in der amtlichen Begründung zum Regierungsentwurf Bezug. Dort[84] wurde formuliert, daß „insbesondere bei Dauerschuldverhältnissen es im Interesse des zahlungspflichtigen Vertragsteils geboten sein (wird; d. Verf.), diesem für den Fall der Erhöhung des Entgelts ein Kündigungsrecht einzuräumen“[85]. Der 8. Zivilsenat greift nun diese Erwägungen auf[86], betont aber ausdrücklich, daß er die in der Regierungsbegründung enthaltenen Gedanken „nicht zu vertiefen braucht“[87].

Eindeutiger judiziert der 8. Zivilsenat zur Tagespreisklausel[88], daß bei einer allgemein gehaltenen Preisanpassungsklausel die Unangemessenheit der Klausel durch die Einräumung einer Lösungsmöglichkeit beseitigt werden könne. Der 8. Zivilsenat[89] zitiert zum Beleg seiner Ansicht u.a. das Urteil zum Zeitschriftenabonnement, ohne aber in der Argumentation abzugrenzen, daß in letztgenannter Entscheidung ein Dauerschuldverhältnis behandelt wurde, sowie

---

[83] BGH NJW 1980, 2518, 2519.

[84] BT-Drucksache 7/3919, S. 28 li. Sp.

[85] BT-Drucksache, a.a.O.

[86] BGH NJW 1980, 2518, 2519 re. Sp.

[87] BGH, a.a.O.

[88] BGHZ 82, 21, 27.

[89] BGH a.a.O.

die dort auf ein Dauerschuldverhältnis bezogenen Überlegungen der amtlichen Begründung zum Regierungsentwurf ausdrücklich nicht vertieft werden sollten.

Die bereits oben behandelten[90] methodischen Bedenken der wenig reflektierten Übernahme von Erwägungen aus einer Gesetzesbegründung in eine sich festigende Rechtsprechung treffen damit insbesondere auf die geforderte Einräumung einer Lösungsmöglichkeit vom Vertrage zu[91]. Wie sich bereits in Teil 3 der Arbeit gezeigt hat, wird die vom 8. BGH-Senat in der Entscheidung zur Tagespreisklausel festgeschriebene Einräumung der Lösungsmöglichkeit in der später ergehenden Rechtsprechung jeweils unter Bezugnahme auf dieses Urteil übernommen. Die Argumentation der chronologisch nachfolgenden Judikatur[92] wie auch die Entscheidung zur Tagespreisklausel enthält dabei keine Auseinandersetzung mit den Wertungen des § 9 AGB-G, d.h., es wird nicht dezidiert begründet, wann und unter welchen Voraussetzungen das Verbot der unangemessenen Klauselgestaltung die Einräumung eines Rücktrittsrechts gebietet.

Diese Argumentationsweise läuft Gefahr, den Rahmen der durch § 9 AGB-G gezogenen Anforderungen zu übersteigen. In der argumentativen Herleitung der Notwendigkeit zur Einräumung eines Rücktrittsrechts kann nicht ausreichend sein, daß ein von der Lösungsmöglichkeit zu unterscheidendes Merkmal der angemessenen Preisklauselgestaltung — nämlich das Gebot der bestimmten Fassung — in den Anforderungen so hoch angesetzt wird, daß der Klauselverwender den Maßstäben in der Regel nicht genügen kann — so auch die Sicht des 8. Zivilsenates[93] —, um dann im Gegenzug feststellen zu können, daß der Klauselverwender die Unangemessenheit der Klausel durch die Einräumung einer Lösungsmöglichkeit vom Vertrag ausräumen könne[94]. Die Argumentation führt damit zu dem Ergebnis, daß die Notwendigkeit der Einräumung eines Rücktrittsrechts für sich betrachtet nicht mehr an den Anforderungen des § 9 AGB-G gemessen wird. Methodisch ist damit nicht mehr sichergestellt, ob aus der Norm des § 9 AGB-G in den Fällen einer nicht exakt definierten Preisklausel überhaupt eine Lösungsmöglichkeit abzuleiten ist. Da nämlich die Rechtsprechung die Pflicht zur Einräumung der Lösungsmöglichkeit nicht direkt an § 9 AGB-G mißt, stattdessen das Rücktrittsrecht als Ausgleich für eine ansonsten unangemessene Klausel fordert[95], entbehrt dieses Petitum nicht einer gewissen

---

[90] Siehe oben S. 73ff.

[91] Vgl. auch Löwe, BB 1984, 494, Fußnote 6, welcher ebenfalls eine Übernahme der Erwägungen aus der Begründung zum Regierungsentwurf diagnostiziert, „ohne daß bislang die damit verbundene Problematik näher geprüft wurde".

[92] Es sei auf die in Teil 3 ausführlich behandelten Entscheidungen BGH BB 1983, 921, 923; BB 1984, 486; NJW 1984, 1180, 1181; ZIP 1986, 919, 921; OLG Frankfurt, WRP 1981, 396, 397; NJW 1982, 2198, 2199; LG Frankfurt, DB 1984, 2505, 2506; OLG Düsseldorf, WM 1984, 1134, 1136; OLG Hamm NJW-RR 1986, 927; verwiesen.

[93] BGHZ 82, 21, 26/27.

[94] BGHZ 82, 21, 27.

[95] BGH a.a.O.

Zufälligkeit. Diese Argumentation eröffnet sich nämlich einen Wertungsspielraum, indem es der mehr oder minder freien Gewichtung überlassen bleibt, welches Kriterium als Ausgleich für eine ansonsten unangemessene Klauselgestaltung taugt bzw. nicht geeignet ist.

Die Vorgehensweise ist abzulehnen. Immerhin werden auf solche Weise Beschränkungen des gegen Aushöhlungen besonders empfindlichen[96] Prinzips der Privatrechtsautonomie[97/98] hervorgebracht, welche sich ihrerseits nicht unmittelbar auf § 9 AGB-G zurückführen lassen. Im folgenden ist deshalb zu untersuchen, ob die für eine in Voraussetzung und Umfang nicht exakt definierte Preisklausel geforderte Einräumung einer Lösungsmöglichkeit sich auf die normativen Anforderungen des § 9 AGB-G zurückführen läßt. Zuvor wird dabei die vom Schrifttum eingenommene Haltung darzustellen sein.

b) Ansichten der Literatur

In der Literatur wird die Notwendigkeit der Einräumung einer Lösungsmöglichkeit vom Vertrag bei nicht exakt definierter Preisklausel streitig beurteilt. Eine Bestandsaufnahme ergibt folgendes Bild:

aa) Befürwortende Ansichten

In grundsätzlich enger Anlehnung an die einschlägige BGH-Rechtsprechung wird vertreten[99], daß dem Vertragspartner im Fall übermäßiger Preiserhöhung ein Lösungsrecht gewährt werden müsse. Andere[100] stellen darauf ab, daß klauselbedingte Störungen des ausgewogenen Verhältnisses von Leistung und Gegenleistung durch ein dem Vertragspartner gewährtes Lösungsrecht kompensiert werden müßten. Wiederum andere Stimmen[101] halten Preisklauseln gemäß § 9 AGB-G für unangemessen, wenn sie keine Bestimmungen enthielten, ob und unter welchen Voraussetzungen sich der Vertragspartner im Falle einer Preiserhöhung vom Vertrag lösen könne.

Sämtliche soeben benannten Vertreter verzichten auf detaillierte Begründungen ihrer Auffassungen, belegen diese vielmehr unter Hinweis auf die BGH-Rechtsprechung.

---

[96] Canaris, ZIP 1987, 709; eingehend: Graf v. Westphalen, DB 1981, 62ff.

[97] Zöllner, S. 62, geht von einem „ewigen und nie zu beseitigenden Spannungsverhältnis zwischen Privatautonomie und genereller Gerechtigkeit“ aus, welches gerade bei Anpassungsmechanismen zu einem optimalen Ausgleich zu führen sei.

[98] Zur allgemeinen Bedeutung: Larenz, AT, § 2 II, S. 40.

[99] *Ulmer* / Brandner / Hensen, Anhang §§ 9-11, Rn. 472; Paulusch, RWS-Forum, S. 76; Beggerow, S. 140; Mockenhaupt, S. 41.

[100] Soergel—Stein, § 11 Nr. 1 AGB-G, Rn. 11; Staud.—K. Schmidt, Vorbem. D 168 zu § 244.

[101] MK—Kötz, § 11 Nr. 1 AGB-G, Rn. 11; § 9 AGB-G, Rn. 30; Palandt—Heinrichs, § 11 Nr. 1 AGB-G, Anm. 1 d. aa.; Erman-Hefermehl, § 9 AGB-G, Rn. 18.

In der Aufsatzliteratur wird davon ausgegangen[102], daß selbst bei einer in den Voraussetzungen definierten Kostenanpassungsklausel eine vertragliche Lösungsmöglichkeit für den Vertragspartner vorgesehen sein müsse. Symptomatisch ist dabei, daß durchaus Überlegungen angestellt werden, ab welcher prozentualen Erhöhung des Entgeltes die Rücktrittsmöglichkeit zu eröffnen sei. Ob aber die Lösungsmöglichkeit überhaupt die Interessengerechtigkeit einer Preisklausel zu beeinflussen vermag, wird nicht erörtert[103].

Ähnlich argumentiert Bunte[104], welcher Überlegungen anstellt, ob die Lösungsmöglichkeit auch bei Preiserhöhungen, die mit dem allgemeinen Anstieg der Lebenshaltungskosten konform gingen, zu gewähren sei. Demgegenüber spricht sich Ulmer[105] fast beiläufig dafür aus, bei auf die jeweilige Lieferfrist bezogenen stärkeren Preisausschlägen sei dem Kunden ein Lösungsrecht einzuräumen.

Weitergehender vertritt Jung[106] die Auffassung, daß eine nicht definierte Preisklausel gegen das materielle Gerechtigkeitsgebot verstoße, soweit nicht dem Vertragspartner ein Rücktrittsrecht eingeräumt werde. Auf gleicher Linie liegend ist Stiens[107] der Ansicht, daß der Klauselverwender, welcher sich im Rahmen eines Energieversorgungsvertrages mit einem Sonderkunden einen von jenem zu bestimmenden Baukostenzuschuß versprechen lasse, diese Leistungsbestimmungsbefugnis durch die Eröffnung eines Lösungsrechts für den Sonderkunden zu kompensieren habe.

bb) Vermittelnde Ansichten

In deutlicher Abgrenzung zu der Sicht des 8. Zivilsenates weist Wolf[108] darauf hin, daß die Angemessenheit einer Preisklausel nicht davon abhängig sei, ob dem Vertragspartner ein Rücktritts- oder Kündigungsrecht zugestanden sei. Es könne nicht ausnahmslos die Einräumung eines Rücktrittsrechts verlangt werden; stattdessen seien im Einzelfall die Interessen der Beteiligten abzuwägen.

Für eine Lösungsmöglichkeit spreche aus der Sicht des Vertragspartners eine infolge geänderter Kalkulationsgrundlage herbeigeführte Unzumutbarkeit der weiteren Bindung, ebenso könne aber das Interesse des Klauselverwenders gegen eine Lösungsmöglichkeit sprechen, falls dieser finanzielle Aufwendungen auf den Vertrag getätigt habe[109]. Ebenso argumentiert Hensen[110], welcher dem

---

[102] Salje, DAR 1982, 97; Löwe, BB 1982, 158; so wohl auch: Werber, VP 1983, 55.

[103] Salje, DAR 1982, 97.

[104] Bunte, NJW 1984, 1150.

[105] Ulmer, BB 1982, 1132.

[106] Jung, BB 1981, 1609.

[107] Stiens, Recht d. E. 1980, 257.

[108] *Wolf*/Horn/Lindacher, § 11 Nr. 1, Rn. 34.

[109] *Wolf*/Horn/Lindacher, a. a. O.

[110] Ulmer/Brandner/*Hensen*, § 11 Nr. 1, Rn. 14.

BGH vorwirft, bei der die Preisklauseln betreffenden Rechtsprechung zu früh resigniert zu haben, indem auf ein Recht zur Lösung vom Vertrag ausgewichen worden sei. Die Lösungsmöglichkeit sei vielmehr je nach Eigenart des Vertrages differenziert zu beurteilen[111]. Dieser Auffassung tritt auch Brandner[112] bei, welcher ein Lösungsrecht als nicht interessengerecht ansieht, wenn der Vertragspartner sich auf den Bestand des Vertrages eingerichtet und Kapital investiert habe. Auf gleicher Linie liegend bezeichnet Trinkner[113] das vom BGH als Ausgleich für an sich unangemessene Preisklauseln favorisierte Lösungsrecht als nicht bedenkenfrei bzw. in bestimmten Fallgestaltungen als „völlig unzureichend"[114]. Der Vertragspartner werde benachteiligt, wenn er sich bei Ausübung des Lösungsrechts nicht anderweitig Ersatz beschaffen könne; das Rücktrittsrecht sei deshalb unzureichend, wenn dem Kunden kein relevanter Markt für die Vertragsleistung zur Verfügung stehe[115].

In der Aufsatzliteratur hält Löwe[116] die Ansicht des BGH für „sehr problematisch", daß eine unangemessene Preisklausel durch die Eröffnung eines Rücktrittsrechts wirksam werden solle. Der Vertragspartner habe gerade bei Mangelwaren ein Interesse an der Durchführung, nicht aber an der Aufhebung des Vertrages[117]. Einen vergleichbaren Ansatz verfolgt Bartsch[118], der darauf hinweist, daß die Rücktrittsmöglichkeit keine hinreichende Bedingung für die Angemessenheit von Preisklauseln schaffe. Vielmehr werde das Problem der interessengerechten Klauselfassung verdoppelt, da zusätzlich ein Schwellenwert, bei dessen Erreichen die Lösungsmöglichkeit zu eröffnen sei, definiert werden müsse[119].

Die Ausgleichsfunktion eines Lösungsrechts wird ebenfalls von Horn[120] differenziert bewertet. Dieser will ermitteln, ob als Reaktion auf eine einseitige Änderungsbefugnis durch den Klauselverwender einer Vertragslösung ein kompensierender Effekt zukommt oder ein vorrangiges Bestandsinteresse vorliegt. Letzteres sei zu bejahen, wenn beide Vertragspartner — z.B. bei Energieversorgungs- und Vertriebsverträgen[121] — ein Interesse an der Durchführung des Vertrages hätten. Andererseits vermöge ein Lösungsrecht in bestimmten Fällen auch eine Schutzfunktion zugunsten des Vertragspartners zu übernehmen[122].

---

[111] Ulmer/Brandner/*Hensen,* a.a.O.

[112] Ulmer/*Brandner*/Hensen, Anh. §§ 9-11, Rn. 471 a.E.

[113] Löwe/Graf v. Westphalen/*Trinkner,* § 11 Nr. 1, Rn. 15.

[114] Löwe/Graf v. Westphalen/*Trinkner,* a.a.O.

[115] Löwe/Graf v. Westphalen/*Trinkner,* § 11 Nr. 1, Rn. 15; Salzmann, S. 183.

[116] Löwe, BB 1982, 157.

[117] Löwe, a.a.O.

[118] Bartsch, DB 1983, 216.

[119] Bartsch, a.a.O.

[120] Horn, NJW 1985, 1121.

[121] Horn, NJW 1985, 1122.

Vorsichtig formuliert Steindorff[123], demnach Preisklauseln „vielleicht" wirksam seien, wenn dem Vertragspartner bei effektiv feststellbarem Preiswettbewerb die Möglichkeit zu einem zumutbaren und rechtzeitigen Überwechseln auf einen anderen Anbieter eingeräumt werde. Ebenso sehen Köndgen/König[124] das freie Rücktrittsrecht als dann nutzlos und nicht ausreichend an, wenn der Vertragspartner nicht auf ein Substitutionsprodukt ausweichen könne. In seinem funktionalen Zusammenhang wirke sich ein Rücktrittsrecht dagegen so aus, daß ein liberales Lösungsrecht freiere Erhöhungsspielräume der Preisklausel gestatte[125]. Auch bei einem Bemühen um möglichst präzise Klauselgestaltung werde sich ein Lösungsrecht nicht „gänzlich ausschließen lassen"[126].

cc) Ablehnende Ansichten

Prägnant formuliert Schlosser[127], daß eine Preisklausel nicht mit einem Lösungsrecht des Vertragspartners gekoppelt zu werden brauche, weil „es bei Verträgen mit längeren Leistungsfristen nicht zwangsläufig Festpreise gibt"[128]. Baur[129] wendet gegen die Pflicht zur Einräumung eines Rücktrittsrechts ein, daß dieser vom BGH erwogene Ausweg sich ökonomisch gegen die Rentabilität der vom Klauselverwender gegenüber dem Vertragspartner erbrachten Investitionen richte und sich rechtlich gegen die Existenz langfristiger Lieferverträge wende.

In der Aufsatzliteratur hält Wolf[130] der BGH-Rechtsprechung entgegen, daß nicht geklärt sei, ob die Einräumung eines Rücktrittsrechts als Ergänzung zu einer an sich angemessenen Preisklausel gedacht sei[131], um dem Vertragspartner nachträglich die Befreiung von ursprünglich nicht erwarteten Preisbelastungen zu ermöglichen, oder ob das Rücktrittsrecht dazu dienen solle, sich einer unangemessenen Preiserhöhung respektive Preisklausel im Einzelfall zu entziehen. Letztgenannte Konstellation führe zu der Konsequenz, daß der Vertragspartner vor die Wahl gestellt werde, ob er den Vertragsgegenstand zu einem ungerechtfertigt hohen Preis beziehen oder auf ihn verzichten wolle[132]. Das Vertrauen auf die korrekte Vertragsdurchführung mitsamt einer darauf aufbauenden Planung sei stark gefährdet; deshalb könne die Einräumung eines

---

[122] Horn, NJW 1985, 1123.
[123] Steindorff, ZHR 1984, 274.
[124] Köndgen/König, ZIP 1984, 135, Fußnote 55.
[125] Köndgen/König, ZIP 1984, 134.
[126] Köndgen/König, ZIP 1984, 135.
[127] Staud.—Schlosser, § 11 Nr. 1 AGB-G, Rn. 21.
[128] Staud.—Schlosser, a.a.O.; ähnlich Bilda, MDR 1979, 92.
[129] Baur, Anpassungsr., S. 92.
[130] Wolf, ZIP 1987, 350.
[131] Dies fordert Löwe, BB 1982, 157.
[132] Wolf, ZIP 1987, 350; Löwe, BB 1984, 494.

Rücktrittsrechts nicht dazu dienen, eine unangemessene Preiserhöhung respektive unangemessene Preisklausel zu legitimieren. Aber auch in erstgenannter Konstellation — angemessene Preisklausel, unangemessene Preiserhöhung — bedürfe es zur Beseitigung des unangemessenen Preises keines Rücktrittsrechts, vielmehr sei eine gerichtliche Kontrolle über § 315 Abs. 3 BGB vorzuziehen[133].

Auf die Schutzfunktion der §§ 315ff. BGB stellt ebenfalls Reuter[134] ab. Nach seiner Auffassung habe der BGH die in der amtlichen Begründung zum Regierungsentwurf des AGB-Gesetzes enthaltenen Erwägungen zur Einräumung eines „Kündigungsrechts"[135] überinterpretiert, da demnach eine Lösungsmöglichkeit nur auf Dauerschuldverhältnisse beschränkt bleiben, nicht aber auf Verträge mit einmaligem Leistungsaustausch ausgedehnt werden sollte. Ein Rücktrittsrecht in solchen Verträgen vergrößere den Verbraucherschutz nicht[136].

Eine ablehnende Haltung gegenüber der ausgleichenden Funktion einer Lösungsmöglichkeit vom Vertrag nimmt auch Gärtner[137] ein. Es sei unklar, welcher durch die Preisklausel verursachte Mißstand mittels der Eröffnung eines Kündigungsrechts beseitigt werden solle. Insbesondere im Bereich des Versicherungsvertragsrechts[138] habe bei einer konzentrierten Beitragserhöhung ein Kündigungsrecht nur einen zweifelhaften ökonomischen Nutzen, da andere Marktteilnehmer gleichfalls wie der Klauselverwender von gleichen Fakten betroffen und deshalb Prämienerhöhungen durchzusetzen bestrebt seien[139].

Für den Bereich der Kreditverträge spricht sich Schwarz[140] dafür aus, daß die Unangemessenheit einer Zinsanpassungsklausel mangels Markttransparenz nicht durch die Eröffnung eines Kündigungsrechts beseitigt werden könne. Eine — in bezug auf die fehlende Austauschbarkeit der einzelnen Vertragsbeziehungen — ähnliche Sicht findet sich bei Wichmann[141], demnach bei einer im Rahmen eines Elektrizitätsversorgungsvertrages mit einem Sonderkunden verwandten Preisklausel einem Lösungsrecht keine Kompensationswirkung zukomme, weil der Sonderabnehmer auf elektrische Energie nicht verzichten könne. Den gleichen Argumentationsstrang verfolgend bemißt auch Ebel[142] bei Versorgungsverträgen der Einräumung eines Kündigungsrechts keine interessenausgleichende Wirkung zu, da dem Abnehmer von Strom, Gas, Wasser und

---

[133] Wolf, ZIP 1987, 350/351.

[134] Reuter, DB 1981, 72.

[135] So der Wortlaut in BT-Drucksache 7/3919, S. 28 a.E.

[136] Reuter, a.a.O.

[137] Gärtner, BB 1980, 450.

[138] Zur dortigen Anpassung an veränderte Umstände: eingehend Werber, VP 1983, 38ff.

[139] Gärtner, a.a.O.

[140] Schwarz, NJW 1987, 629.

[141] Wichmann, ZIP 1983, 405.

[142] Ebel, BB 1980, 486; ders., DB 1982, 2608.

Fernwärme mangels realer Ausweichmöglichkeiten kein Ausweg eröffnet werde und das Kündigungsrecht für die Masse der Versorgungsverträge nicht praktikabel sei[143]. Kunth[144] führt aus, daß die Einräumung einer Lösungsmöglichkeit den tatsächlichen und rechtlichen Verhältnissen eines langfristigen Vertrages nicht gerecht werde.

c) Stellungnahme

Die Bestandsaufnahme ergibt somit, daß im Schrifttum überwiegend einzelne Aspekte der vorhandenen oder fehlenden — je nach Standpunkt der Ansicht — Ausgleichsfunktion einer Lösungsmöglichkeit vom Vertrag beleuchtet werden. Zu vermissen ist eine an den normativen Anforderungen des AGB-Gesetzes ausgerichtete Betrachtungsweise, denn — wie schon aus der Kritik an der Argumentation der Rechtsprechung ersichtlich — ist es für eine Herleitung des Lösungsrechts nicht ausreichend, infolge vermeintlich ungenügender Klauselbestimmtheit diese als unangemessen zu bezeichnen, um sodann als Ausgleich eine Lösungsmöglichkeit zu fordern. Die vielmehr an § 9 AGB-G zu messenden Anforderungen zu untersuchen, wird Gegenstand der folgenden Ausführungen sein. Dabei ist von den beiden typischen Fällen unangemessener Benachteiligung, welche in § 9 Abs. 2 Nr. 1 und 2 AGB-G als Vermutungstatbestände[145] formuliert sind, auszugehen.

aa) Normative Wertung — § 9 Abs. 2 Nr. 1 AGB-G

Zu prüfen ist damit, ob das in § 9 Abs. 2 Nr. 1 AGB-G statuierte Leitbild des dispositiven Rechts[146] davon ausgeht, daß Anpassungsklauseln mit einer Lösungsmöglichkeit zugunsten des Vertragspartners zu versehen sind. Dabei ist nach zutreffender Ansicht[147] nicht zwischen Normen mit überwiegendem Gerechtigkeitsgehalt oder solchen mit reinem Zweckmäßigkeitsgehalt zu unterscheiden, da eine Differenzierung keine praktikable und sichere Orientierungshilfe zu geben vermag[148].

Die obengenannte Fragestellung bringt es dabei mit sich, daß gemäß dem Leitbild des dispositiven Rechts im folgenden positiv danach zu suchen ist, ob der Gesetzgeber in Rechtsnormen enthaltene Anpassungsmechanismen mit Lösungsmöglichkeiten versehen hat.

---

143 Ebel, BB 1980, 486.

144 Kunth, BB 1978, 181.

145 Seiler, BB 1986, 1936.

146 Siehe insoweit schon Raiser, S. 293ff.

147 Ulmer/*Brandner*/Hensen, § 9, Rn. 96 m.w.N.; *Wolf*/Horn/Lindacher, § 9, Rn. 64; Seiler, BB 1986, 1936/1937.

148 Seiler, BB 1986, 1937.

α) Allgemeine Regelungen

Als allgemeine, nicht auf einen einzelnen Vertragstypus beschränkte Regelung käme § 315 BGB in Betracht. Allerdings ist dabei zu beachten, daß § 315 BGB nicht eine vom Gesetzgeber geschaffene Form einer Anpassungsklausel darstellt; überhaupt enthält das BGB — soweit vom Mangelgewährleistungsrecht abgesehen wird[149] — keine Regelung zur Anpassung eines Preises an veränderte Umstände[150]. Gleichwohl vermag § 315 BGB die Funktion zu übernehmen, vertraglich vereinbarte Anpassungsklauseln zu konkretisieren[151].

Für eine solche Konkretisierung ist die Rechtsfolge der Norm ausschlaggebend. Insoweit binden §§ 315 Abs. 1, 316 BGB den Gläubiger bei der Leistungsbestimmung an billiges Ermessen; dabei wird die bei § 315 Abs. 1 BGB außer Funktion[152] gesetzte Richtigkeitsgewähr[153] des Vereinbarten durch den Maßstab der Billigkeit ersetzt, um so zu verhindern, daß eine Vertragspartei der nicht eingegrenzten Willkür der anderen Vertragsseite ausgeliefert wird[154].

Die Betrachtung der Rechtsfolgenseite des § 315 Abs. 1 und 3 BGB ergibt, daß ein Rücktrittsrecht zugunsten der von der Leistungsbestimmung betroffenen Partei nicht vorgesehen ist. Dies mag nicht erstaunen, da ansonsten der Zweck der Norm[155] — vertragliche Bindung beider Parteien, obwohl eine der Vertragspflichten noch nicht festgelegt ist — konterkariert würde. Aufschlußreich ist jedoch, daß selbst im Fall einer der Billigkeit nicht entsprechenden Leistungsbestimmung ein Rücktrittsrecht nicht eröffnet wird, vielmehr die Leistungsbestimmung schlicht unverbindlich ist[156]. Der Vertragspartner wird dabei gemäß § 315 Abs. 3 Satz 2 1. Halbsatz auf eine Anrufung des Gerichts verwiesen, ein Rücktritts- oder Kündigungsrecht steht ihm selbst in diesem Fall nicht zu[157].

Für die einseitige Leistungsbestimmungsbefugnis gemäß §§ 315, 316 BGB ist damit ein gesetzgeberisches Leitbild, daß solche Leistungsbestimmungsrechte mit der Einräumung einer Lösungsmöglichkeit — zumindest bei unbilliger Bestimmung — zu koppeln sind, nicht erkennbar. Sonstige allgemeine, d. h. von

---

149 Insoweit aber Rothoeft, NJW 1986, 2214.

150 Bunte, ZIP 1983, 767; Rothoeft, NJW 1986, 2214; allgemein: Horn, Gutachten, S. 557.

151 Kronke, AcP 183, 122; Soergel—Wolf, § 315, Rn. 5.

152 MK—Söllner, § 315, Rn. 1; Larenz, SchuldR I, § 6 IIa, S. 81.

153 Grundlegend: Schmidt-Rimpler, AcP 147 (1941), S. 156f.; kritisch: Raiser, 100 Jahre DJT, I, S. 118f.; in heutiger Zeit: MK—Kramer, Vor. § 145, Rn. 3ff.; Larenz, AT, § 3 II, S. 60; ders., SchuldR I, § 6, S. 76ff.

154 MK—Söllner, § 315, Rn. 1; Köndgen/König, ZIP 1984, 133; Bydlinski, JBl 1975, 248.

155 Soergel—Wolf, § 315, Rn. 1; MK—Söllner, § 315, Rn. 4.

156 Palandt—Heinrichs, § 315, Anm. 4b.

157 BGH LM Nr. 11 zu § 315; Soergel—Wolf, § 315, Rn. 47; Palandt—Heinrichs, § 315, Anm. 4b.

einem bestimmten Vertragstyp oder Anwendungsbereich unabhängige, Anpassungsmechanismen betreffende Regelungen sind nicht ersichtlich.

β) Spezielle Regelungen

Zu untersuchen bleibt, ob Spezialregelungen existieren, welche in Normen vorgesehene Preis- oder Vertragsanpassungsmechanismen mit einem Lösungsrecht zugunsten des Vertragspartners versehen. Gegen diese Fragestellung ließe sich allerdings einwenden, daß solchen Spezialnormen keine Leitbildfunktion im Sinne des § 9 Abs. 2 Nr. 1 AGB-G zukomme. Dem steht jedoch entgegen, daß wegen des Postulates der Einheit der Rechtsordnung andere Normen, die ihrerseits zwar nicht für die auf dem Prüfstand der Inhaltskontrolle stehende Klausel einschlägig sind, dem zu überprüfenden Sachverhalt aber vergleichbar sind, eine Ausstrahlungswirkung haben[158]. Dabei ist eine solche Leitbildfunktion nicht nur auf dispositives Recht begrenzt, sondern erstreckt sich auch auf zwingende Vorschriften[159]. Selbstverständlich steht dabei nicht ein Verstoß der zu prüfenden Klausel gegen das zwingende Recht zur Diskussion, da ein Abweichen durch Allgemeine Geschäftsbedingungen per se zur Unwirksamkeit gemäß § 134 BGB führt, vielmehr vermag das zwingende Recht nur wesentliche Wertentscheidungen offenzulegen, die auf die Auslegung anderer Rechtssätze Einfluß haben[160].

(1) § 609a BGB

Als Leitbild könnte die § 247 BGB[161] ablösende gesetzliche Neuregelung des Kündigungsrechts eines Darlehensnehmers in § 609a BGB dienen. Diese gemäß § 609a Abs. 3 Satz 1 BGB zwingende Norm eröffnet dem Kreditnehmer nach § 609a Abs. 1 BGB ein Kündigungsrecht[162] für Kreditverträge, welche einen Zinssatz nur für einen bestimmten Zeitraum festlegen, wenn — so § 609a Abs. 1 Nr. 1 BGB — die Zinsbindung vor der für die Rückzahlung bestimmten Zeit endet und weitere Zinsfestlegungen der Vereinbarung der Parteien bedürfen oder der Disposition des Kreditgebers unterliegen[163]. Weitere Kündigungsrechte sind gemäß § 609a Abs. 1 Nr. 2 BGB insbesondere bei Konsumentenkrediten sowie gemäß § 609a Abs. 1 Nr. 3 BGB bei langfristigen Darlehen vorgesehen. Soweit der Vertrag von Anfang an einen variablen Zinssatz vorsieht, besteht gemäß § 609a Abs. 2 BGB ein Kündigungsrecht unabhängig von dem Verwen-

---

158 Canaris, NJW 1987, 614; Ebel, BB 1980, 478.

159 *Wolf*/Horn/Lindacher, § 9, Rn. 63.

160 *Wolf*/Horn/Lindacher, § 9, Rn. 63.

161 Dazu eingehend: K. Schmidt, BB 1982, 2075ff.

162 Hinsichtlich der Kündigungsfristen und -termine ist zwischen § 609a Abs. 1 Nr. 1 1. Halbsatz bzw. 2. Halbsatz zu unterscheiden.

163 Zu den verschiedenen Varianten der Konditionenanpassung durch Abschnittfinanzierung: Köndgen/König, ZIP 1984, 131f.; v. Heymann, BB 1987, 418; Häuser/Welter, NJW 1987, 19; v. Rottenburg, WM 1987, 3.

dungszweck sowie dem Schutzbedürfnis des Darlehensnehmers — sei er Kaufmann, sei er Privatperson.

Auf den ersten Blick spricht das in § 609a BGB enthaltene Kündigungsrecht des Darlehensnehmers für eine Koppelung der auch in anderen Vertragstypen enthaltenen Anpassungsklauseln mit einer Lösungsmöglichkeit zugunsten des Vertragspartners. Diese Sicht setzt jedoch voraus, daß § 609a BGB ein verallgemeinerungsfähiges Leitbild eines gesetzgeberischen Grundgedankens darstellt, da nur bei ähnlicher Interessenlage und vergleichbarem Sachverhalt Spezialnormen ein für andere Vertragstypen gültiges Leitbild zu erzeugen vermögen[164]. Eine solche Vergleichbarkeit ist hier zu verneinen.

Diese Antwort ergibt sich allerdings nicht schon aus einer kritischen Einstellung gegenüber der Neuregelung des § 609a BGB. Zwar weist Seiler[165] darauf hin, daß eine Norm, welche eine vorgegebene Problematik übergeht oder nicht löst, „mit Sicherheit ... wegen ihrer Mängel und Fragwürdigkeiten kein Leitbild[166]" sein könne. Nun ist nicht zu übersehen, daß im Schrifttum[167] der Norm des § 609a BGB in einigen Anwendungsbereichen mit Skepsis begegnet wird. Ebenso erkennt die Rechtsprechung der Einräumung eines Kündigungsrechts im Rahmen einer Zinsanpassungsklausel nur untergeordnete Bedeutung zu[168] bzw. lehnt eine Ausgleichsfunktion völlig ab[169]. Trotzdem läßt § 609a BGB keine vorgegebene Problematik im obigen Sinne ungelöst, sondern füllt den Fragenkreis des Kündigungsrechts des Darlehensnehmers in differenzierter Weise mittels einer gesetzgeberischen Wertentscheidung aus, so daß ein Leitbild durchaus gegeben ist. Diese legislative Wertung ist allerdings nicht allgemein übertragbar. Zu bedenken ist nämlich, daß Kreditverträge sich auf die zeitlich befristete Überlassung des homogenen Gutes Geld richten. Für den Darlehensgeber ist — zumindest wenn die Tatbestandsmerkmale des § 609a Abs. 1 und 2 BGB erfüllt sind — die Kreditgewährung ein Massengeschäft, so daß nicht die Durchführung des einzelnen Vertrages entscheidend ist, sondern allein die Vielzahl der Darlehensausreichungen in ihren Durchschnittswerten den Refinanzierungsbedingungen kongruent zu sein hat. Größere Investitionen auf die Durchführung des einzelnen Vertrages folgen in der Regel nicht. Auf der anderen Seite ist der Darlehensnehmer nicht auf die Durchführung des einzelnen Kreditvertrages angewiesen, vielmehr kann er, die eigene Kreditwürdigkeit vorausgesetzt, den Vertragsgegenstand — die Überlassung von Kapital — ebenso gut von anderen Kreditinstituten erhalten. Wenngleich ein Wechsel des Vertragspartners mit wirtschaftlichen Nachteilen einhergehen mag — das

---

[164] Ebel, BB 1980, 478.

[165] Seiler, BB, 1986, 1937.

[166] Seiler a.a.O.

[167] v. Heymann, BB 1987, 421; v. Rottenburg, WM 1987, 2/6; Häuser/Welter, NJW 1987, 21.

[168] BGH NJW 1986, 1805 li. Sp.

[169] LG Frankfurt, WM 1985, 317; ebenso: Schwarz, NJW 1987, 629.

Disagio schränkt die Austauschbarkeit des Kreditgebers erheblich ein[170] —, ist doch der Kreditnehmer nicht auf den Vollzug eines bestimmten Vertrages angewiesen, da er den homogenen Vertragsgegenstand in gleicher Art von anderer Seite erhalten kann.

Anders sieht es dagegen aus, wenn der Vertragspartner — so bei anderen Vertragstypen — mit Vertragsschluß den Bedarf an heterogenen Gütern decken will bzw. der Klauselverwender Investitionen auf eine langfristige Vertragsdurchführung tätigt. Hier ist die Bindung an den einzelnen Vertrag ausschlaggebend. Einem durch die Eröffnung einer Lösungsmöglichkeit theoretisch möglichen Vertragswechsel kommt dann ein ökonomischer Nutzen nicht zu, so daß auch eine Ausgleichsfunktion für die mit einer Preisklausel verbundenen Nachteile nicht vorhanden ist. Insoweit aber weicht die Auswirkung einer in Verträgen der verschiedensten Art — vergleiche oben Teil 2 und 3 — im Rahmen einer Preisklausel vorzusehenden Lösungsmöglichkeit von dem Modell eines Kündigungsrechts bei Kreditverträgen weit ab.

Zudem stellt der Darlehensvertrag ein Dauerschuldverhältnis dar[171]. Im Gegensatz dazu werden Preisklauseln — wie sich oben in Teil 3 gezeigt hat — gerade auch in Verträgen vorgesehen, welche sich nur auf einen einmaligen Leistungsaustausch richten. Wenn aber in solchen Verträgen ein Rücktrittsrecht vorzusehen ist, führt dieses zur Konsequenz, daß bei seiner Ausübung der Leistungsaustausch nicht durchgeführt wird.

Anders liegt es bei einem Dauerschuldverhältnis. Hier wird regelmäßig der Austausch der Vertragsleistungen nach Vertragsabschluß vollzogen, wobei das Vertragsverhältnis im Sinne einer dauerhaften Pflichtenanspannung in die Zukunft reicht. Diese Dauerhaftigkeit bringt es naturgemäß mit sich, daß das Vertragsverhältnis irgendwann durch Kündigung zu beenden ist[172]. Dem Dauerschuldverhältnis wohnt damit die Wahrscheinlichkeit einer Kündigung latent inne. Unter diesem Gesichtspunkt stellt aber dann die Eröffnung weiterer Kündigungsmöglichkeiten durch den Gesetzgeber in § 609a BGB keinen so starken Eingriff in die Natur des Darlehensvertrages dar, wie es die Einräumung von Rücktrittsrechten in noch nicht durchgeführte, auf einmaligen Leistungsaustausch gerichtete Verträge bewirken würde.

Festzuhalten bleibt damit, daß der in § 609a BGB vorgesehenen Lösungsmöglichkeit ein Leitbildcharakter auch für anderweitige Vertragstypen nicht zukommt.

---

[170] K. Schmidt, BB 1982, 2078.

[171] Soergel—Lippisch/Häuser, Vor. § 607, Rn. 5; MK—Westermann, Vor. § 607, Rn. 8; RGRK—Ballhaus, Vor. § 607, Rn. 9 je mit weiteren Nachweisen.

[172] Horn, Gutachten, S. 564, geht davon aus, daß die Kündigung ihre Rechtfertigung in dem Vertrag finde.

(2) § 9 Abs. 1 MHG / § 11 Abs. 1 WoBindG

Eine Leitbildfunktion könnte § 9 Abs. 1 des Gesetzes zur Regelung der Miethöhe (MHG)[173] sowie § 11 Abs. 1 des Wohnungsbindungsgesetzes (WoBindG)[174] zukommen. Nach diesen Normen[175] steht dem Mieter von Wohnraum ein Kündigungsrecht zu, wenn der Vermieter in Reaktion auf ein allgemein gestiegenes Mietniveau eine Erhöhung der Miete gemäß § 2 MHG bzw. § 10 WoBindG einseitig verlangt. Es ließe sich argumentieren, daß die letztgenannten Normen ebenso wie Preisklauseln der Anpassung eines Vertrages an veränderte Umstände — nämlich einem Anstieg des allgemeinen Mietniveaus — dienen, dem Vertragspartner jedoch zum Ausgleich eine Lösungsmöglichkeit vom Vertrag eingeräumt wird.

Ein verallgemeinerungsfähiges Leitbild kommt den Rechtssätzen des § 9 Abs. 1 MHG bzw. § 11 Abs. 1 WoBindG jedoch nicht zu. Zu beachten ist nämlich, daß das den genannten Normen zugrundeliegende Vertragsmodell einem Vertrag mit Anpassungsklausel nicht vergleichbar ist. Das einseitige Mieterhöhungsverlangen des Vermieters gemäß § 2 MHG bzw. § 10 WoBindG setzt nämlich die vorherige Vereinbarung einer Anpassungsklausel gerade nicht voraus, sondern ist zugeschnitten auf Mietverträge, welche über die Abänderbarkeit des Mietzinses keine Aussage treffen. Soweit dann durch genannte Rechtssätze gleichwohl ein Abrücken von der ursprünglich getroffenen Mietzinsabrede ermöglicht wird, bedarf der Vertragspartner als Ausgleich einer Lösungsmöglichkeit vom Vertrag. So kann er mittels einer Kündigung den im Vertragswortlaut nicht vorhersehbaren Mietzinserhöhungen entgehen; eine Wirkung, welche § 9 Abs. 1 Satz 3 MHG bzw. § 11 Abs. 2 WoBindG[176] sicherstellen.

Anders liegt es bei Verträgen, welche ihrerseits Anpassungsklauseln vorsehen. Hier ist sich der Vertragspartner der Abänderbarkeit des Preises bewußt, so daß ein von außen kommender, durch Gesetz ermöglichter Eingriff in das Vertragsgefüge nicht vorliegt. Soweit es aber an einem solchen Eingriff fehlt, bedarf es auch nicht eines Ausgleichs durch die Einräumung einer Lösungsmöglichkeit. Ein allgemeines Leitbild stellen deshalb §§ 9 Abs. 1 MHG, 11 Abs. 1 WoBindG nicht dar.

(3) § 32 Abs. 2 AVB EltV / § 32 Abs. 2 AVB GasV

Ein allgemeiner Leitbildcharakter könnte möglicherweise § 32 Abs. 2 der Verordnung über Allgemeine Bedingungen für die Elektrizitätsversorgung von Tarifkunden (AVB EltV)[177] sowie dem inhaltlich gleichlautenden § 32 Abs. 2 der

---

[173] Abgedruckt in Schönfelder, Deutsche Gesetze, Nr. 30.

[174] Abgedruckt in Sartorius, Verfassungs- und Verwaltungsgesetze, Nr. 387.

[175] Horn, AcP 181 (1981), 267, bezeichnet sie als „echten Fall gesetzlicher Neuverhandlungspflicht".

[176] Danach tritt im Fall der Kündigung eine Mieterhöhung nicht ein.

Verordnung über Allgemeine Bedingungen für die Gasversorgung von Tarifkunden (AVB GasV)[178] zukommen. Gegen ein solches Leitbild spricht nicht, daß nach § 1 AVB EltV / AVB GasV die Verordnung nur für die Versorgung der Tarifkunden gilt, denn insoweit können die Normen als modellhafter Lösungsversuch auf die Einschätzung der im Sonderkundenbereich verwendeten Allgemeinen Geschäftsbedingungen ausstrahlen.[179]

Bei näherer Betrachtung läßt sich jedoch aus § 32 Abs. 2 AVB EltV / AVB GasV kein Primat der Einräumung eines Kündigungsrechts im Fall des Gebrauchs einer Anpassungsklausel ermitteln. Zwar setzt § 4 Abs. 1 AVB EltV / AVB GasV die einseitige Abänderbarkeit der Tarif- und sonstigen Bedingungen durch das Energieversorgungsunternehmen voraus, worauf § 32 Abs. 2 AVB EltV / AVB GasV für diesen Fall ein eigenes Kündigungsrecht eröffnet. Diese Lösungsmöglichkeit mit einer Kündigungsfrist von 2 Wochen auf das Ende eines Kalendermonats ist jedoch im Kontext des § 32 Abs. 1 AVB EltV / AVB GasV zu sehen. Demnach besteht für den Abnehmer ohnehin eine jederzeitige Lösungsmöglichkeit mit einer Kündigungsfrist von 4 Wochen auf das Ende eines Kalendermonats. Der Sache nach vermindert sich damit im Falle einer Änderung der Versorgungstarife oder -bedingungen für den Energieabnehmer die einzuhaltende Kündigungsfrist lediglich um 2 Wochen, so daß eine zusätzliche Lösungsmöglichkeit von Gewicht[180] nicht vorliegt.

(4) § 32 Abs. 1 AVB FernwärmeV / § 32 Abs. 1 AVB WasserV

Gleichfalls ist auch aus § 32 Abs. 1 der Verordnung über Allgemeine Bedingungen für die Versorgung mit Fernwärme (AVB FernwärmeV)[181] sowie § 32 Abs. 1 der Verordnung über Allgemeine Bedingungen für die Versorgung mit Wasser (AVB WasserV)[182] ein solches Leitbild nicht erkennbar. Im Unterschied zu § 32 Abs. 2 AVB EltV / AVB GasV besteht nämlich im Fall der von § 4 Abs. 1 und 2 AVB FernwärmeV / AVB WasserV vorausgesetzten Änderungen der Versorgungstarife oder -bedingungen für den Abnehmer keine Lösungsmöglichkeit respektive Verkürzung einer Kündigungsfrist.

(5) § 24 Abs. 3 AVB FernwärmeV / § 24 Abs. 3 AVB WasserV

Ein dahingehendes Leitbild, daß Preisklauseln mit einem Rücktrittsrecht auszustatten sind, gibt auch § 24 Abs. 3 AVB FernwärmeV / AVB WasserV nicht ab. Die genannten Normen enthalten jeweils eine Wertentscheidung des

---

177 Vom 21. Juni 1979, BGBl I, S. 684; Ermächtigungsgrundlage: § 7 Abs. 2 EnWG.

178 Vom 21. Juni 1979, BGBl I, S. 676; Ermächtigungsgrundlage: § 7 Abs. 2 EnWG.

179 Hermann / Recknagel / Schmidt-Salzer, Bd. I, Vorwort; Ebel, BB 1980, 478; Stiens, Recht d. E. 1980, 252.

180 Eiser / Riederer / Obernolte / *Danner*, § 32 AVB EltV, Anm. 1.

181 Vom 20. Juni 1980, BGBl I, S. 742; Ermächtigungsgrundlage: § 27 AGB-G.

182 Vom 20. Juni 1980, BGBl I, S. 750; Ermächtigungsgrundlage: § 27 AGB-G.

Verordnungsgebers, wie Preisänderungsklauseln inhaltlich auszugestalten sind. In dieser Wertentscheidung ist die Einräumung einer Lösungsmöglichkeit vom Vertrag jedoch nicht vorgesehen.

Das aus § 24 Abs. 3 AVB FernwärmeV / AVB WasserV erkennbare Leitbild, welches im übrigen trotz der Beschränkung in § 1 Abs. 2 AVB FernwärmeV / AVB WasserV in seinen Grundsätzen auch auf den Industriekundenbereich ausstrahlt[183], spricht gerade gegen die Notwendigkeit einer im Rahmen von Preisanpassungsklauseln vorzusehenden Lösungsmöglichkeit vom Vertrag[184]. Dabei kommt dieser Sicht bei der Ermittlung eines angemessenen Interessenausgleichs im Sinne des § 9 Abs. 1 AGB-G eine verstärkte Bedeutung zu, da § 24 Abs. 3 AVB FernwärmeV / AVB WasserV als Konkretisierung der Ermächtigungsgrundlage des § 27 AGB-G anzusehen ist[185], welche wiederum das dem AGB-Gesetz zugrundeliegende Bewertungskonzept[186] sowie den für die Inhaltskontrolle dienenden Schlüsselbegriff der Ausgewogenheit[187] widerspiegelt.

(6) Zwischenergebnis

Als Zwischenergebnis ist damit festzuhalten, daß sich aus den untersuchten Spezialregelungen kein normatives Leitbild entwickeln läßt, welches für die Einräumung einer vertraglichen Lösungsmöglichkeit als Ausgleich für einen Anpassungsmechanismus spricht.

γ) Ungeschriebenes Recht

Schließlich ist im Rahmen des § 9 Abs. 2 Nr. 1 AGB-G zu untersuchen, ob sich aus dem ungeschriebenen Recht ein Leitbild zugunsten der Einräumung einer Lösungsmöglichkeit entwickeln läßt. Auch ungeschriebenen Rechtsregeln kommt innerhalb des § 9 Abs. 2 Nr. 1 AGB-G eine Leitbildfunktion zu[188].

(1) Wegfall der Geschäftsgrundlage

Als Ansatzpunkt könnte die Lehre vom Wegfall der Geschäftsgrundlage[189] dienen[190]. Nun ist allerdings in der Literatur[191] zutreffend auf die Unterschiede

---

[183] *Hermann / Recknagel* / Schmidt-Salzer, § 24 Abs. 3 AVB FernwärmeV, Rn. 40.

[184] WUW / E BGH 2103, 2108; KG WUW / E OLG 3091, 3100

[185] *Hermann / Recknagel* / Schmidt-Salzer, § 24 Abs. 3 AVB FernwärmeV, Rn. 10.

[186] Hermann / Recknagel / *Schmidt-Salzer*, Einleitung, Rn. 76.

[187] Hermann / Recknagel / *Schmidt-Salzer*, Einleitung, Rn. 77; Lukes, BB 1985, 2259.

[188] BGH WM 1987, 652, 654; BGH NJW 1983, 1671, 1672; Ulmer / *Brandner* / Hensen, § 9, Rn. 99; *Wolf* / Horn / Lindacher, § 9, Rn. 63; MK—Kötz, § 9, Rn. 13; Soergel—Stein, § 9, Rn. 33.
Vergleiche auch schon Raiser, S. 296, welcher bei fehlenden geschriebenen Normen auf „die fundamentalen Grundsätze und Wertungen unseres Privatrechts" abstellen will.

zwischen einer Anpassungsklausel und der Lehre von der Geschäftsgrundlage hingewiesen worden. Im Unterschied zu letztgenanntem Institut, welches zu einer hoheitlichen Berücksichtigung veränderter wirtschaftlicher Verhältnisse führe, sei für eine Anpassungsklausel gerade kennzeichnend, daß bereits durch das Vertragsstatut[192] eine Reaktion auf die Änderung der tatsächlichen Umstände antizipiert werde[193]. Es bedarf hier keiner Erörterung[194], daß die Tatbestandsvoraussetzungen einer Anpassungsklausel nicht den an die Lehre vom Wegfall der Geschäftsgrundlage geknüpften Voraussetzungen entsprechen[195].

Gleichwohl vermag aber unter der Perspektive des § 9 Abs. 2 Nr. 1 AGB-G zwecks Ermittlung der angemessenen Fassung einer Preisklausel ein Blick auf die Rechtsfolgen eines Wegfalls der Geschäftsgrundlage aufschlußreich zu sein. Der vorstehend benannte Streit hinsichtlich der unterschiedlichen Anwendungsvoraussetzungen verdeckt nämlich die in der Rechtsfolge grundsätzlich bestehende Parallele zwischen dem Wegfall der Geschäftsgrundlage und einer Anpassungsklausel: jeweils geht es um die Adaptation eines Vertrages an veränderte Umstände.

Bei Beachtung dieser Parallele überrascht es allerdings, daß die vom BGH geforderte Einräumung einer Lösungsmöglichkeit im Widerspruch steht zu der ganz herrschenden Handhabung eines Wegfalls der Geschäftsgrundlage. In Rechtsprechung[196] und Literatur[197] ist anerkannt, daß die Aufrechterhaltung

---

[189] Emmerich, S. 272ff.; Chiotellis/Fikentscher, S. 140ff., geben einen zusammenfassenden Überblick des aktuellen Standes von Lehre und Rechtsprechung.

[190] BGH NJW 1983, 1671, 1672.

[191] Baur, ZIP 1985, 907.

[192] Medicus, Festschrift Flume, S. 633ff., geht auf das Verhältnis zwischen Vertragsauslegung und Rechtsfolgen des Wegfalls der Geschäftsgrundlage ein.

[193] Werber, VP 1983, 53.

[194] Verwiesen sei auf Baur, ZIP 1985, 907f.; Kunth, BB 1978, 179; Hermann, Recht d.E. 1980, 9; so auch BGH WM 1979, 1097, 1099.

[195] So aber Dally, BB 1977, 727; Malzer, BB 1974, 910; a. A.: Harms, DB 1983, 325: Anpassungsklauseln könnten in einzelnen Beziehungen auch strengere Voraussetzungen als das objektive Recht aufstellen.

[196] RGZ 100, 129, 131; 103, 328, 333; BGHZ 47, 48, 52; BGH LM Nr. 18 zu § 242 (Bb); BGH NJW 1958, 339, 340; BGH NJW 1951, 836; BGH NJW 1976, 566, 567; BGHZ 83, 251, 254/255.

[197] Staud.—K. Schmidt, Vorbem. D 119 zu § 244; Soergel—Teichmann, § 242, Rn. 266; RGRK—Alff, § 242, Rn. 67; MK—Roth, § 242, Rn. 507ff.; Palandt—Heinrichs, § 242, Anm. 6Bf; Erman—Sirp, § 242, Rn. 179; Jauernig—Vollkommer, § 242, Anm. V 4a; Esser/Schmidt, SchuldR, Bd. I, S. 341f.; Medicus, S. 89, Rn. 168; Larenz, Geschäftsgrundlage, S. 170ff., 186f.; Horn, NJW 1985, 1119; ders., Gutachten, S. 579; Kronke, AcP 183 (1983), 121f.; K. Schmidt, BB 1982, 2076; Kegel, S. 160; Emmerich, S. 321.

Je nach Interessenlage differenzierend: Larenz, SchuldR, Bd. I, S. 330.

Kritisch: Staud.—J. Schmidt, § 242, Rn. 954, welcher einen weniger generalisierenden Ansatz fordert.

Flume, AT, Bd. II, S. 525, will die allgemeine Lehre vom Wegfall der Geschäftsgrundla-

und Durchführung des betroffenen Vertrages unter Anpassung an die veränderten Umstände ganz im Vordergrund steht. Erst als „ultima ratio“[198] komme die Beendigung oder Aufhebung des Vertrages in Betracht.

Damit zeigt sich der angekündigte Widerspruch: Im Gegensatz zur Lehre vom Wegfall der Geschäftsgrundlage führt die für eine angemessene Preisklauselgestaltung geforderte Einräumung eines Lösungsrechts gerade zu der im Belieben des Vertragspartners stehenden Aufhebbarkeit des Vertrages. Ein Ergebnis, welches bei einem Wegfall der Geschäftsgrundlage gerade vermieden werden soll.

Dabei erklärt sich die Diskrepanz der Wertungen auch nicht daraus, daß bei Existenz einer Anpassungsklausel von den Parteien die Möglichkeit der Änderung der tatsächlichen Umstände bereits bei Vertragsschluß gesehen wurde. Gerade diese Prognostizierbarkeit einschließlich der Reaktion in Gestalt einer Anpassungsklausel zeigt, daß die Parteien an der Durchführung des Vertrages trotz der möglichen Änderung der wirtschaftlichen Verhältnisse festhalten wollen. Einem solchen Parteiwillen wird dagegen die Forderung der Einräumung einer Lösungsmöglichkeit im Rahmen einer Preisklausel nicht gerecht, da ansonsten über die Anpassungsklauselgestaltung ein Rücktrittsrecht eröffnet würde, welches im Anwendungsbereich der Lehre des Wegfalls der Geschäftsgrundlage nur als ultima ratio bestünde.

Festzuhalten bleibt damit, daß das aus den ungeschriebenen Regeln des Wegfalls der Geschäftsgrundlage zu entwickelnde Leitbild, welches einer Anpassung gegenüber der Auflösung des Vertrages den Vorrang gibt, gegen die im Rahmen einer Preisklausel angeblich vorzusehende Einräumung einer Lösungsmöglichkeit spricht.

(2) Funktion der Änderungskündigung

Letztlich könnte sich aus der Funktion einer Änderungskündigung ein Leitbild ergeben, welches die Forderung nach Einräumung einer Lösungsmöglichkeit unterstützen könnte. Ein Rekurrieren auf die Auswirkungen einer Änderungskündigung erscheint aus zwei Gründen als sinnvoll.

Zum ersten ergibt sich schon aus der Rechtsprechung des BGH[199], daß im Rahmen von Dauerschuldverhältnissen eine Änderungskündigung dasjenige Institut ist, welches durch die Vereinbarung einer Preisklausel verdrängt wird.

---

ge aufgeben. Gleichwohl sieht Flume in den Fällen, in denen Vertrag und Wirklichkeit auseinanderfallen, die Möglichkeit der Anpassung des Vertrages an die Wirklichkeit. Tendenziell zustimmend: Medicus, Festschrift Flume, S. 645ff.

Chiotellis in Chiotellis / Fikentscher, S. 152, Fußnote 53, verneint die Vorrangigkeit der Anpassung wegen des Verhältnismäßigkeitsprinzips.

[198] MK—Roth, § 242, Rn. 507; Horn, AcP 181 (1981), 276; ähnlich: Rothoeft, NJW 1986, 2216.

[199] BGH NJW 1980, 2518, 2519.

Damit aber müßte sich aus der Funktion jenes Institutes ermitteln lassen, in welchem Maße der Vertragspartner durch die Verwendung einer Preisklausel benachteiligt wird. Zum zweiten ist eine solche Betrachtung aber auch deshalb aufschlußreich, weil sowohl Preisklauseln wie auch das Institut der Änderungskündigung letztlich bezwecken, die vertragliche Gegenleistung den veränderten Umständen anpassen zu können[200].

Kennzeichnend für eine Änderungskündigung ist, daß der Erklärungsempfänger veranlaßt werden soll, Änderungen des Vertragsverhältnisses, die der Kündigende allein nicht durchsetzen könnte, zu akzeptieren[201]. Denkbar sind zwei Gestaltungen der Änderungskündigung[202]. Zum einen als unbedingte Kündigung verbunden mit dem gleichzeitigen Antrag, ein neues Vertragsverhältnis mit veränderten Konditionen abzuschließen[203]. Zum anderen kann die Kündigung unter der aufschiebenden — Potestativ-[204] — Bedingung erfolgen, daß der Gekündigte die zugleich angetragene Änderung des bisherigen Vertrages ablehnt[205].

Beiden Varianten ist damit gemeinsam, daß dem von der Änderungskündigung Betroffenen die Entscheidung überlassen bleibt, ob er dem Antrag auf Abschluß des zukünftigen Vertrages bzw. des Abänderungsvertrages zustimmt. Fehlt eine solche Zustimmung, verbleibt es bei der durch Kündigung bewirkten Beendigung des bisherigen Vertrages.

Insoweit zeigt sich damit die Parallele zur Einräumung einer Lösungsmöglichkeit als Ausgleich für eine Preisklausel. Wird nämlich in einem laufenden Dauerschuldverhältnis eine Preiserhöhung über eine Änderungskündigung durchgesetzt, verbleibt dem Vertragspartner die Entscheidungsmöglichkeit, ob er an einer weiteren Vertragsbeziehung zu verändertem Entgelt festhalten oder den bisherigen Vertrag zu den alten Konditionen auslaufen lassen möchte.

Anders bei einer Preisklausel: Hier wird die Änderung des Entgeltes einseitig vom Klauselverwender festgelegt, ohne daß dem Vertragspartner eine Entscheidungsfreiheit hinsichtlich der Fortsetzung des Vertragsverhältnisses zusteht. Vor diesem Funktionszusammenhang gewinnt deshalb die Forderung des BGH[206] zur Einräumung einer Lösungsmöglichkeit an Gewicht, da nämlich

---

[200] Horn, Gutachten, S. 574.

[201] MK—Westermann, § 158, Rn. 31; zur Anwendung insbesondere im Arbeitsrecht: Staud.—Neumann, Vorbem. zu § 620, Rn. 58; Soergel—Kraft, Vor. § 620, Rn. 34; MK—Schwerdtner, Vor. § 620, Rn. 28; Palandt—Putzo, Vorbem. v. §§ 620-628, Anm. 2a ll; Erman—Küchenhoff, § 620, Rn. 31; vgl. auch die Legaldefinition in § 2 Satz 1 KSchG.

[202] Horn, AcP 181 (1981), 281; ders., Gutachten, S. 574.

[203] MK—Schwerdtner, Vor. § 620, Rn. 28.

[204] Die Bedingungsfeindlichkeit von Gestaltungsrechten steht deshalb einer Wirksamkeit der Kündigung nicht entgegen, vgl. MK—Schwerdtner, Vor. § 620, Rn. 28, Fußnote 56 mit umfangreichen Nachweisen.

[205] Soergel—Kraft, Vor. § 620, Rn. 34.

[206] BGH NJW 1980, 2518, 2519.

gerade die bei Anwendung einer Änderungskündigung bestehende Entscheidungsfreiheit zur Akzeptanz der neuen Konditionen durch die Aufnahme einer Preisklausel mit einseitigem Bestimmungsrecht verdrängt wird.

Dabei ist deutlich darauf hinzuweisen, daß vorstehende, an dem Leitbild einer Änderungskündigung ausgerichtete Überlegungen allein für Dauerschuldverhältnisse gelten können, da nur dort eine Änderungskündigung denkbar ist. Bezeichnenderweise ist denn auch die Forderung des BGH nach Einräumung einer Lösungsmöglichkeit erstmalig für eine im Rahmen eines langfristigen Bezugsvertrages verwandte Preisklausel entwickelt worden[207]. Zudem bezieht sich auch die vom BGH[208] dort herangezogene amtliche Begründung zum Regierungsentwurf des AGB-Gesetzes darauf, daß „insbesondere bei Dauerschuldverhältnissen" für den Fall der Entgelterhöhung die Einräumung eines „Kündigungsrechts" geboten sein werde. Erst in der Entscheidung zur Tagespreiskausel[209] wird die geforderte Lösungsmöglichkeit auch auf Verträge mit einmaligem Leistungsaustausch erstreckt.

δ) Zwischenergebnis

Somit ist als Zwischenergebnis festzuhalten, daß im Rahmen des § 9 Abs. 2 Nr. 1 AGB-G ein allgemein gültiges Leitbild auf der Basis geschriebener und ungeschriebener Rechtsregeln nicht zu ermitteln ist, welches im Fall eines auf den Vertrag wirkenden Anpassungsmechanismus für die Einräumung einer Lösungsmöglichkeit zugunsten des Vertragspartners spricht.

Partiell ist ein solches Leitbild nur für Kreditverträge gemäß § 609a BGB zu entwickeln. Ebenfalls könnte die Funktionsweise einer Änderungskündigung im Bereich der Dauerschuldverhältnisse darauf hindeuten, daß dem Vertragspartner bei nicht exakter Preisklauselgestaltung eine Lösungsmöglichkeit zu gewähren ist.

Das kann jedoch umgekehrt noch nicht heißen, daß in den übrigen Fällen durch § 9 AGB-G die Einräumung einer Lösungsmöglichkeit ausdrücklich nicht geboten ist. Denn diese Betrachtungsweise ginge von der unzutreffenden Annahme aus, eine AGB-Regelung sei angemessen, weil es an entsprechenden Rechtsvorschriften fehle und deshalb keine Abweichung von einem Leitbild vorliege[210].

bb) Normative Wertung — § 9 Abs. 2 Nr. 2 AGB-G

Vielmehr bleibt gemäß § 9 Abs. 2 Nr. 2 AGB-G zu prüfen, ob die verbotene Gefährdung des Vertragszwecks die Einräumung einer Lösungsmöglichkeit als

[207] BGH NJW 1980, 2518, 2519.

[208] BGH a.a.O. re. Sp.

[209] BGHZ 82, 21, 27.

[210] Ulmer/*Brandner*/Hensen, § 9, Rn. 42.

Ausgleich für eine Preisklausel gebietet. Die Frage zu stellen, heißt sie zu verneinen.

Entscheidend ist, daß der in § 9 Abs. 2 Nr. 2 AGB-G enthaltene Maßstab des Verbotes der Aushöhlung vertragswesentlicher Rechte und Pflichten mit der erforderlichen Konsequenz[211] der Gefährdung des Vertragszwecks versagt, soweit es die Einräumung einer Lösungsmöglichkeit vom Vertrag betrifft. In Ausübung einer solchen Lösungsmöglichkeit verbleibt dem Vertragspartner nämlich nur die Beendigung des Vertrages. In diesem Fall ist der Vertragszweck jedoch nicht nur gefährdet, sondern vereitelt. Deshalb kann am Maßstab des § 9 Abs. 2 Nr. 2 AGB-G nicht ermittelt werden, ob eine Preisklausel mit der Einräumung einer Lösungsmöglichkeit zu versehen ist.

cc) Normative Wertung — § 9 Abs. 1 AGB-G

Somit bleibt zu untersuchen, ob die Generalklausel des § 9 Abs. 1 AGB-G im Rahmen einer Preisklausel die Einräumung einer Lösungsmöglichkeit gebietet. Danach müßte eine Preisklausel ohne Lösungsmöglichkeit den Vertragspartner entgegen den Geboten von Treu und Glauben unangemessen benachteiligen.

Die Ermittlung des Verbotes der unangemessenen Benachteiligung setzt nach übereinstimmender Ansicht[212] eine Analyse der Interessen der Vertragsparteien voraus, wobei das beeinträchtigte Interesse des Vertragspartners den Belangen des Klauselverwenders gegenüberzustellen ist.

Diese Gegenüberstellung ergibt, daß die Einräumung einer Lösungsmöglichkeit bei weitem nicht in dem Maße einem angemessenen Interessenausgleich entspricht, wie es die oben dargelegte Rechtsprechung sowie die befürwortenden Literaturstimmen zu belegen scheinen. Die von beiden vertretene Ansicht, daß im nichtkaufmännischen Bereich Preisklauseln in jedem Fall mit einem Lösungsrecht zu versehen sind, wird den unterschiedlichen Gegebenheiten der einzelnen Verträge mitsamt den daraus resultierenden unterschiedlichen Interessen der Vertragsparteien nicht gerecht.

Bei der Interessenabwägung des § 9 Abs. 1 AGB-G ist trotz der für Allgemeine Geschäftsbedingungen typischen generalisierenden Betrachtungsweise[213] bei der angemessenen Risikoverteilung auf die Eigenart des jeweiligen Vertrages einzugehen[214]. Diesen jeweiligen vertraglichen Besonderheiten wird jedoch nicht entsprochen, wenn pauschal die Einräumung einer Lösungsmöglichkeit gefordert wird. Es wird sich im folgenden zeigen, daß je nach Vertragsart und -laufzeit beiden Parteien schützenswerte Interessen zukommen können,

[211] Ulmer/*Brandner*/Hensen, § 9, Rn. 105; *Wolf*/Horn/Lindacher, § 9, Rn. 86.

[212] Ulmer/*Brandner*/Hensen, § 9, Rn. 68; *Wolf*/Horn/Lindacher, § 9, Rn. 93ff.; MK—Kötz, § 9 AGB-G; Rn. 3; Soergel—Stein, § 9 AGB-G, Rn. 6; Seiler, BB 1986, 1938; Paulusch, RWS-Forum, S. 66.

[213] Ulmer/*Brandner*/Hensen, § 9, Rn. 70.

[214] Ulmer/*Brandner*/Hensen, § 9, Rn. 74; *Wolf*/Horn/Lindacher, § 9, Rn. 112.

welche gegen die im Gefolge einer Preisklausel zu eröffnende Auflösung des Vertrages sprechen.

α) Interesse des Vertragspartners

Auf Seiten des Vertragspartners ist grundsätzlich davon auszugehen, daß ein Bedarf nach dem Gegenstand der vertraglichen Hauptleistung besteht. Ein solcher Bedarf wird aus der Tatsache des Vertragsschlusses als solcher deutlich, denn nur weil der Vertragspartner gewillt ist, den entsprechenden Bedarf zu befriedigen, schließt er trotz oftmals längerer Lieferzeit den Vertrag[215]. Eine objektive Bewertung der Dringlichkeit des Bedarfs ist in einer auf die Privatautonomie zurückgehenden Vertragsordnung nicht vorzunehmen. Sie ergibt sich vielmehr aus der vom Individuum getätigten Willensäußerung, deren sichtbares Ergebnis der Vertragsschluß ist. Wird nun dieser Vertrag mit einer Preisklausel versehen, welche auch unangemessene Preiserhöhungen ermöglicht, mag zwar die vorherige Einräumung einer Lösungsmöglichkeit dem Vertragspartner die Chance eröffnen, diesen Preiserhöhungen zu entgehen. Soweit die Lösungsmöglichkeit realisiert wird, ist der Bedarf jedoch nicht befriedigt — ein Ergebnis, welches die Belange des Vertragspartners nachträglich wieder auf das vor Vertragsschluß bestehende Stadium transponiert.

Damit aber ist er gezwungen, sich erneut auf dem Markt einzudecken, wobei dann die Änderung der tatsächlichen Verhältnisse ohne weiteres von ihm zu tragen ist. Soweit eine solche Änderung der Umstände in einem allgemeinen Preisanstieg[216] besteht, hat der Vertragspartner einzig die „Wahl", ob er von seiner Lösungsmöglichkeit Gebrauch macht, um dann bei der erneuten Deckung auf dem Markt mit dem nunmehr aktuellen Preisanstieg konfrontiert zu werden, oder ob er diesen Anstieg im Rahmen des ursprünglichen Vertrages hinnimmt[217].

In Hinsicht auf die vom Vertragspartner beabsichtigte Bedarfsdeckung wird deshalb die Einräumung einer Lösungsmöglichkeit einem angemessenen Interessenausgleich nicht gerecht. Nach dem Grundsatz „pacta sunt servanda" kann deshalb die Entscheidungsfreiheit des Vertragspartners nicht auf ein Maß zurückgedrängt werden, welches nur noch in der Wahl besteht, den Vertragsgegenstand zu einem erhöhten Preis zu übernehmen oder auf ihn zu verzichten[218].

Erst recht vermag die Einräumung einer Lösungsmöglichkeit keinen Interessenausgleich zu bewirken, wenn dem Vertragspartner nach einem etwaigen Vertragsrücktritt kein den ursprünglichen Vertragsgegenstand substituierendes

---

[215] Bunte, ZIP 1983, 768/769.

[216] Gärtner, BB 1980, 451, warnt vor der Annahme, die Einräumung eines Lösungsrechts sei ein strukturelles Mittel zur Verhinderung allgemeiner Preissteigerungen.

[217] Schlosser, ZIP 1985, 461, diagnostiziert deshalb eine geringe praktische Bedeutung der im Rahmen einer Preisklausel gewährten Lösungsmöglichkeit.

[218] So auch Wolf, ZIP 1987, 350.

Gut zur Verfügung steht[219]. In diesem Fall vermindert sich die aufgezeigte Wahlmöglichkeit darauf, den Vertragsgegenstand zu dem erhöhten Entgelt abzunehmen. Zutreffend wird deshalb in der Literatur darauf hingewiesen, daß im Bereich der Versorgungsverträge mit Strom, Gas, Fernwärme und Wasser dem Vertragspartner mit der Einräumung einer Kündigungsmöglichkeit nicht gedient sei[220]. Ebensowenig nützt im Bereich der Daseinsvorsorge[221] ein Lösungsrecht, da eine Ersatzbeschaffung mangels eines transparenten Marktes kaum möglich ist.

Damit zeigt sich, daß die Einräumung einer Lösungsmöglichkeit in den Fällen, in denen der Vertragspartner durch den Vertragsabschluß einen Bedarf decken will, sowie in den Fällen, in denen das Lösungsrecht obsolet wird, weil ein Ausweichen auf andere Güter nicht möglich ist, den Interessen des Vertragspartners nicht gerecht wird. Einen Ausgleich für die mit einer Preisklausel verbundenen Nachteile vermag ein Lösungsrecht dann nicht zu leisten.

Allerdings kann die Einräumung einer Lösungsmöglichkeit in bestimmter Hinsicht sich zugunsten des Vertragspartners auswirken. Denkbar ist, daß bei objektiv angemessener, durch die Preisklausel bewirkter Entgelterhöhung die individuelle Leistungsfähigkeit des Vertragspartners zur Erbringung des Entgeltes überschritten wird. Auf diesen Gedanken der Zumutbarkeit der Preiserhöhung stellt zum einen das Bundesverwaltungsgericht[222] durch den Hinweis ab, daß die Belange des Vertragspartners selbst bei objektiv angemessener, subjektiv aber unzumutbarer Entgelterhöhung durch die Einräumung eines Kündigungsrechts zu wahren seien. Den gleichen Gedanken scheint der 8. BGH-Senat[223] unausgesprochen zu verfolgen, indem die Eröffnung eines Rücktrittsrechts an eine über dem Anstieg des allgemeinen Lebenshaltungskostenindexes liegende Preiserhöhung geknüpft wird. Damit wird das Lösungsrecht einem überindividuellen Parameter der jeweiligen Leistungsfähigkeit des Vertragspartners unterworfen, indem generalisierend davon ausgegangen wird, daß die jeweilige Einkommensentwicklung zum Lebenshaltungskostenindex parallel verläuft. Erst bei einer Entgelterhöhung über den Anstieg des Lebenshaltungskostenindexes hinaus könne die individuelle Zumutbarkeit der Erhöhung nicht sichergestellt sein.

Es kann hier dahingestellt bleiben, ob der Gedanke der Zumutbarkeit der Entgelterhöhung einschließlich der Frage der individuellen Leistungsfähigkeit des Vertragspartners im Rahmen des § 9 Abs. 1 AGB-G als geschütztes Interesse zu bewerten ist. Genauso denkbar ist nämlich, daß diese Frage der Lehre vom Wegfall der Geschäftsgrundlage zuzuweisen ist[224] — zu denken ist an die sog.

---

219 Köndgen / König, ZIP 1984, 135, Fußnote 55.

220 Wichmann, ZIP 1983, 405; Ebel, BB 1980, 486; ders., DB 1982, 2608.

221 Ulmer / Brandner / *Hensen*, § 11 Nr. 1, Rn. 14, nennt das Beispiel eines Altenheimvertrages.

222 BVerwGE 61, 59, 77.

223 BGH BB 1984, 486, 488.

Opfergrenze[225] —, nicht aber innerhalb der auf eine Verhinderung einseitiger Inanspruchnahme der Vertragsfreiheit ausgerichteten Inhaltskontrolle des § 9 Abs. 1 AGB-G zu berücksichtigen ist.

Diese Zweifel können aber offen bleiben. Entscheidend ist nämlich, daß die geforderte Einräumung einer Lösungsmöglichkeit den Blick darauf verstellt, welche Anforderungen an die Bestimmtheit der Preisklausel zu stellen sind. Wie sich oben gezeigt hat, sind nämlich Fallgestaltungen denkbar, in denen der Vertragspartner von einem eingeräumten Lösungsrecht faktisch und wirtschaftlich keinen Gebrauch machen kann. Dann aber würde eine Argumentation, welche bei vermeintlich unbestimmter Klauselfassung — es sei an den Maßstab der Ermächtigungsklausel erinnert — zwecks Interessenausgleich im nichtkaufmännischen Bereich in jedem Fall die Einräumung einer Lösungsmöglichkeit fordert, ins Leere gehen und zu einem angemessenen Interessenausgleich nicht beitragen. Der Einräumung einer Lösungsmöglichkeit käme dann nur noch eine „Alibi"-Funktion zu.

β) Interessen des Klauselverwenders

Aus der Sicht des Verwenders einer Preisklausel stellt sich die Einräumung einer Lösungsmöglichkeit in den folgenden Fällen als nicht seinen Interessen entsprechend dar.

Das Interesse an einer nicht einseitig auflösbaren Bindung des Vertragspartners ist dabei von der Eigenart des Vertrages abhängig. Bei Verträgen, welche sich auf den einmaligen Austausch eines Gutes richten, dabei aber wegen längerer Lieferfristen mit einer nicht § 11 Nr. 1 AGB-G unterliegenden Preisklausel versehen werden, mag zwar denkbar sein, daß durch einen vom Vertragspartner realisierten Rücktritt allein das Absatzinteresse des Klauselverwenders berührt wird. In diesen Fällen ist entscheidend, ob der einzelne Vertrag im Kontext eines Massengeschäftes steht, so daß der Klauselverwender durch den ausgeübten Rücktritt keine besondere, über das positive Interesse an der Durchführung des einzelnen Vertrages hinausgehende Einbuße erleidet. Hier besteht ein im Rahmen des § 9 Abs. 1 AGB-G zu berücksichtigendes besonderes Interesse des Klauselverwenders an der Vertragsdurchführung nicht, so daß die Einräumung einer Lösungsmöglichkeit für ihn tragbar wäre.

Ein wesentlich größeres Interesse an der Vertragsdurchführung besteht aber schon dann, wenn die einzelne Vertragsleistung aus der Uniformität des Massenvertrages herausgetreten ist, indem der Vertragsgegenstand auf die Anforderungen des Vertragspartners zugeschnitten wird. Würde hier ein Rücktrittsrecht durchgreifen, hätte der Klauselverwender nicht nur das positive Interesse eingebüßt, sondern darüber hinaus auch in der mangelnden Verwendbarkeit des Vertragsgegenstandes — etwa in Form eines Preisabschlages bei

---

[224] MK—Roth, § 242, Rn. 503ff.; Chiotellis/Fikentscher, S. 161.

[225] Soergel—Teichmann, § 242, Rn. 247; Erman—Sirp, § 242, Rn. 177.

anderweitigem Verkauf — einen Schaden erlitten. Die mangelnde Einsetzbarkeit des Vertragsgutes in anderweitigen Vertragsbeziehungen vermag deshalb ein gegen die Einräumung einer Lösungsmöglichkeit sprechendes Interesse des Klauselverwenders zu begründen[226]. Ein Interesse des Vertragspartners an einer Lösung vom Vertrag wird dann nicht zu berücksichtigen sein, da er in aller Regel die spezielle Ausrichtung und Abstimmung des Vertragsgutes auf die ihn betreffenden und aus dem Vertragsschluß ersichtlichen Bedürfnisse kennt.

Bei Dauerschuldverhältnissen ist ebenfalls zu differenzieren. Handelt es sich um einen Massenvertrag über den Bezug geringwertiger Güter, hat der Klauselverwender kein besonderes Interesse an der Durchführung des einzelnen Vertrages, so daß ihn die Einräumung einer Lösungsmöglichkeit nicht über Gebühr belastet. Das ist allerdings nicht der Regelfall. Typisch für langfristige Abnahmeverpflichtungen ist vielmehr, daß der Klauselverwender auf die Durchführung des einzelnen Vertrages Investitionen tätigt, deren Rendite sich erst aus einer längerfristigen Durchführung des Vertrages ergibt. In diesen Fällen führt die mit einer Preisklausel verbundene Einräumung einer Lösungsmöglichkeit zu einer einseitigen Zurücksetzung der Belange des Klauselverwenders[227] und entspricht deshalb nicht einem angemessenen Interessenausgleich im Sinne des § 9 Abs. 1 AGB-G. Diese Belange des Klauselverwenders unterliegen auch dem Schutzzweck des § 9 Abs. 1 AGB-G, denn insoweit sind die auf die Durchführung des Vertrages vom Klauselverwender gemachten Aufwendungen[228] sowie das daraus resultierende Bestandsinteresse[229] an dem einzelnen Vertrag zu berücksichtigen. Diese Wertung geht einher mit Äußerungen der Rechtsprechung, demgemäß im Rahmen eines langfristigen Bezugsvertrages[230] ein hoher Investitionsaufwand[231] die dauerhafte Sicherung der Kalkulationsgrundlage erfordert[232].

Daraus resultiert, daß der Lieferant ein schutzwürdiges Interesse an einer möglichst dauerhaften — im Extremfall mit Ausnahme der Kündigung aus wichtigem Grund unbegrenzten[233] — vertraglichen Bindung hat. Insoweit bedarf es keiner Begründung, daß die preisklauselbedingte Einräumung einer Lösungsmöglichkeit in Fällen dieser Art langfristige, in einen Bezugsvertrag eingebettete Investitionen des Lieferanten zu seinem Nachteil mit einem Risiko

---

[226] So auch *Wolf*/Horn/Lindacher, § 11 Nr. 1, Rn. 34.

[227] Giersch, S. 25, geht von einem fundamentalen Interesse der Marktteilnehmer an längerfristiger Planungssicherheit und dementsprechend längerfristiger vertraglicher Bindung aus.

[228] *Wolf*/Horn/Lindacher, § 11 Nr. 1, Rn. 34.

[229] Horn, NJW 1985, 1122.

[230] Deren grundsätzliche Unentbehrlichkeit der BGH betont: BGH WM 1987, 506, 508; BGHZ 93, 252, 264.

[231] BGHZ 64, 288, 292; bestätigt durch BGH WM 1987, 506, 508.

[232] BGH DB 1985, 1175, 1177.

[233] BGHZ 64, 288, 292; BGH WM 1987, 506, 507.

versehen würde, welches der Lieferant nach dargelegter Rechtsprechung gerade nicht zu tragen braucht.

Die Richtigkeit der vorrangigen Berücksichtigung des Bestandsinteresses bei Investitionen durch den Klauselverwender zeigt ebenfalls ein Blick auf die normative Entscheidung in §§ 32 Abs. 1/24 Abs. 3 AVB FernwärmeV. Hier ist bereits vom Verordnungsgeber gerade wegen der Notwendigkeit hoher Investitionen mit dementsprechend erforderlicher langer Laufzeit des Bezugsvertrages berücksichtigt[234], daß dem Abnehmer auch im Fall einer Tariferhöhung — im Unterschied z. B. zu § 32 Abs. 2 AVB EltV[235] — eine Lösungsmöglichkeit nicht zustehen soll[236].

Wie bereits dargelegt[237], kommt dieser Wertentscheidung dabei besondere Bedeutung zu, da §§ 24 Abs. 3, 32 Abs. 1 AVB FernwärmeV als Konkretisierung des § 27 AGB-G anzusehen sind[238] und damit das dem AGB-Gesetz zugrundeliegende Bewertungskonzept der Ausgewogenheit widerspiegeln[239].

Damit erweist es sich als zutreffend, daß die Einräumung einer Lösungsmöglichkeit immer dann aus der Sicht des Klauselverwenders einem angemessenen Interessenausgleich widerspricht, wenn dieser langfristige Investitionen auf die Durchführung des Vertrages getätigt hat oder in der anderweitigen Verwendbarkeit des Vertragsgutes eingeschränkt ist.

dd) Zwischenergebnis

Als Zwischenergebnis ist festzuhalten, daß sowohl aus der Sicht des Vertragspartners wie auch des Klauselverwenders in weiten Bereichen Sachlagen vorherrschen, in denen der Einräumung einer Lösungsmöglichkeit im Rahmen einer Preisklausel keine ausgleichende Funktion zukommt.

Die aufgezeigten Interessenlagen werden von der Rechtsprechung sowie den befürwortenden Literaturstimmen nicht berücksichtigt, wenn kategorisch im nichtkaufmännischen Bereich bei Preisklauseln, welche den sehr hohen Anforderungen an die Bestimmtheit nicht genügen, die Einräumung einer Lösungsmöglichkeit vom Vertrag gefordert wird.

Die obige Untersuchung anhand des § 9 Abs. 1 sowie Abs. 2 Nr. 1 und Nr. 2 AGB-G zeigt stattdessen, daß die Einräumung einer Lösungsmöglichkeit weder einem allgemein gültigen Leitbild des dispositiven Rechts entspricht, noch nach

---

234 Vgl. Materialien zu § 32 AVB FernwärmeV, abgedruckt bei Hermann/Recknagel/Schmidt-Salzer, Bd. II, S. 1276.

235 Vgl. oben S. 95.

236 *Hermann*/Recknagel/Schmidt-Salzer, § 32 AVB FernwärmeV, Rn. 68; so auch WUW/E BGH 2103, 2108; KG WUW/E OLG 3091, 3100.

237 Siehe oben S. 96.

238 *Hermann*/*Recknagel*/Schmidt-Salzer, § 24 Abs. 3 AVB FernwärmeV, Rn. 10.

239 Hermann/Recknagel/*Schmidt-Salzer*, Einleitung, Rn. 77.

dem Verbot der Gefährdung des Vertragszwecks geboten ist. Auch entspricht die Einräumung eines Kündigungs- oder Rücktrittsrechts nicht einem angemessenen Interessenausgleich, da beide Vertragsparteien oftmals gerade an der Durchführung, nicht aber an der Auflösung des Vertrages interessiert sind.

3. Differenzierung zwischen kaufmännischem und nichtkaufmännischem Bereich

Nun werden die dargelegten Bedenken — bestehend aus den Konsequenzen der sehr strengen Anforderungen an das Gebot der bestimmten Preisklauselfassung im Sinne einer auf eine Kostenorientierung ausgerichteten Ermächtigungsklausel; damit einhergehend die Pflicht zur Einräumung einer Lösungsmöglichkeit, welche jedoch der beiderseitigen Interessenwahrung in den beschriebenen Fällen nicht entspricht — auch in der Rechtsprechung gesehen.

So wird in den Entscheidungen[240] zur Verwendung einer Preisklausel gegenüber einem kaufmännischen Vertragspartner auf eine Konkretisierung der Preiserhöhungsfaktoren verzichtet[241] und konsequent die Einräumung einer Lösungsmöglichkeit nicht für erforderlich gehalten[242].

Die auf der Basis der vorstehend geübten Kritik durchaus zu begrüßende Tendenz wird jedoch an eine Vielzahl von Kriterien gebunden, demnach[243] die Langfristigkeit des Bezugsvertrages[244], die gleichgelagerten Interessen der Parteien[245], die erbrachten Vorleistungen des Klauselverwenders[246], die wegen der Schwankungen des Rohstoffmarktes besonders großen Schwierigkeiten der Konkretisierung der Preiserhöhungsfaktoren[247] und schließlich die Verwendung der Preisklausel im kaufmännischen Verkehr[248], welche eine Weitergabe der Entgelterhöhungen ermögliche, eine gegenüber der bisherigen Rechtsprechung abweichende Handhabung rechtfertigten.

Diese Kriterien sind jedoch zu eng gefaßt. Sie vermögen in der Betrachtung des Einzelfalles zwar zu überzeugen[249], erfordern aber in ihrer Gesamtheit eine so spezielle Konstellation des Vertragsgefüges, daß schon in den Fällen, in denen nur einige der Merkmale nicht vorliegen, auf die strengen Maßstäbe der Konkretisierung einschließlich der Einräumung einer Lösungsmöglichkeit

---

[240] BGHZ 93, 252; 92, 200.

[241] BGHZ 93, 252, 257; 92, 200, 204.

[242] BGHZ 93, 252, 263; 92, 200, 206.

[243] Siehe im einzelnen die oben S. 55ff. dargelegten Merkmale.

[244] BGHZ 93, 252, 258.

[245] BGHZ 93, 252, 259.

[246] BGHZ 93, 252, 259/260.

[247] BGHZ 93, 252, 262.

[248] BGHZ 93, 252, 260.

[249] Kritisch: Bunte in BGH EwiR § 24 AGB-G, 3/85, S. 130.

zurückgegriffen werden müßte. Diese Konsequenz widerspricht der Interessenlage der Vertragsparteien, da sich aus der bisherigen Betrachtung ergeben hat, daß die Frage der Einräumung einer Lösungsmöglichkeit nicht mit der Aufteilung in den kaufmännischen und nichtkaufmännischen Bereich zusammenfällt.

4. Zwischenergebnis

Die bisher geübte, auf die insbesondere im nichtkaufmännischen Bereich auftretenden Konsequenzen des Gebotes der konkreten Preisklauselfassung einschließlich der mangelnden Ausgleichsfunktion einer Lösungsmöglichkeit hinweisende Kritik führt zur neuen Aufgabenstellung. Im folgenden wird zu untersuchen sein, welche Anforderungen an das Gebot der konkreten Preisklauselfassung nach dem Maßstab des § 9 AGB-G gerade in den Bereichen, die von den Kriterien des BGH-Urteiles vom 16. Januar 1985[250] nicht erfaßt werden, zu stellen sind.

III. Neuorientierung

Im Rahmen einer Neuorientierung zum Gebot der konkreten Preisklauselfassung ist nach der Systematik des § 9 AGB-G vordringlich zu fragen, ob die Grenzen einer unangemessenen Benachteiligung aus dem Leitbild des dispositiven Rechts zu ermitteln sind.

1. Normative Wertung — § 9 Abs. 2 Nr. 1 AGB-G

Zu prüfen ist damit, inwieweit sich aus dem in § 9 Abs. 2 Nr. 1 AGB-G statuierten Leitbild des dispositiven Rechts[251] ein Maßstab für die an die Bestimmtheit einer Preisklausel zu stellenden Anforderungen ergibt.

a) Allgemeine Regelungen

Allgemeine Regelungen über die Abfassung von Preisklauseln sind dabei im Schuldrecht nicht ersichtlich. Ebenfalls läßt sich ein Leitbild nicht aus § 11 Nr. 1 AGB-G entnehmen. Grundsätzlich vermögen zwar auch die Regelungen des AGB-Gesetzes ein Leitbild im Sinne des § 9 Abs. 2 Nr. 1 AGB-G abzugeben[252]. Entscheidend ist jedoch, daß § 11 Nr. 1 AGB-G ohnehin nur in einem engen Anwendungsbereich[253] ein absolutes Klauselverbot ausspricht und damit naturgemäß keine Rückschlüsse auf den Grad der Klauselkonkretisierung außerhalb des Normbereiches erlaubt.

---

[250] BGHZ 93, 252; siehe oben S. 55ff.

[251] Dazu schon Raiser, S. 293ff.

[252] BGH NJW 1983, 1854; Ulmer/*Brandner*/Hensen, § 9, Rn. 98; a.A. Becker, S. 111.

[253] Ulmer/Brandner/*Hensen,* § 11 Nr. 1, Rn. 10.

Als allgemeine Regelung könnte allerdings das in §§ 315, 316 BGB normierte Leistungsbestimmungsrecht einer Partei im Sinne eines Leitbildes herangezogen werden. Für einen Vergleich der bei einer Preisklausel zu fordernden Konkretisierung mit der Regelung der §§ 315, 316 BGB spricht die Parallelität der jeweiligen Preisfixierung, denn in beiden Fällen legt der Klauselverwender respektive der Gläubiger den endgültigen Preis einseitig fest. Es ließe sich argumentieren, daß nach dem dispositiven Recht eine Konkretisierung ausreicht, welche sich auf das bei der einseitigen Leistungsbestimmung zu beachtende billige Ermessen beschränkt. Eine solche Denkweise unterschätzt jedoch die Reichweite des Gebotes der bestimmten Preisklauselfassung.

Nach allgemeiner Ansicht[254] wird das Erfordernis der Konkretisierung einer Preisklausel nicht durch eine Übernahme des bei §§ 315, 316 BGB geltenden Maßstabes des billigen Ermessens erfüllt. Ausschlaggebend ist, daß die Frage der Preisklauselkonkretisierung nach einer Antwort sucht, unter welchen Umständen der Klauselverwender sich in Allgemeinen Geschäftsbedingungen wirksam die Befugnisse zur einseitigen Preisfestlegung vorbehalten kann. Diese Einräumung zur einseitigen Leistungsbestimmung setzt aber § 315 Abs. 1 BGB bereits voraus, denn der Tatbestand der Norm lautet: „soll die Leistung durch einen der Vertragsschließenden bestimmt werden, . . .“. Danach bezieht sich der Maßstab des billigen Ermessens allein auf die Rechtsfolge des § 315 Abs. 1 BGB.

Anders verhält es sich bei der Suche nach dem Grad der notwendigen Preisklauselkonkretisierung. Hier ist nämlich im Unterschied zu § 315 Abs. 1 BGB erst noch zu ermitteln, ob durch eine Preisklausel bestimmt werden kann, daß die Leistung durch einen der Vertragschließenden — den Klauselverwender — festgelegt werden soll.

Eine Übernahme des geringen Konkretisierungsgrades der §§ 315, 316 BGB auf den Maßstab der Bestimmtheit einer Preisklausel würde deshalb die Frage, unter welchen Voraussetzungen die Übertragung des Leistungsbestimmungsrechts auf den Klauselverwender überhaupt gemäß § 9 AGB-G rechtwirksam ist, übergehen. §§ 315, 316 BGB vermögen deshalb im Rahmen des § 9 Abs. 2 Nr. 1 AGB-G kein Leitbild für die erforderliche Konkretisierung einer Preisklausel abzugeben.

b) Spezialregelung — § 24 Abs. 3 AVB FernwärmeV

Zu untersuchen ist, ob sich aus der Spezialregelung des § 24 Abs. 3 AVB FernwärmeV ein Leitbild zur Konkretisierung einer Preisklausel ermitteln läßt. Dem steht der enge Anwendungsbereich der Norm nicht entgegen, denn es

[254] BGH ZIP 1986, 919, 922/923; BGHZ 82, 21, 26; BGH NJW 1980, 2518, 2519; Löwe/Graf v. Westphalen/*Trinkner*, § 11 Nr. 1, Rn. 13; *Wolf*/Horn/Lindacher, § 9, Rn. L62; Ulmer/*Brandner*/Hensen, Anh. § 9, Rn. 470/471; Löwe, BB 1982, 153; Salje, DAR 1982, 92.

wurde bereits oben dargelegt[255], daß auch Spezialnormen im Rahmen des § 9 Abs. 2 Nr. 1 AGB-G ein Leitbild abzugeben vermögen.

§ 24 Abs. 3 AVB FernwärmeV stellt neben der parallelen Regelung in § 24 Abs. 3 AVB WasserV die einzige Norm dar, welche sich unmittelbar mit der inhaltlichen Gestaltung einer Preisklausel befaßt. § 24 Abs. 3 AVB FernwärmeV bestimmt, daß Preisänderungsklauseln nur so formuliert sein dürfen, daß

> „sie sowohl die Kostenentwicklung bei Erzeugung und Bereitstellung der Fernwärme ... als auch die jeweiligen Verhältnisse auf dem Wärmemarkt angemessen berücksichtigen. Sie müssen die maßgeblichen Berechnungsfaktoren vollständig und in allgemein verständlicher Form ausweisen."

§ 24 Abs. 3 AVB FernwärmeV verfolgt damit neben dem Grundsatz einer kostenorientierten Preisbildung das Ziel, daß der Fernwärmepreis das Ergebnis eines angemessenen Ausgleichs von Angebot und Nachfrage auf dem Wärmemarkt zu sein hat[256]. Zum Postulat der Konkretisierung einer Preisklausel läßt sich aus § 24 Abs. 3 AVB FernwärmeV entnehmen, daß der Verordnungsgeber in Verfolgung des für das AGB-Gesetz maßgebenden Prinzips der ausgewogenen Regelung[257] eine vollständige und verständliche Ausweisung der Berechnungsfaktoren — diese wiederum beschränkt auf die Kosten der Erzeugung und Bereitstellung — fordert.

Daraus ließe sich schließen, daß die Anforderungen an die Konkretisierung der Preisklausel nach der legislativen Entscheidung des Verordnungsgebers hoch angesetzt sind. Eine solche Annahme ließe jedoch unberücksichtigt, daß § 24 Abs. 3 AVB FernwärmeV dem Fernwärmeversorgungsunternehmen einen Spielraum bei der Auswahl und jeweiligen Gewichtung der einzelnen Berechnungsfaktoren überläßt, denn nach dem Wortlaut und dem Zweck der Norm sind nicht die tatsächlich entstandenen Kosten der Fernwärmeversorgung, sondern die langfristige Kostenentwicklung über die Preisänderungsklausel zu erfassen[258].

Im Gegensatz zu den in der Rechtsprechung vertretenen Ansichten zur allgemeinen Preisklauselgestaltung wird von § 24 Abs. 3 AVB FernwärmeV nicht gefordert, daß der Vertragspartner aus der Preisänderungsklausel bereits bei Vertragsschluß den Umfang der späteren Preisänderungen ersehen können müsse. Ein solches Postulat vertrüge sich im übrigen auch nicht mit dem zweiten von § 24 Abs. 3 AVB FernwärmeV verfolgten Parameter, demgemäß die Preisentwicklung auf dem Wärmemarkt gleichsam neben der Kostenorientierung durch die Preisklausel zu erfassen ist. Soweit aber der Marktpreis als Korrektiv des nach Kostengesichtspunkten errechneten Entgeltes dient, und diese Anbindung durch die Fassung der Preisänderungsklausel sicherzustellen

---

[255] Siehe oben S. 91.

[256] *Hermann*/Recknagel/Schmidt-Salzer, § 24 AVB FernwärmeV, Rn. 19.

[257] *Hermann*/Recknagel/Schmidt-Salzer, § 24 AVB FernwärmeV, Rn. 10.

[258] *Hermann*/Recknagel/Schmidt-Salzer, § 24 AVB FernwärmeV, Rn. 14/16.

ist, schwindet wegen der gewöhnlichen Schwankungen des Marktpreises auf dem Wärmemarkt eine Prognostizierbarkeit des nach Vertragsschluß vom Vertragspartner zu erbringenden Preises je nach Vertragsdauer.

Da zudem die Berücksichtigung des Marktpreises nach dem Ziel des § 24 Abs. 3 AVB FernwärmeV nicht durch Anlegung an den Preis einer Konkurrenzenergie zu erfolgen hat[259] — hier könnte der Preis über eine mit definierten Berechnungsfaktoren ausgestattete Automatikklausel ermittelt werden[260] — zwingt die Berücksichtigung der Verhältnisse des Wärmemarktes, welche immerhin auch absatzpolitische Erwägungen und konjunkturelle Einflüsse erfassen darf[261], gerade zu einer teilweisen Unbestimmtheit der Preisänderungsklausel. Ausschlaggebend ist insoweit, daß § 24 Abs. 3 AVB FernwärmeV dem Normadressaten gerade nicht vorschreibt, wie die angemessene Berücksichtigung der Verhältnisse auf dem Wärmemarkt in der Preisänderungsklausel ihren Niederschlag zu finden hat[262].

Die Normanalyse des § 24 Abs. 3 AVB FernwärmeV spiegelt damit die typischen, in der mangelnden Planbarkeit zukünftiger Klauselanwendung begründeten Schwierigkeiten bei der Definition abstrakter Wirksamkeits- bzw. Unwirksamkeitsmerkmale einer Preisklausel wider. Soweit sich diese Definition auf eine kostenorientierte Preisklausel bezieht, wird die vollständige Bezeichnung der Berechnungsfaktoren als konkretisierender Tatbestand verlangt. Eine solche Benennung wirft aber auch keine Probleme auf, da die Funktionsweise einer Kostenklausel in der Form der Automatikklausel eine genaue Ausweisung der einzelnen Kostenfaktoren erforderlich macht. Soweit jedoch über die Preisklausel auch die Schwankungen des Marktpreises erfaßt werden sollen, verliert der seinerseits als Maßstab für die Wirksamkeit der Preisklausel dienende § 24 Abs. 3 AVB FernwärmeV an Bestimmtheit und verweist lediglich darauf, daß „die jeweiligen Verhältnisse auf dem Wärmemarkt angemessen berücksichtigt“[263] werden müssen. Es bedarf keiner Begründung, daß dem Normadressaten in bezug auf die marktpreisorientierte Klauselkonkretisierung Freiräume belassen sind, welche durch Verwendung von Tatbestandsmerkmalen wie „angemessen“ sowie „berücksichtigen“ eröffnet werden.

Damit zeigt sich, daß die Norm des § 24 Abs. 3 AVB FernwärmeV das Ausmaß der Klauselkonkretisierung abstuft: Soweit eine Kostenorientierung gewollt ist, wird eine vollständige Benennung der Berechnungsfaktoren verlangt; soweit eine Marktpreisorientierung beabsichtigt ist, genügen weniger bestimmte Parameter. Gleichzeitig wird deutlich, daß auf einer Angabe der jeweiligen Ausrichtung innerhalb der Preisklausel — sei es eine Marktpreis-, sei es eine Kostenorientierung — bestanden wird. Das aus § 24 Abs. 3 AVB

---

[259] *Hermann*/Recknagel/Schmidt-Salzer, § 24 Abs. 3 AVB FernwärmeV, Rn. 25.

[260] Siehe oben S. 22.

[261] *Hermann*/Recknagel/Schmidt-Salzer, § 24 Abs. 3 AVB FernwärmeV, Rn. 25.

[262] *Hermann*/Recknagel/Schmidt-Salzer, § 24 Abs. 3 AVB FernwärmeV, Rn. 27.

[263] So der Wortlaut des § 24 Abs. 3 AVB FernwärmeV.

FernwärmeV ersichtliche Leitbild zur Klauselkonkretisierung ergibt damit im Grad der zu fordernden Bestimmtheit eine Differenzierung zwischen Kosten- und Marktpreisausrichtung.

Dieses wohlbemerkt im nichtkaufmännischen Bereich geltende Leitbild vermag zwar wegen des engen Anwendungsbereiches der Norm, welche jedoch in der grundsätzlichen Wertung auch im Sonderkundenbereich gilt[264], keine allgemeine Gültigkeit für die Abfassung von Preisklauseln zu erlangen, wird aber in der im folgenden vorzunehmenden Interessenbewertung im Rahmen des § 9 Abs. 1 AGB-G gleichwohl zu beachten sein.

2. Normative Wertung — § 9 Abs. 1 AGB-G

Zu untersuchen ist, in welchem Maße die Generalklausel des § 9 Abs. 1 AGB-G die Konkretisierung einer Preisklausel gebietet. Dabei ist zur Ermittlung des Verbotes der unangemessenen Benachteiligung nach allgemeiner Auffassung[265] eine Analyse und Abwägung der Interessen der Vertragsparteien vorzunehmen. Zuvor wird — nachdem die Anforderungen der Rechtsprechung an die Konkretisierung einer Preisklausel bereits in Teil 3 dargestellt wurden — das im Schrifttum vertretene Meinungsspektrum darzulegen sein.

a) Auffassung im Schrifttum

aa) Strenge Ansichten

In enger Anlehnung an die vom BGH vertretene Ansicht fordert Trinkner[266], der Vertragspartner müsse bereits bei Vertragsabschluß aus der Formulierung der Klausel die Voraussetzungen und den Umfang zukünftiger Preiserhöhungen erkennen können. Deren Berechtigung müsse sich wie an einer Ermächtigungsklausel prüfen lassen.

K. Schmidt[267] hält eine objektiv nachprüfbare Preisänderungsgrundlage für unentbehrlich. Stein[268] verlangt, daß eine eindeutige Obergrenze für die Erhöhung festzusetzen sei und die Erhöhungsgründe genau anzugeben seien. Heinrichs[269] geht von dem Grundsatz aus, daß die Änderungsvoraussetzungen

---

264 *Hermann*/*Recknagel*/Schmidt-Salzer, § 24 Abs. 3 AVB FernwärmeV, Rn. 40.

265 BGH WM 1987, 652, 655; Ulmer/*Brandner*/Hensen, § 9, Rn. 68; *Wolf*/Horn/Lindacher, § 9, Rn. 93ff.; MK—Kötz, § 9 AGB-G, Rn. 3; Soergel—Stein, § 9 AGB-G, Rn. 6; Seiler, BB 1986, 1938.

266 Löwe/Graf v. Westphalen/*Trinkner*, § 11 Nr. 1, Rn. 12; ebenso Soergel—Stein, § 11 Nr. 1 AGB-G, Rn. 11; Ebel, DB 1982, 2610; Stiens, Recht d. E. 1980, 257; Paulusch, RWS-Forum, S. 68.

267 Staud.-K. Schmidt, Vorbem. D 168 zu § 244.

268 Soergel—Stein, § 11 Nr. 1 AGB-G, Rn. 12.

269 Palandt—Heinrichs, § 11 Nr. 1 AGB-G, Anm. 1 d aa; ebenso Soergel—Wolf, § 315, Rn. 15.

in der Klausel konkret zu bezeichnen und auszuformulieren seien. Ebel[270] nimmt eine interessengerechte Preisklausel dann an, wenn der Verwender definiere, unter welchen Umständen und in welchem Maße spätere Preiserhöhungen verlangt würden. Nach Löwe[271] bedarf eine Preisklausel der Konkretisierung; es seien Angaben zu machen, bei welchen Kostensteigerungen welche Preiserhöhungen eintreten könnten. Auf gleicher Linie liegend fordert Salje[272], daß eine Preisklausel sämtliche Bestandteile der Kostenkalkulation zu enthalten habe. Jung[273] sieht in Preisklauseln ohne festgelegte Höchstgrenze einen Verstoß gegen das Gerechtigkeitsgebot der Ausgewogenheit eines Vertrages. Nach Döring[274] wohnt einer Preisklausel ohne Anbindung an eine Bezugsgröße die Gefahr der Vertragszweckvereitelung inne. Wichmann[275] diagnostiziert bei durch Automatikklauseln eröffneter Teilausschöpfung ein freies Preisbestimmungsrecht in unkontrollierbarem Umfang; Preiserhöhungen seien dann für den Vertragspartner „weder nachvollziehbar, noch berechenbar, noch voraussehbar"[276].

bb) Liberale Ansichten

Schlosser[277] meint, der Gefahr unberechtigter Ausnutzung günstiger Marktverhältnisse zu unberechtigten Preiserhöhungen sei in der Ausgestaltung einer Preisklausel nur sehr schwer zu begegnen, da im Grunde auf die jeweilige Kalkulation des früheren Preises sowie auf die Kalkulation der Preisanpassung abgestellt werden müßte. Es müsse angesichts der praktischen Formulierungsschwierigkeiten ausreichen, wenn dem Vertragspartner eine Kontrollmöglichkeit nach § 315 Abs. 3 BGB verbleibe. Eine Preisklausel, welche eine Entgeltveränderung je nach den Marktverhältnissen erlaube, sei wirksam[278]. Wolf[279] geht davon aus, daß die für eine Preiserhöhung maßgebenden Umstände „nach Möglichkeit"[280] im voraus anzugeben seien. Wegen der Unvorhersehbarkeit zukünftiger Entwicklungen dürften an die Konkretisierung einer Preisklausel jedoch keine allzu hohen Anforderungen gestellt werden[281]. Ebenso hält Brandner[282] in Abgrenzung zu der strengen Ansicht eine „möglichst konkrete

[270] Ebel, DB 1982, 2610; BB 1980, 486.
[271] Löwe, BB 1982, 156/157.
[272] Salje, DAR 1982, 97.
[273] Jung, BB 1981, 1609.
[274] Döring, S. 72; so auch Werber, VP 1983, 54.
[275] Wichmann, ZIP 1983, 405.
[276] Wichmann, a.a.O.
[277] Staud.-Schlosser, § 11 Nr. 1 AGB-G, Rn. 20.
[278] Staud.-Schlosser, § 11 Nr. 1 AGB-G, Rn. 19.
[279] *Wolf*/Horn/Lindacher, § 11 Nr. 1, Rn. 24.
[280] *Wolf*/Horn/Lindacher, § 11 Nr. 1, Rn. 24.
[281] *Wolf*/Horn/Lindacher, § 11 Nr. 1, Rn. 24; Wolf, ZIP 1987, 352.
[282] Ulmer/*Brandner*/Hensen, Anh. §§ 9-11, Rn. 471.

Festlegung der Voraussetzungen"[283] eines Leistungsbestimmungsrechts bzw. eine „konkrete Richtlinie"[284] der Preisbestimmung für ausreichend. Coester-Waltjen[285] formuliert zurückhaltend, daß „man im Einzelfall möglicherweise die Benennung der kostensteigernden Faktoren fordern" könne. Graba[286] führt im gleichen Kommentar aus, daß zwar ein sachlicher Grund für eine Preisänderungsbefugnis in der Preisklausel anzuführen sei; gleichwohl dürften keine Anforderungen wie an eine Ermächtigungsnorm gestellt werden[287].

Baur[288] beschränkt das Konkretisierungsgebot darauf, daß die Richtung der Anpassung in der Klausel festzulegen sei. Das zu stringent verstandene Erfordernis der Klauselbestimmtheit führe ansonsten zu „einem Kahlschlag bei den Anpassungsklauseln"[289]. Andererseits ginge es jedoch nicht an, daß in bestimmten Branchen das Konkretisierungsgebot unter Berufung auf Notwendigkeiten der Praxis völlig geleugnet werde[290]. Baur folgend ermitteln Kunth / Wollburg[291] aus der amtlichen Begründung zum Regierungsentwurf des AGB-Gesetzes, wonach der Gesetzgeber die Angabe der maßgeblichen Preisänderungsgründe „nach Möglichkeit"[292] gefordert habe, daß das Konkretisierungsgebot ein zwar zu verlangendes, nicht aber überall zu verwirklichendes Prinzip sei[293]. Ebenso argumentiert Bunte[294], indem er das „anzustrebende, aber nicht überall zu verwirklichende Prinzip"[295] der Klauseltransparenz als durch die Schwierigkeit der Formulierung einer mit nachprüfbaren Voraussetzungen versehenen Klausel relativiert ansieht[296]. Hermann[297] läßt eine Konkretisierung der Preisänderungsfaktoren im Sinne eines Mittelweges zwischen Kostennähe einerseits und Rechtsklarheit und Verständlichkeit andererseits ausreichen. Köndgen / König[298] bewerten die Anforderungen der Rechtsprechung an die Konkretisierung als „sehr hoch gespannt"[299]. Soweit aber die Elemente der Preisgestaltung begrenzt und quantifizierbar seien, könne dem Gebot einer Kostenelementklausel nachgekommen werden[300].

---

[283] Ulmer / *Brandner* / Hensen, a.a.O.

[284] Ulmer / *Brandner* / Hensen, Anh. §§ 9-11, Rn. 472.

[285] Schlosser / *Coester-Waltjen* / Graba, § 11 Nr. 1, Rn. 34.

[286] Schlosser / Coester-Waltjen / *Graba*, § 9, Rn. 99.

[287] Schlosser / Coester-Waltjen / *Graba*, a.a.O.

[288] Baur, S. 105; JBl 1987, 143.

[289] Baur, S. 104/105.

[290] Baur, a.a.O.

[291] Kunth / Wollburg, BB 1985, 238.

[292] Begründung Reg.-Entw., BT-Drucksache 7/3919, S. 28.

[293] Kunth / Wollburg, BB 1985, 238.

[294] Bunte, NJW 1985, 600; NJW 1984, 1150.

[295] Bunte, NJW 1985, 600; ebenso: Schwarz, NJW 1987, 627.

[296] Bunte, a.a.O.

[297] Hermann, Recht d.E. 1982, 54.

[298] Köndgen / König, ZIP 1984, 134.

[299] Köndgen / König, a.a.O.

Kötz[301] sieht in einer konkreten Klauselfassung mitsamt einer Definition nachträglicher Kostensteigerungen keinen Vorteil, da es angesichts einer prozessualen Überprüfung bei dem Gedanken an richterliche „Preiskommissare" „jedem angst und bange werden"[302] müsse. An anderer Stelle verlangt Kötz[303] jedoch, daß die Umstände, bei deren Vorliegen der Verwender zur Erhöhung des Preises berechtigt sein solle, „hinreichend klar"[304] zu umschreiben seien. Horn[305] lehnt eine durch das Konkretisierungsgebot festgeschriebene Kostenorientierung ab und will stattdessen einfache Preisanpassungsklauseln ohne nähere Entscheidungsmaßstäbe als marktorientierte Listenpreisklauseln auslegen. Bartsch[306] hält eine in der Preisklausel erfolgende Anknüpfung an den Wortlaut des § 315 BGB für ausreichend, da eine sichere Prognostizierbarkeit zukünftiger Preissteigerungen aus einer ex-ante-Sicht nicht möglich sei. Ertl[307] befürwortet eine „äußerste Großzügigkeit bei der Beurteilung der Bestimmtheit" des Klauselmaßstabes. Nach Reuter[308] ist die Konkretisierung einer Preisklausel angesichts der hohen Anforderungen der Rechtsprechung nicht möglich. Mit gewisser Verbitterung meint er, der in der amtlichen Begründung zum Regierungsentwurf enthaltene „treuherzige Rat, die maßgebenden Umstände einer Preisänderung nach Möglichkeit im voraus genau zu bezeichnen, ist eben wertlos angesichts der staatlichen Impotenz, beschleunigte Preissteigerungen zu verhüten"[309].

cc) Typisierende Ansichten

Steindorff[310] will über eine dogmatische Einordnung der Anpassungsklauseln als Vorvertrag[311] Kriterien für die Anforderungen an die Bestimmtheit gewinnen. Mittels einer solchen Einordnung sei der für die Wirksamkeit eines Vorvertrages in Rechtsprechung und Literatur verlangte Bestimmtheitsgrad auf die Anpassungsklauseln zu übertragen. Es könne dann beantwortet werden, ob diese eine Pflicht zur Vertragsanpassung begründen könnten[312]. Horn[313] will Anpassungsklauseln teils als Vorvertrag, teils aber auch als bedingten Abände-

---

300 Köndgen/König, ZIP 1984, 138.
301 Kötz, BB 1982, 644.
302 Kötz, a.a.O.
303 MK—Kötz, § 11 Nr. 1 AGB-G, Rn. 10.
304 MK—Kötz a.a.O.
305 Horn, NJW 1985, 1122.
306 Bartsch, DB 1983, 216.
307 Ertl, S. 124.
308 Reuter, DB 1981, 72.
309 Reuter, a.a.O.; zu den Folgen der Inflation: Bettermann, ZRP 1974, 13.
310 Steindorff, BB 1983, 1127/1128.
311 Steindorff, ZHR 148 (1984), 272.
312 Steindorff, BB 1983, 1128.
313 Horn, AcP 181 (1981), 261.

rungsvertrag, insgesamt also als Abrede eigener Art[314] qualifizieren. Das Bestimmtheitserfordernis an die Anpassungsklausel sei nicht zu überspannen[315], da die Anpassungsnotwendigkeit oft auf Umständen beruhe, welche von den Parteien nicht berücksichtigt und deshalb nicht im Vertrag erfaßt werden könnten.

b) Stellungnahme

aa) Zur Rechtsnatur

Die vorstehend genannten Ansichten, welche über eine typisierende Einordnung Rückschlüsse auf die zu fordernde Bestimmtheit ziehen wollen, führen für die hier zu diskutierende Frage nicht weiter. Entscheidend ist nämlich, welche Anforderungen an die Konkretisierung durch § 9 Abs. 1 AGB-G gestellt werden. Darauf geben die Einordnungsbemühungen Steindorffs und Horns jedoch keine Antwort.

Zu bedenken ist, daß nach zutreffender Ansicht[316] die Bestimmtheitsschwelle[317] des Vorvertrags[318], demgemäß dieser die essentialia des Hauptvertrages festzulegen oder sie zumindest unter Berücksichtigung der allgemeinen Auslegungsregeln einer Bestimmbarkeit[319] zuzuführen hat[320], es verhindert, daß aus einer Anpassungsklausel unmittelbar die eigentliche Anpassung determiniert werden kann. Wesentlich für eine Anpassungsklausel ist gerade, daß sie die zukünftige, bei Vertragsschluß jedoch nicht berechenbare Entwicklung des tatsächlichen und rechtlichen Umfeldes erfassen will. Angesichts dieses Zwecks ist die Klausel notwendig flexibel und allgemein zu halten, so daß die später im Anpassungswege zu ermittelnde Vertragsabrede, welche die Reaktion auf die Änderung der Umstände darstellt, aus der eigentlichen Anpassungsklausel nicht unmittelbar zu bestimmen ist. Diese spätere Abrede aber stellt die essentialia des Hauptvertrages dar, wollte man die Anpassungsklausel als Vorvertrag begreifen.

Der typisierende Ansatz Steindorffs und Horns vermag aber auch aus einem weiteren Grunde kein Kriterium für das Konkretisierungsgebot einer Preisklausel abzugeben.

Wesentlich ist, daß beide Autoren jeweils eine Anpassungsklausel vor Augen haben, welche den Anpassungsvorgang als Einigung der Parteien, zur Not

---

314 So auch Bilda, Anpassungskl., S. 105, Rn. 138.

315 Horn, AcP 181 (1981), 283.

316 Salzmann, S. 61/89.

317 Henrich, S. 119ff.; Larenz, SchuldR I, § 7 I, S. 86; Köndgen/König, ZIP 1984, 133.

318 Dazu eingehend: Salzmann, S. 70ff.; Staud.—Dilcher, Vorbem. zu §§ 145ff., Rn. 42.

319 Staud.—Dilcher, a. a. O.

320 Baur, ZIP 1985, 914, weist darauf hin, daß die Einordnung als Vorvertrag die Grundfrage nach der Kompetenz des Richters zur Vornahme der Anpassung übergehe.

erzwungen durch eine gerichtliche Entscheidung, begreifen. Hier mag mit Blick auf das Anpassungsverfahren eine dogmatische Einordnung der Klausel von Nutzen sein, welche nach einem Anspruch[321] auf Zustimmung zur Vertragsänderung seitens des Vertragspartners sucht.

Die Notwendigkeit einer Einigung ist jedoch bei Preisklauseln nicht gegeben. Hier ist gerade typisch, daß der Verwender sich eine einseitige Preisanpassungskompetenz vorbehält[322], so daß die Suche nach einer Anspruchsgrundlage, gerichtet auf Zustimmung zur Anpassung des Preises, entfällt. Diesen Aspekt scheint auch Steindorff[323] vor Augen zu haben, wenn er das Modell der Anpassungsklausel als Vorvertrag mit dem Argument entwickelt, daß die Anpassung der Gegenleistung „nicht immer durch Rechte einer Partei zur einseitigen Bestimmung“[324] erfolge.

Der Unterschied im Anpassungsverfahren — einmal Vertragsanpassung durch Einigung, einmal Preisanpassung durch einseitige Bestimmung — führt damit zu einem unterschiedlichen Ansatz der Frage nach dem Bestimmtheitserfordernis der Klausel. In der ersten Variante ist die bestimmte Klauselfassung der Schlüssel für einen Anspruch auf Zustimmung des Gegners zur Vertragsanpassung. In der zweiten — hier zur Diskussion stehenden — Variante entspringt das Konkretisierungsgebot dem § 9 Abs. 1 AGB-G[325]. Anders gewendet geht es darum, in welchem Maße die einseitige Preisanpassungsbefugnis des Klauselverwenders zu einer unangemessenen Inanspruchnahme der Vertragsfreiheit führt, welcher durch eine Konkretisierung der Preisklausel zu begegnen ist. Eine dogmatisch ausgerichtete Bestimmung der Rechtsnatur einer Preisklausel vermag darauf keine Antwort zu geben. Stattdessen ist zur Ermittlung des Konkretisierungsgebotes im Rahmen des § 9 Abs. 1 AGB-G auf die jeweils berührten Interessen der Vertragsparteien abzustellen.

bb) Zur Interessenlage

Im folgenden wird zu ermitteln sein, in welchem Maße die durch § 9 Abs. 1 AGB-G geschützten Interessen des Vertragspartners bzw. des Klauselverwenders die Konkretisierung einer Preisklausel gebieten.

---

[321] Ausführlich zum Erfüllungsanspruch aus einem Vorvertrag: Henrich, S. 184ff.; zum Anspruch auf Zustimmung zur Anpassung eines Gesellschaftsvertrages: Zöllner, S. 20.

[322] Siehe oben S. 26.

[323] Steindorff, BB 1983, 1128.

[324] Steindorff, a.a.O.

[325] Schwarz, NJW 1987, 626.

α) Interessen des Vertragspartners

(1) Festschreibung der Verhältnisse bei Vertragsabschluß

Der Vertragspartner hat grundsätzlich ein Interesse, daß der bei Vertragsabschluß vereinbarte Preis nicht zu seinem Nachteil verändert wird. Der Preis stellt für ihn ein wesentliches Kriterium für den Vertragsschluß dar, denn von den sehr seltenen Fällen[326] des Konditionenwettbewerbs abgesehen, kommt der jeweiligen Preisfestlegung im Wettbewerb eine Steuerungsfunktion zu, über welche die Vergleichbarkeit der verschiedenen Angebote auf dem Markt gegeben ist. Soweit sich nachträglich über eine Preisklausel die Relation von Leistung und Gegenleistung ändert, wird zwar nicht dem Grundsatz des„pacta sunt servanda“ widersprochen[327], da die Preisklausel ebenso zum einzuhaltenden Vertrag gehört und gleichberechtigt neben der eigentlichen Preisabrede steht. Trotzdem kann jedoch das Bestreben des Vertragspartners vereitelt werden, das am Preis gemessen günstigste Angebot des Marktes auszuwählen[328]. Zutreffend wird deshalb in der Literatur[329] das Klauselverbot kurzfristiger Preiserhöhung in § 11 Nr. 1 AGB-G als Schutz des Vertragspartners vor einer Aushöhlung des Vertrauens in die Beständigkeit des vereinbarten Preises begriffen.

Diese Sachlage läßt sich jedoch auf den außerhalb des § 11 Nr. 1 AGB-G liegenden Bereich nicht übertragen. Zu bedenken ist, daß das absolute Klauselverbot des § 11 Nr. 1 AGB-G bewußt[330] längerfristige Schuldverhältnisse — sei es als Vertrag mit einem vorgesehenen Erfüllungszeitraum von mehr als vier Monaten, sei es als Dauerschuldverhältnis — gerade nicht erfaßt. Sicherlich stellt es eine Binsenwahrheit dar, daß der Vertragspartner auch in solchen Schuldverhältnissen ein Interesse an einem unveränderten Preis hat. Dieses Interesse ist jedoch nicht schützenswert. Schon die Begründung zum Regierungsentwurf des AGB-Gesetzes geht bei längerfristigen Verträgen von einem anerkennenswerten Bedürfnis für die Anpassung von Entgelten aus[331]. Dieses Bedürfnis des Klauselverwenders ist ebenfalls dem Vertragspartner bekannt. Bereits bei Abschluß eines nicht unter die Tatbestandsmerkmale des § 11 Nr. 1 AGB-G fallenden Vertrages muß und wird er latent damit rechnen, daß der ursprünglich vorgesehene Preis mittels der in der Vertragsabrede vorhandenen Preisklausel Veränderungen unterliegt. Eine nach Vertragsabschluß liegende, erst mit Eintritt der veränderten Umstände erfolgende Anpassung der Preise

---

[326] MK—Kötz, Einl. AGB-G, Rn. 4; Soergel—Stein, Einl. AGB-G, Rn. 3 a.E.; Canaris, NJW 1987, 613.

[327] So aber wohl: Löwe/Graf v. Westphalen/*Trinkner*, § 11 Nr. 1, Rn. 1.

[328] Vgl. Begr. Reg.-Entwurf, BT-Drucks. 7/3919, 27.

[329] Löwe/Graf v. Westphalen/*Trinkner*, a.a.O.; *Wolf*/Horn/Lindacher, § 11 Nr. 1, Rn. 1; Staud.—Schlosser, § 11 Nr. 1 AGB-G, Rn. 1; Soergel—Stein, § 11 Nr. 1 AGB-G, Rn. 1.

[330] Begr. Reg.-Entwurf, BT-Drucks. 7/3919, S. 27.

[331] Begr. Reg.-Entwurf, BT-Drucks., a.a.O.

liegt damit auch im Interesse des Vertragspartners. Der Klauselverwender müßte sonst entweder „von vornherein einen Sicherheitsfaktor in die Preiskalkulation einbeziehen“[332], durch den dann auch die von der Änderung der Umstände zeitlich nicht betroffenen Vertragspartner benachteiligt würden, oder er müßte vom Abschluß längerfristiger Verträge und damit auch von einer vom Vertragspartner gewünschten Bindung ganz absehen.

Aus diesen Erwägungen leitet sich das Interesse des Vertragspartners an einer bestimmten Fassung der Preisklausel ab. Diese soll auch in seinem Interesse zukünftige Änderungen der jeweiligen Umstände erfassen, damit nicht die Notwendigkeit der Berücksichtigung eines Sicherheitsfaktors besteht. Vor diesem Hintergrund scheidet eine mit detaillierten Definitionen gefaßte Preisklausel aus, da gerade bei Vertragsschluß die zukünftigen Verhältnisse noch unbekannt sind.

Will man diese erfassen, bedarf es einer entsprechend flexiblen, d.h. weit gefaßten Preisklausel. Andererseits hat der Vertragspartner ein Interesse daran, bereits bei Vertragsschluß absehen zu können, an welchen Parametern die zukünftige Preisbildung sich orientieren wird. Die Interessenlage — einerseits ist ein weiter Anwendungsbereich der Klausel bezweckt, andererseits ist eine Orientierung zukünftiger Preisentwicklung seitens des Vertragspartners erwünscht — spricht damit dafür, im Sinne der liberalen Ansicht eine Klauselkonkretisierung als nicht überall zu verwirklichendes, aber anzustrebendes Ziel zu verstehen.

(2) Begrenzungsfunktion

Für eine möglichst weitgehende Konkretisierung der Preisklausel spricht aus der Sicht des Vertragspartners, daß sich anhand einer bestimmten Klauselfassung eine Obergrenze der zukünftigen Preisentwicklung ermitteln läßt. Deutlich wird diese Begrenzungsfunktion insbesondere bei den Automatikklauseln[333], da sich hier aus dem mathematischen Ergebnis der Preisformel ein Oberwert ergibt, welcher die Preisfestsetzung beschränkt[334].

Diese Begrenzungsfunktion mag zwar bei den Automatikklauseln infolge der geringen Verständlichkeit[335] nicht offenbar sein, stellt aber gleichwohl eine objektive Beschränkung in der Preisbildung dar, welche auch durch die Handhabung der Automatikklauseln im Sinne einer Teilausschöpfung nicht beseitigt wird.

Soweit als Klauselparameter eine Anbindung an den Marktpreis gewollt ist, läßt sich der jeweilige obere Grenzwert naturgemäß nicht direkt aus der Klausel

[332] BGHZ 82, 21, 24.

[333] Siehe oben S. 21 ff.

[334] Kunth/Wollburg, BB 1985, 237.

[335] Siehe den Hinweis BGHZ 82, 21, 26 unter Bezugnahme auf BGH WM 1979, 1097.

errechnen, sondern bedarf einer eigenständigen Bestimmung, welche sich aus der Feststellung des Marktpreises der vertraglichen Hauptleistung ergibt.

Damit spricht das Interesse des Vertragspartners an der Begrenzungsfunktion für eine Konkretisierung der Preisklausel in dem Maße, wie es für die Bestimmung der Preisobergrenze erforderlich ist.

(3) Ermächtigungsklausel

Zu prüfen ist, ob der Vertragspartner ein Interesse an der Konkretisierung einer Preisklausel im Sinne einer Ermächtigungsklausel hat. Wie sich gezeigt hat, wird in der Rechtsprechung[336] sowie im Schrifttum[337] vertreten, der Vertragspartner müsse „die Berechtigung einer von dem Klauselverwender vorgenommenen Erhöhung an der Ermächtigungsklausel selbst messen“[338] können.

Mit dem Verständnis einer Preisklausel als Ermächtigungsklausel einher geht die Frage, zu welchen Entgeltveränderungen der Klauselverwender ermächtigt ist. Die Analyse der Rechtsprechung sowie der strengen Ansicht im Schrifttum hat dabei ergeben, daß eine Ermächtigung zur Preisveränderung nicht auf den Marktpreis zur Zeit des Leistungsaustausches gerichtet ist. Bei einer Anbindung an den Marktpreis bestünden nämlich die im Gefolge der von der Rechtsprechung vertretenen Ansicht offenbar gewordenen Definitionsprobleme einer Preisklausel nicht, da in der Preisklausel ohne Schwierigkeiten auf den Marktpreis zum Zeitpunkt des Leistungsaustausches Bezug genommen werden könnte.

Der Begriff der Ermächtigungsklausel leitet sich vielmehr aus dem von der Rechtsprechung und der strengen Literaturansicht verfolgten Ziel ab. Danach sei zu verhindern, daß der Klauselverwender durch eine nach Vertragsschluß erfolgende Preiserhöhung sich einen zusätzlichen Gewinn sichern wolle[339]. Angesichts dieser Ausrichtung verwundert nicht, daß als berechtigter Grund zur Entgelterhöhung allein ein zwischenzeitlicher Kostenanstieg anerkannt wird.

Gleichwohl stellt Ulmer[340] fest, daß nicht deutlich werde, warum der BGH von einer Kostenorientierung ausgehe. Ulmers Überlegung[341], daß der BGH sich an der in der Elektrizitätsversorgung üblichen Kostenelementklausel orientiert habe, verfängt aber nicht. Dagegen spricht schon, daß die Kosten-

---

336 Siehe nur BGH ZIP 1986, 919, 923.

337 So deutlich: Löwe/Graf v. Westphalen/*Trinkner*, § 11 Nr. 1, Rn. 13; Löwe, BB 1982, 154; sowie die oben S. 112 Genannten.

338 BGH, a.a.O.

339 Vgl. nur: BGHZ 82, 21, 25; BGH ZIP 1986, 919, 922; Löwe/Graf v. Westphalen/*Trinkner*, § 11 Nr. 1, Rn. 13.

340 Ulmer, BB 1982, 1131.

341 Ulmer, a.a.O.

elementklausel dort nur im Sonderkundenbereich vorkommt[342], der BGH jedoch eine Preisanpassung im nichtkaufmännischen Bereich untersuchte.

Vielmehr dürfte die vom BGH favorisierte Kostenausrichtung im Sinne der Alternativität verschiedener Anpassungsmaßstäbe so zu erklären sein, daß der BGH eine marktpreiskonforme Anpassung per se als unangemessen im Sinne des § 9 Abs. 1 AGB-G ansieht[343], so daß als angeblich neutraler Fortschreibungsparameter allein die Kostenorientierung bleibt.

Der Begriff der Ermächtigungsklausel erklärt sich somit vor diesem Hintergrund so, daß durch die Konkretisierung der Preisklausel klarzustellen sei, bei welcher Erhöhung einzelner Kostenfaktoren bzw. bei welchem Ausmaß des Kostenanstiegs der Klauselverwender ein anerkennenswertes Bedürfnis zur Entgeltveränderung habe; mit anderen Worten, wann er zu einer Preiserhöhung „ermächtigt" sei.

Daß aber bei dieser Anbindung der Preisklausel an einen im einzelnen festzulegenden Kostenanstieg Schwierigkeiten hinsichtlich der konkreten Klauselfassung auftreten, liegt offen zutage. Es zeigt sich damit, daß das Verständnis einer Preisklausel als Ermächtigungsklausel — und damit das Gebot der konkreten Klauselfassung — eng mit dem einzig für zulässig anerkannten Grund einer Preiserhöhung, nämlich einem zwischenzeitlichen Kostenanstieg, verknüpft ist.

Die grundsätzliche Beschränkung einer durch eine Preisklausel eröffneten Preiserhöhung auf Kostensteigerungen spiegelt jedoch nur scheinbar eine interessengerechte Gestaltung im Sinne des § 9 Abs. 1 AGB-G wider. Zu bedenken ist, daß die Weitergabe des zwischen Vertragsschluß und Leistungsaustausch liegenden Kostenanstieges für den Vertragspartner Risiken birgt[344], vor denen die in der Rechtsprechung vertretene Ansicht diesen gerade bewahren wollte. Zwar mag auf den ersten Blick eine unangemessene Klauselgestaltung im Sinne des § 9 Abs. 1 AGB-G vorliegen, wenn der Klauselverwender — so die Befürchtung der Rechtsprechung[345] — sich zu Lasten des Vertragspartners angesichts einer besonderen Nachfrage einen zusätzlichen Gewinn sichern wollte. Die infolge der Abkehr vom Marktpreis notwendige Hinwendung zu einem anderen Parameter der Fortschreibung des Preises — zu der Kostenorientierung — vermag jedoch eine Benachteiligung des Vertragspartners nicht auszuschließen.

Eine kostengebundene Anpassung des Preises wirft zum einen die Frage auf, welche Kosten auf den Vertragspartner umzulegen sind. Aus betriebswirtschaftlicher Sicht sind für den Kostenansatz der vertraglichen Hauptleistung verschie-

---

342 Baur, Anpassungsr., S. 30ff.

343 BGHZ 82, 21, 25.

344 warnend: Bydlinski, JBl 1975, 249.

345 BGHZ 82, 21, 25.

dene Methoden der Kostenzuordnung vertretbar[346]. Trinkner[347] will insoweit auf den Herstellungskostenbegriff der Steuerbilanz abstellen. Eine solche Vorgehensweise ist jedoch abzulehnen, da sie zum einen das Interesse des Unternehmens an der Geheimhaltung der Kalkulationsgrundlage verkennt[348] und zum anderen die Ausstrahlungswirkung des auch die Steuerbilanz erfassenden Steuergeheimnisses gemäß § 30 AO unberücksichtigt ließe.

Zur Veranschaulichung der verschiedenen Kalkulationsansätze sei exemplarisch für die in BGHZ 82, 21ff. behandelte Preisbildung im Kraftfahrzeug-Neuwagengeschäft gefragt, in welchem Maße Entwicklungskosten, Kosten der Erschließung ausländischer Märkte, allgemeine Personalkosten[349] etc. auf die Preisbildung[350] eines einzelnen Kraftfahrzeugtyps umzulegen sind. In der Literatur will Salje[351] — aus seiner kostenorientierten Sicht folgerichtig — sogar den Auslastungsgrad eines Herstellungswerkes in der Preisklausel berücksichtigt wissen, da dieser sich bei der auf das einzelne Produkt entfallenden Verteilung der Fixkosten auswirke[352].

Als weiteres Beispiel sei die in BGH ZIP 1986, 919ff. geprüfte Preisbildung im Zeitschriftenabonnementsvertrag angeführt, demnach in der Preisklausel die „Papier-, Druck- und Lohnkosten“[353] zu erfassen seien. Wollte man mit einer kostenorientierten Fortschreibung des ursprünglich vereinbarten Preises Ernst machen, wäre im letztgenannten Beispiel der reine drucktechnische Kostenansatz noch zu eng gefaßt. Ebenso müßte der redaktionelle Kostenanteil berücksichtigt werden, d.h. die Kosten der einzelnen Reportage einschließlich der Autorenhonorare bis zu den finanziellen Anreizen für Informanten wäre auf den einzelnen Abonnementsvertrag umzulegen.

Bei Licht betrachtet kann allerdings kein Zweifel daran bestehen, daß die in den beiden Beispielen genannten Kostenfaktoren allein in den Risikobereich des Unternehmers bzw. Klauselverwenders fallen. Es ist gerade seinem unmittelbaren Einflußbereich zuzurechnen, welcher Auslastungsgrad eines Kfz-Herstellungswerkes erreicht werden kann, welche Kosten in die Entwicklung neuer Modelle investiert werden, welcher Personalaufwand betrieben wird sowie — das zweite Beispiel betreffend — welche Druckqualität angestrebt wird, welche Autorenhonorare bezahlt und welche Informanten für welche Informationen entlohnt werden.

---

346 Mestmäcker, S. 218ff.; Wöhe, S. 441ff.

347 Löwe/Graf v. Westphalen/*Trinkner*, § 11 Nr. 1, Rn. 13.

348 BGH NJW 1970, 29, 32; Kötz, BB 1982, 646;
Löwe, BB 1982, 154, will das Geheimhaltungsinteresse an der Kalkulation als Druckmittel gegen den Klauselverwender einsetzen.

349 Wöhe, S. 1144.

350 Zur betrieblichen Preisbildung siehe allgemein Wöhe, S. 553.

351 Salje, DAR 1982, 97.

352 Mestmäcker, S. 218; Wöhe, S. 464.

353 BGH ZIP 1986, 919, 923.

Sollten diese Kosten über die Preisklausel auf den einzelnen fortzuschreibenden Preis durchschlagen, wäre dem Vertragspartner ein schlechter Dienst erwiesen. So beschreibt Bunte[354] denn auch drastisch, daß der Vertragspartner von einem Kostennachweis wenig habe, denn „für jeden Automobilhersteller wäre es ein Leichtes, den Kunden mit einer Fülle von produzierten Kosten zuzudecken“[355].

Es zeigt sich damit, daß durch eine kostenorientierte Betrachtungsweise im Einwirkungsbereich der Preisklauseln die Vertragsgerechtigkeit nicht zu bewahren ist.

Nun ließe sich allerdings argumentieren, daß den Klauselverwender mit der Vereinbarung einer kostenorientierten Preisklausel gleichzeitig eine Pflicht zur Kostenminimierung treffe, um auf diese Weise die Interessen des Vertragspartners zu sichern. So verwundert es nicht, daß in der Kommentierung zu § 24 Abs. 3 AVB FernwärmeV — welcher wie oben schon gezeigt ein Gebot zur kostenorientierten Fassung von Preisklauseln beinhaltet — vertreten wird, der Klauselverwender müsse „alle Möglichkeiten der Kostenminimierung ausschöpfen“[356].

Eine solche aus der Verwendung der Preisklausel abgeleitete Pflicht zur Kostenminimierung ist in ihrer Allgemeinheit jedoch abzulehnen. Sie geriete mit dem grundsätzlichen Prinzip der Preisbildung in Widerspruch, demnach bei Vertragsabschluß der Marktpreis vereinbart wird. Wollte man den Marktpreis nach Vertragsabschluß ausschließlich kostenorientiert vor dem Hintergrund der Pflicht zur Kostenminimierung fortschreiben, bliebe unberücksichtigt, daß während des Anpassungszeitraumes eine Vielzahl weiterer Verträge vom Klauselverwender jeweils zum Marktpreis abgeschlossen werden. Damit aber stehen — wollte man obiger Ansicht folgen — eine Kostenorientierung und eine Marktpreisausrichtung im selben Zeitraum nebeneinander. Kostenintensive Investitionen des Klauselverwenders, welche letztlich auf den Abschluß zukünftiger Verträge abzielen[357], müßten sich angesichts der auf Kostenanstieg ausgerichteten Fortschreibung der Preise auf bereits abgeschlossene Verträge auswirken. Würde eine Pflicht zur Kostenminimierung angenommen, hätte der zeitlich frühere Vertragspartner ein Interesse an einer möglichst geringen Kostenlast des Klauselverwenders, während der spätere, zum Marktpreis kontrahierende Vertragspartner gerade begünstigt würde, wenn möglichst viele Kosten schon vor dem von ihm getätigten Vertragsschluß anfielen, um einerseits einen qualitativ ausgereiften Vertragsgegenstand erwerben zu können und andererseits bei der auch diesen Vertragspartner treffenden späteren kostenorientierten Fortschreibung des Preises möglichst gering belastet zu werden.

---

[354] Bunte, ZIP 1983, 768.

[355] Bunte, a.a.O.; in die gleiche Richtung: Bydlinski, JBl 1975, 248.

[356] *Hermann*/Recknagel/Schmidt-Salzer, § 24 Abs. 3 AVB FernwärmeV, Rn. 18.

[357] Mestmäcker, S. 220, hebt hervor, daß die Anpassung der Produktion an die Nachfrage über Verlustpreise wirtschaftlich unerläßlich sei.

Deutlich tritt bei diesem Interessenwiderstreit zutage, daß jeweils Investitionsmaßnahmen betroffen sind, welche in den unmittelbaren Entscheidungsbereich des Klauselverwenders als am Markt operierenden Unternehmers fallen. Dieser allein trägt das Risiko für den Erfolg oder Mißerfolg seiner Investitionen. Aus der alleinigen Nutznießung am Erfolg resultiert umgekehrt die alleinige Verantwortung für die Kostenstruktur. Die von Kötz[358] nachdrücklich vorgetragene zutreffende Warnung vor einer Funktion des Richters als „Preiskommissar" würde in den Wind geschlagen, soweit dem Klauselverwender eine Pflicht zur Kostenminimierung auferlegt würde. Wäre schon nach dem von Kötz[359] gezeichneten Szenario zu befürchten, daß in einem Rechtsstreit über den Umfang zwischenzeitlicher Tarifabschlüsse, Materialpreissteigerungen etc. Beweis zu erheben wäre, bekäme ein solcher Streit erst recht neue Nahrung, wenn auch eine Pflichtverletzung zur Kostenminimierung der Klärung bedürfte. Nach alledem ist eine Pflicht des Verwenders einer Preisklausel zur Kostenminimierung abzulehnen.

Damit ist aber auch der kostenorientierten Anpassung eines bei Vertragsabschluß vereinbarten Marktpreises der Boden entzogen. Wie bereits dargestellt[360] vermag eine kostenorientierte Fortschreibung des Preises den Vertragspartner nicht vor einer unangemessenen Klauselgestaltung zu schützen, da der einzelne Kostenansatz bei komplexen Strukturen nicht überprüfbar ist sowie den Vertragspartner vor zusätzlich entstehenden Kosten nicht schützt. Die kostenorientierte Betrachtungsweise würde den zusätzlichen Kostenansatz prämiieren[361], die Steuerungsfunktion des Marktpreises außer Kraft setzen[362] und damit volkswirtschaftlich zu einer Fehlallokation der Ressourcen führen[363].

Damit zeitigt eine auf Kostenüberwälzung abstellende Anpassungsmethode Konsequenzen, welche bei einer durch den Wettbewerbsprozeß[364] als Kennzeichen einer marktwirtschaftlichen Ordnung geprägten Preisbildung vermieden würden[365]. Bei einer kostenorientierten Preisanpassung bestünde zudem die bei realistischer Betrachtungsweise nicht zu verhindernde Gefahr, daß ein überhöhter Kostenansatz einzelner Faktoren — quasi wie bei einer durch erhöhte Abschreibung gebildeten stillen Rücklage — eine vorgeblich neutrale Preisanpassung ermöglicht, welche der Sache nach zu einem zusätzlichen Gewinn führt[366]. Einen solchen zu verhindern, ist jedoch gerade die Intention der Rechtsprechung[367], welche die kostenorientierte Anpassung favorisiert.

---

[358] Kötz, BB 1982, 644; ebenso Canaris, NJW 1987, 613; Giersch, S. 17, warnt vor dem mit einer Kalkulationskontrolle verbundenen unproduktiven Verwaltungsaufwand.

[359] Kötz, a.a.O.

[360] Siehe oben S. 120.

[361] Horn, NJW 1985, 1122; Giersch, S. 18.

[362] Kunth/Wollburg, BB 1985, 237.

[363] Baur, Anpassungsr., S. 102.

[364] Ulmer, BB 1982, 1131.

[365] Kunth/Wollburg, BB 1985, 237.

Ein Abstellen auf den Marktpreis hat demgegenüber schon den Vorteil, daß auch der Vertragspartner von einer scheinbaren Neutralität der kostenorientierten Preisanpassung nicht geblendet wird und sich damit vom Beginn der vertraglichen Beziehungen bis zum Leistungsaustausch bewußt ist, daß der Preis weiterhin den Gesetzen des Marktes unterliegt. Wollte er das Preisniveau bei Vertragsschluß sicherstellen, stünde ihm eine Individualabrede ohne weiteres zur Verfügung. Zu dieser würde bei einer marktpreisorientierten Preisanpassung zudem eher gegriffen als bei einer scheinbare Ausgewogenheit vorspiegelnden Kostenorientierung.

Es erweist sich damit, daß das Verständnis einer Preisklausel als Ermächtigungsklausel einschließlich der damit verbundenen kostenorientierten Anpassungsmethode den Interessen des Vertragspartners widerspricht.

β) Interessen des Klauselverwenders

Der Klauselverwender hat grundsätzlich ein Interesse daran, im Rahmen eines längerfristigen Vertrages eine Preisklausel vorzusehen, um den Preis einer Veränderung der tatsächlichen Verhältnisse anpassen zu können. Dementsprechend wird ein solches Anpassungsinteresse weder in der Rechtsprechung noch in der Literatur in Frage gestellt. Schon in der amtlichen Begründung zum Regierungsentwurf des AGB-Gesetzes wird berücksichtigt[368], daß „bei längerfristigen Schuldverhältnissen ... ein anerkennenswertes Bedürfnis für die Anpassung von Entgelten gegeben" sein könne. Damit übereinstimmend wird in der Rechtsprechung ein berechtigtes Interesse des Klauselverwenders zu zwischenzeitlichen Preiserhöhungen grundsätzlich anerkannt[369] und ausdrücklich festgestellt, daß das AGB-Gesetz kein allgemeines Verbot eines einseitigen Preiserhöhungsrechts normieren wolle[370].

Ebenso argumentiert die Literatur. Wolf[371] und Trinkner[372] betonen, der Klauselverwender müsse die Möglichkeit haben, seine Preise den langfristig auftretenden Änderungen anzupassen. Schlosser[373] nimmt in „spiegelbildlicher Anwendung" des § 11 Nr. 1 AGB-G eine unangemessene Gestaltung sogar dann an, wenn durch Formularbestimmung eine Preisanpassungsmöglichkeit des Geldgläubigers ausgeschlossen werde. Den gleichen Ansatz verfolgt Heiermann[374], welcher den Ausschluß eines Preisanpassungsrechts als gegen das

---

366 Giersch, S. 18; Finger, DB 1970, 1867.

367 Vgl. nur: BGHZ 82, 21, 25; Paulusch, RWS-Forum, S. 76.

368 BT-Drucks. 7/3919, S. 27.

369 BGHZ 82, 21, 24.

370 BGHZ 93, 252, 257.

371 *Wolf*/Horn/Lindacher, § 11 Nr. 1, Rn. 1.

372 Löwe/Graf v. Westphalen/*Trinkner*, § 11 Nr. 1, Rn. 13.

373 Staud.—Schlosser, § 11 Nr. 1, Rn. 25.

374 Heiermann, NJW 1986, 2686/2687.

Äquivalenzprinzip verstoßend ansieht. Nach Hensen[375] sprechen die wirtschaftlichen Gesichtspunkte einer Vertragsbeziehung für die Zulässigkeit einer Preisklausel, im übrigen setzte § 11 Nr. 1 AGB-G sie wegen des geringen Anwendungsbereiches der Norm voraus[376].

Baur[377] stellt fest, daß langfristige Verträge kaufmännisch vertretbar nur auf der Grundlage von Anpassungsregelungen geschlossen werden könnten. An anderer Stelle entwickelt er ein „kartell- und geschäftsbedingungsrechtliches Gebot zur Einfügung von Anpassungsklauseln"[378] in langfristige Lieferverträge. Kötz[379] geht von einem berechtigten Interesse des Klauselverwenders aus, die Preise veränderlich zu halten.

Kunth / Wollburg[380] sehen einen unlösbaren Zusammenhang zwischen der Dauer eines Vertrages und der durch eine Anpassungsklausel ermöglichten Veränderlichkeit des Preises. Bartsch[381] hält den Abschluß langfristiger Verträge für volkswirtschaftlich erwünscht, deshalb müßten wegen der Langfristigkeit der Bindung Preissteigerungen weitergegeben werden können. Hermann[382] geht davon aus, daß ursprünglich vorgesehene Preise nur solange gültig seien, wie sich die Verhältnisse nicht änderten.

Reuter[383] und Becker[384] halten Preisklauseln grundsätzlich schon dann für zulässig, wenn nicht der Verbotsrahmen des § 11 Nr. 1 AGB-G einschlägig sei. Demgegenüber vertreten Köndgen / König[385] sehr viel zurückhaltender den Standpunkt, daß „Anpassungsklauseln ... auch unter § 9 AGB-G nicht a limine unzulässig" seien. Horn[386] anerkennt ein Interesse an der Verwendung einer Preisklausel, wenn eine unveränderte Bindung unbillig sei. Bunte[387] geht davon aus, daß „häufig ein berechtigtes Anpassungsinteresse des Verwenders" vorliege. Ebenso gewährt Bilda[388] ein klauselmäßiges Anpassungsrecht bei Änderung der Verhältnisse. Paulusch[389] will ein berechtigtes Interesse des Verkäufers nicht bestreiten, die während langfristiger Verträge notwendig

---

375 Ulmer / Brandner / *Hensen*, § 11 Nr. 1, Rn. 12.
376 Paulusch, Sonderbeil. WM 10/86, S. 28.
377 Baur, JBl 1987, 142.
378 Baur, Anpassungsr., S. 99.
379 Kötz, BB 1982, 645.
380 Kunth / Wollburg, BB 1985, 234.
381 Bartsch, DB 1983, 216.
382 Hermann, Recht d. E. 1982, 52.
383 Reuter, DB 1981, 72; ähnlich: Burck, DB 1978, 1389.
384 Becker, S. 113.
385 Köndgen / König, ZIP 1984, 134.
386 Horn, NJW 1985, 1121.
387 Bunte, NJW 1984, 1149.
388 Bilda, MDR 1979, 93.
389 Paulusch, Sonderbeil. WM 10/1986, 28.

werdenden Preiserhöhungen aufgrund einer Preisklausel weitergeben zu können. Löwe[390] meint, Preiserhöhungsklauseln seien nicht a priori in Zweifel zu ziehen. Auch er[391] räume ein Schutzbedürfnis des Klauselverwenders bei Erfüllung langfristiger Verträge ein.

Es zeigt sich damit, daß schon nach der ganz herrschenden Ansicht in Rechtsprechung und Literatur ein grundsätzliches Interesse des Klauselverwenders an einer durch eine Preisklausel ermöglichten Veränderlichkeit des Preises anerkannt wird.

Dieser Ansicht ist zuzustimmen. Schon der enge Anwendungsbereich des § 11 Nr. 1 AGB-G führt zu dem Gegenschluß, daß außerhalb dieser Norm Preisklauseln zumindest nicht per se aus der Wertung des AGB-Gesetzes als unangemessene Vertragsgestaltung anzusehen sind. Allerdings wird der von Becker und Reuter geäußerten Ansicht, daß Preisklauseln außerhalb des § 11 Nr. 1 AGB-G ohne weiteres zulässig seien, nicht zu folgen sein. Diese Auffassung ist zu wenig differenziert und berücksichtigt — das trifft insbesondere Reuter — den Normzusammenhang der §§ 11, 10 AGB-G einerseits und des § 9 AGB-G andererseits nicht, demgemäß der § 9 AGB-G schon nach der Konzeption des Gesetzes[392] als allgemeine Auffangvorschrift vorgesehen ist[393]. Dieses Regelungsverhältnis gilt gerade auch zwischen § 11 Nr. 1 AGB-G und § 9 AGB-G[394].

Gleichwohl läßt sich jedoch aus dem engen Anwendungsbereich des § 11 Nr. 1 AGB-G entnehmen, daß die Wertung des AGB-Gesetzes von einem grundsätzlich schützenswertem Interesse des Geldgläubigers an der Veränderlichkeit des Preises mittels der Verwendung einer Preisklausel bei längerfristigen Verträgen ausgeht[395]. Dabei kann dahingestellt bleiben, welche inhaltlichen Anforderungen an die Konkretisierung der Klausel gestellt werden. Der hier zu untersuchende Punkt — das Interesse des Klauselverwenders an der Klausel — steht auf der Vorstufe dieser Frage, denn das Ausmaß der Konkretisierung der Preisklausel wird erst aus der Abwägung der Interessen des Vertragspartners bzw. des Klauselverwenders zu beantworten sein.

Für die Anerkennung eines schutzwürdigen Interesses an der Verwendung einer Preisklausel spricht zudem die von Baur[396] geforderte Durchdringung des in § 9 AGB-G enthaltenen Kontrollmaßstabes mit dem kartellrechtlichen Schutzgut der Aufrechterhaltung von Wettbewerbsprozessen. Auf gleicher Linie liegend kommt auch Kleier[397] zu dem Ergebnis, daß zwischen der geschäftsbe-

---

[390] Löwe, BB 1982, 152.

[391] Löwe, BB 1982, 648.

[392] Begr. Reg.-Entwurf, BT-Drucks. 7/3919, S. 28.

[393] *Wolf*/Horn/Lindacher, § 9, Rn. 6; Ulmer/*Brandner*/Hensen, § 9, Rn. 15.

[394] BGHZ 93, 252, 255/256.

[395] Horn, NJW 1985, 1121.

[396] Baur, Anpassungsr., S. 97; ähnlich Hermann, Recht d. E. 1982, 56.

[397] Kleier, S. 177.

dingungsrechtlichen Inhaltskontrolle und der kartellrechtlichen Überwachung von Konditionenempfehlungen „vollständige Übereinstimmung" bestehe. Ebenso geht Schirmers[398] davon aus, daß sich die übereinstimmende Regelungskonzeption zwischen §§ 9-11 AGB-G und § 38 Abs. 3 GWB in den für die Inhaltskontrolle Allgemeiner Geschäftsbedingungen geltenden Maßstäben wiederfinde.

Baur[399] argumentiert ausgehend von einem vergleichbaren Schutzzweck[400] zwischen kartellrechtlicher Mißbrauchsaufsicht und geschäftsbedingungsrechtlicher Inhaltskontrolle — in beiden Fällen gehe es um die Verhinderung einseitiger Inanspruchnahme der vertraglichen Gestaltungsfreiheit —, daß dem Adressaten des GWB nicht einerseits gemäß § 9 AGB-G die Unangemessenheit einer Preisklausel entgegengehalten werden könne, während andererseits die mangelnde Bereitschaft zur Einführung einer Preisklausel in Allgemeine Geschäftsbedingungen berechtigte Maßnahmen der Kartellbehörden wegen mißbräuchlichen Verhaltens hervorriefen. Insoweit stellt das Bundeskartellamt fest[401], daß die Verwendung von Preisgleitklauseln dem legitimen Bedürfnis der Vertragsparteien entspreche, um die mit dem Abschluß eines langfristigen Vertrages verbundenen Risiken verteilen und reduzieren zu können.

Die Argumentation Baurs ist in der Literatur nicht weiterentwickelt worden. Dies mag darin begründet liegen, daß der die Erwägung tragende Beschluß des Bundeskartellamtes[402] vom Kammergericht[403] aufgehoben wurde. Die Rechtsbeschwerde vor dem BGH[404] hatte keinen Erfolg. Der Argumentation Baurs ist dadurch jedoch nicht die Grundlage entzogen. Ausschlaggebend ist, daß der BGH den Kernpunkt der Erwägung — langfristige Verträge seien mit Preisklauseln zu versehen — nicht in Abrede stellt[405]. Der Rechtsbeschwerde war vielmehr deshalb der Erfolg versagt, weil nicht nur eine Anpassung des Wärmepreises, sondern auch eine Veränderlichkeit des individuellen Anschlußwertes eines Fernwärmelieferungsvertrages zur Disposition stand. Allein in bezug auf letzteren Punkt wurde eine Anpassungsmöglichkeit als nicht interessengerecht erachtet[406], da angesichts hoher Investitionen die Belange des Lieferanten an der Erhaltung der langfristigen Kalkulationsgrundlage schützenswert seien[407].

---

398 Schirmers, S. 54.

399 Baur, Anpassungsr., S. 96.

400 Schirmers, S. 51, betont die parallele Konzeption beider Gesetze.

401 WUW/E BKartA 1983, 1987.

402 WUW/E BKartA 1983ff.

403 KG WUW/E OLG 3091ff.

404 WUW/E BGH 2103ff.

405 WUW/E BGH 2103, 2106.

406 Kritisch: Knöpfle, WUW/E BGH 2111.

407 WUW/E BGH 2103, 2108.

Vor dem Hintergrund, daß der BGH die Notwendigkeit einer durch eine Preisklausel eröffneten flexiblen Gestaltung des Wärmepreises ausdrücklich bejaht hat[408], läßt sich damit die Argumentation Baurs aufrechterhalten. Sie gewinnt an Aktualität, indem das Bundeskartellamt[409] auch in jüngster Zeit die den Preiswettbewerb hindernde Wirkung von Festpreisabreden betont. Hervorgehoben wird, daß Preisvorbehaltsklauseln eine dem Grundsatz der Vertragstreue entsprechende Preisregelung darstellten. Eine Festpreisabrede beschränke die Freiheit der Preiskalkulation und schließe Preisänderungsmöglichkeiten aus, welche in Gestalt der Preisänderungsklauseln für die Praxis bedeutsam seien[410].

Damit zeigt sich, daß sowohl aus kartellrechtlicher Sicht wie auch aus der Perspektive, welche kartellrechtliche Wertungen in die Inhaltskontrolle des § 9 AGB-G einfließen lassen will, ein berechtigtes Interesse eines Klauselverwenders an der Vereinbarung einer Preisklausel anerkannt wird. Bereits vorher wurde begründet, daß die unmittelbar im AGB-Gesetz herrschenden Wertungen ebenfalls von der grundsätzlichen Zulässigkeit der Veränderbarkeit eines Entgeltes mittels einer Preisklausel ausgehen.

Das Interesse des Klauselverwenders erstreckt sich dabei nicht auf eine weitgehende Konkretisierung der Klausel. Dieses Ergebnis verwundert jedoch nicht, da die Klausel die Veränderung des Preises in einem um so kleineren Rahmen zuläßt, je genauer die Änderungsfaktoren definiert sind. Es wird sich deshalb in der folgenden Abwägung der Interessen zeigen, welcher Grad der Konkretisierung einem angemessenen Ausgleich im Rahmen des § 9 Abs. 1 AGB-G entspricht.

cc) Abwägung der Interessen — teleologische Auslegung des § 9 Abs. 1 AGB-G

Die vorzunehmende Abwägung der Interessen hat von folgendem Befund auszugehen:

— der Vertragspartner hat ein Interesse an der möglichst weitgehenden Konkretisierung einer Preisklausel, damit die Transparenz der Preisbildung, welche wiederum für den Vertragsschluß entscheidend ist, gewährleistet ist. Zudem spricht die aus einer Definition der Preisänderungsfaktoren sich ergebende Begrenzungsfunktion für eine Konkretisierung. An einer Ausformung der Preisklausel als Ermächtigungsklausel besteht hingegen kein Interesse;

— der Klauselverwender hat grundsätzlich ein schützenswertes Interesse an der Vereinbarung einer Preisklausel, um den Preis einer Änderung der Verhält-

408 WUW/E BGH 2103/2106.

409 Stellungnahme der 2. Beschlußabteilung, Datum vom 2. 2. 1987, WUW 1987, 300.

410 BKartA, WUW 1987, 301.

nisse anpassen zu können. Angesichts einer mit der Preisklausel bezweckten möglichst großen Flexibilität in der Anwendung ist dem Klauselverwender an einer Konkretisierung kaum gelegen.

Fraglich ist, wie dieser Interessenkonflikt aus der Wertung des § 9 Abs. 1 AGB-G zu lösen ist. Es ließe sich nach den in § 9 Abs. 1 AGB-G enthaltenen Tatbestandsmerkmalen prüfen, bei welchem Grad an vorhandener bzw. fehlender Konkretisierung einer Preisklausel der „Vertragspartner des Verwenders entgegen den Geboten von Treu und Glauben unangemessen benachteiligt"[411] wird. Eine solche Prüfung litte in ihrer Abstraktheit jedoch an der dann erforderlichen Subsumtion unter die in der Norm aufgeführten generalklauselartigen Begriffe und führte damit zu der Aufgabe, aus normativen unbestimmten Rechtsbegriffen Maßstäbe für die Bestimmtheit einer Klausel abzuleiten. Zudem vermag der Vermutungstatbestand des § 9 Abs. 2 Nr. 1 und 2 AGB-G — wie bereits geprüft — in der Frage der erforderlichen Konkretisierung einer Preisklausel keine Antwort zu geben.

Auszugehen ist deshalb von einer teleologischen Auslegung des § 9 Abs. 1 AGB-G, d. h. der gesetzgeberische Zweck der in § 9 Abs. 1 AGB-G normierten Inhaltskontrolle ist bei der vorzunehmenden Interessenabwägung zugrundezulegen.

Die ratio des § 9 Abs. 1 AGB-G — und damit die ratio der als Kernstück[412] des AGB-Gesetzes bezeichneten Inhaltskontrolle — wird darin gesehen[413], daß der für Allgemeine Geschäftsbedingungen typischen Gefahr der Verlagerung des Vertragsrisikos auf den Vertragspartner durch eine einseitige Inanspruchnahme der Vertragsgestaltungsfreiheit seitens des Verwenders mittels einer Inhaltskontrolle zu begegnen sei. Mit dieser Beschreibung des Schutzzwecks der Inhaltskontrolle befinden sich die genannten Stimmen in Übereinstimmung mit der vor Erlaß des AGB-Gesetzes ergangenen Rechtsprechung des BGH, demnach ständig betont wurde[414], daß derjenige, welcher Allgemeine Geschäftsbedingungen aufstelle, die Vertragsfreiheit für sich allein in Anspruch nehme. Bringe er nur seine eigenen Interessen zur Geltung, so mißbrauche er die Vertragsfreiheit. Insgesamt läßt sich der Schutzzweck der Inhaltskontrolle damit auf Raiser zurückführen[415], welcher schon 1935 feststellte, daß der — durch einseitige Aufstellung Allgemeiner Geschäftsbedingungen erfolgende —

[411] Vgl. den Wortlaut des § 9 Abs. 1 AGB-G.

[412] Staud.—Schlosser, Einl. zu §§ 8-11 AGB-G, Rn. 1; *Ulmer*/Brandner/Hensen, § 9, Rn. 61; *Löwe*/Graf v. Westphalen/Trinkner, § 9, Rn. 2; ähnlich: Werber, VersR 1986, 2.

[413] Soergel—Stein, Einl. AGB-G, Rn. 8; *Wolf*/Horn/Lindacher, § 9, Rn. 2; Ulmer/*Brandner*/Hensen, § 9, Rn. 56; *Ulmer*/Brandner/Hensen, Einl., Rn. 22; Schlosser/Coester-Waltjen/*Graba*, Vorbem. zu §§ 9-11, Rn. 2; *Löwe*/Graf v. Westphalen/Trinkner, § 9, Rn. 2; Palandt—Heinrichs, Einf. v. AGB-G, Anm. 1; Baur, Anpassungsr., S. 96; Roth, BB 1987, 977, 981; Bunte, NJW 1987, 923; Kunth/Wollburg, BB 1985, 236; Bilda, MDR 1979, 93; Stiens, Recht d. E. 1980, 253.

[414] BGH LM Nr. 15, § 652 BGB; BGH NJW 1976, 2345, 2346.

[415] Raiser, S. 282.

Mißbrauch der vom Recht eingeräumten Vertragsfreiheit ohne weiteres rechtswidrig sei.

Hervorzuheben ist somit, daß die Inhaltskontrolle als Pendant zur einseitigen Inanspruchnahme der Vertragsfreiheit durch den Klauselverwender verstanden wird. Gerade dieses für die Verwendung Allgemeiner Geschäftsbedingungen typische Merkmal der einseitigen Aufstellung[416] des Formularwerkes führt nicht selten im Bereich des dispositiven Rechts zu einer Optimierung der Rechtsposition des Verwenders[417] und damit zu einer einseitigen Ausnutzung der Vertragsgestaltungsfreiheit. Es verwundert deshalb nicht, wenn die oben genannten Stimmen in der Richtung fast einmütig als den die Inhaltskontrolle letitimierenden Grund ansehen, daß „die einseitige Ausnutzung der vom AGB-Verwender in Anspruch genommenen Vertragsgestaltung“[418] zu verhindern sei. Andere formulieren, daß „der einseitig in Anspruch genommenen Gestaltungsfreiheit des Verwenders Schranken gesetzt“[419] werden müßten, daß § 9 AGB-G „die Folgerung aus der bei AGB typischerweise gegebenen einseitigen Inanspruchnahme der Gestaltungsfreiheit“[420] ziehe, daß „bei der einseitigen Inanspruchnahme der inhaltlichen Vertragsgestaltung durch den Verwender ... die unangemessene Benachteiligung ... des Vertragspartners“[421] zur Unwirksamkeit führe, daß „der Verwender für die vorformulierten Klauseln allein die Freiheit inhaltlicher Gestaltung in Anspruch“[422] nehme, daß derjenige, welcher „seinen Geschäftsverkehr durch Verwendung von AGB rationalisieren will, indem er einseitig den Vertragsinhalt gestaltet, ...in seiner rechtlichen Gestaltungsbefugnis begrenzt“[423] sei.

Als Fazit ist festzuhalten, daß nach der inzwischen ganz herrschenden Auffassung insbesondere zwei Punkte als Geltungsgrund der Inhaltskontrolle anzusehen sind:

— erstens die einseitige Inanspruchnahme der Vertragsfreiheit durch den Verwender;

— zweitens die damit verbundene, ohne Berücksichtigung der Belange des Vertragspartners erfolgende Optimierung seiner Rechtsposition.

Diese Merkmale bestimmen damit auch die als Korrektiv vorgesehene Inhaltskontrolle gemäß § 9 Abs. 1 AGB-G. Im Rahmen der teleologischen Auslegung der Norm wird deshalb die Inhaltskontrolle, und damit die in ihrem

---

[416] Zum rechtstatsächlichen und ökonomischen Hintergrund siehe Kötz, Gutachten, S. 29ff.

[417] Soergel—Stein, Einl. AGB-G, Rn. 3.

[418] *Ulmer*/Brandner/Hensen, Einl., Rn. 22.

[419] Ulmer/*Brandner*/Hensen, § 9, Rn. 56.

[420] *Wolf*/Horn/Lindacher, § 9, Rn. 2.

[421] *Löwe*/Graf von Westphalen/Trinkner, § 9, Rn. 2.

[422] Palandt—Heinrichs, Vorbem. v. § 8 AGB-G, Rn. 1.

[423] Bunte, NJW 1987, 924.

Rahmen vorzunehmende Interessenabwägung zur Konkretisierung einer Preisklausel, auf die obigen Kriterien auszurichten sein.

Ausschlaggebend ist somit, ob dem Verwender einer nicht konkretisierten Preisklausel eine einseitige Inanspruchnahme der Vertragsfreiheit unter unangemessener Zurücksetzung der Interessen des Vertragspartners vorgeworfen werden kann. Die Antwort auf diese Frage fällt differenziert aus. Zurückzugreifen ist auf die bereits oben gefundenen Ergebnisse, demnach dem Verwender ein schützenswertes Interesse an der Vereinbarung einer Preisklausel zukommt, um nicht bereits bei Vertragsabschluß Sicherheitszuschläge auf das kalkulierte Entgelt fordern zu müssen. Hier liegt eine Flexibilität[424] der Preisgestaltung mitsamt einem Abwarten bis zu dem Zeitpunkt, in welchem sich die tatsächlichen Verhältnisse wirklich geändert haben, um erst dann eine Preisanpassung vornehmen zu müssen, auch im Interesse des Vertragspartners.

Vor diesem oben ausführlich untersuchten Hintergrund kann eine einseitige Inanspruchnahme der Vertragsfreiheit durch den Verwender deshalb erst dann bejaht werden, wenn diesem die Möglichkeit der Konkretisierung einer Preisklausel überhaupt gegeben ist. Der Begriff der einseitigen Wahrnehmung der Gestaltungsfreiheit bringt es mit sich, daß nur dann, wenn dem Verwender in der Gestaltung der einzelnen Klausel mehrere Wege offenstehen, dieser sich aber unter Optimierung seiner Rechtsposition für die ihn günstigste — und den Vertragspartner unangemessen benachteiligende — Variante entscheidet, ein Mißbrauch der Vertragsfreiheit zu bejahen ist.

Stellt sich die Sachlage jedoch so dar, daß einerseits ein schutzwürdiges Interesse an der Einbeziehung einer Preisklausel — wie geprüft[425] — grundsätzlich besteht, andererseits der Verwender aus tatsächlichen Gründen zu einer Konkretisierung der Preisklausel nicht in der Lage ist, liegt eine einseitige Inanspruchnahme der Vertragsgestaltungsfreiheit nicht vor. Gerade ein solches Unvermögen zur Konkretisierung einer Preisklausel resultiert — wie schon dargelegt — aus ihrem Zweck[426], demnach bereits bei Vertragsschluß die spätere, nicht prognostizierbare und kaum eingrenzbare Veränderung des sich auf die Höhe des Entgeltes auswirkenden vertraglichen Umfeldes[427] erfaßt werden soll, um den Preis den zur Zeit des Leistungsaustausches herrschenden Verhältnissen anpassen zu können.

---

424 Rothoeft, NJW 1986, 2217, betont, daß stärker strukturierte Anpassungsklauseln gegenüber exogenen Faktoren anfälliger seien, so daß solche Klauseln selber anpassungsbedürftig werden könnten; ebenso Horn, AcP 181 (1981), 260; ders., Gutachten, S. 592.

425 Siehe oben S. 125ff.

426 Baur, Anpassungsr., S. 103; Horn, NJW 1985, 1122; Köndgen/König, ZIP 1984, 132; Kunth/Wollburg, BB 1985, 238.

427 Zur Parallele im Gesellschaftsrecht siehe Zöllner, S. 11: Anpassungsnotwendigkeit im Spannungsfeld zwischen statischer Unternehmensverfassung und dynamischer Geschäftsentwicklung.

Die sich hier aus dem telos des § 9 Abs. 1 AGB-G ergebende restriktive Anwendung der Inhaltskontrolle, wonach eine einseitige Inanspruchnahme der Vertragsfreiheit nur dann vorliegt, wenn vorhandene Möglichkeiten zur Klauselkonkretisierung nicht genutzt werden, darf allerdings nicht dazu führen, daß der Anpassungsmaßstab in der Preisklausel völlig unbestimmt bleibt.

Eine solche Annahme ließe das Interesse des Vertragspartners an der Begrenzungsfunktion der Preisänderungsparameter sowie an der Erhaltung der Preistransparenz außer acht. Sie vertrüge sich zudem nicht mit dem allgemeinen Bestimmtheitsgebot, demnach eine rechtswirksame Verpflichtung — hier zur Zahlung des Preises — voraussetzt, daß gerade angesichts der Privatautonomie[428] der Inhalt der eingegangenen Obligation zumindest bestimmbar bleibt, da ansonsten eine Auslieferung in die Willkür des Kontrahenten vorläge.

Die beiden letztgenannten Gesichtspunkte führen deshalb innerhalb der Interessenabwägung dazu, daß das Ausmaß der Konkretisierung sich am Rahmen des Möglichen zu orientieren hat[429]. Der Maßstab der durch die Preisklausel bezweckten Preisanpassung — sei es eine Marktpreis-, sei es eine Kostenorientierung — ist deshalb in dem durch das Umfeld des Vertrages vorgegebenen, jedoch möglichst weitgehenden Umfang in der Klauselfassung anzugeben. Ist allerdings das Ausmaß der auch unter dem Gesichtspunkt der Praktikabilität und Verständlichkeit stehenden realisierbaren Konkretisierung erreicht, liegt eine einseitige Inanspruchnahme der Vertragsfreiheit durch den Verwender auch dann nicht vor, wenn die gezeigten strengen Anforderungen der Rechtsprechung an die bestimmte Klauselfassung nicht erfüllt sind. Angesichts des grundsätzlich schutzwürdigen Interesses an der Preisklausel — in der Literatur[430] wird von einer Gewährleistung des Rechtsinstituts der Anpassungsklauseln ausgegangen — ist nämlich eine einseitige Inanspruchnahme der Vertragsgestaltungsfreiheit nur dann zu bejahen, wenn vorhandene Konkretisierungsspielräume vom Verwender bewußt nicht genutzt werden. Eine Inhaltskontrolle, welche eine über die Möglichkeiten des Klauselverwenders hinausgehende Konkretisierung forderte, ließe die ratio des § 9 Abs. 1 AGB-G außer acht und entbehrte damit ihres Geltungsgrundes — Inhaltskontrolle als Korrektiv zur formularmäßigen einseitigen Vertragsgestaltung durch den Verwender.

Dieses Ergebnis bestätigt — ohne daß dort aus der ratio der Norm des § 9 Abs. 1 AGB-G argumentiert wird — die oben aufgeführten liberalen Ansichten.

Es entspricht dem vereinzelt in der jüngeren Rechtsprechung[431] zum kaufmännischen Bereich geäußerten Standpunkt, das Gebot zur Konkretisierung der preisbildenden Faktoren könne „nur so weit reichen, wie der Klauselverwen-

---

[428] Köndgen/König, ZIP 1984, 133, sehen den Bestimmtheitsgrundsatz als Korrelat der Privatautonomie.

[429] Schwarz, NJW 1987, 627.

[430] Baur, Anpassungsr., S. 98.

[431] BGHZ 93, 252, 263.

der die zumutbare Möglichkeit hierzu hat". Ebenso wird es durch die Literaturstimmen bekräftigt, welche verlangen, daß „die Klausel jedenfalls die Richtung der Anpassung festlegt"[432], daß die maßgebenden Umstände „nach Möglichkeit"[433] im voraus angegeben werden, daß „die Kriterien für eine Preisanpassungsklausel möglichst genau bezeichnet werden"[434] sowie daß „die Schwierigkeit der Formulierung einer eingeschränkten, mit nachprüfbaren Voraussetzungen versehenen Klausel ... den Grundsatz"[435] der Klauseltransparenz relativieren könne.

Bestätigt wird das Ergebnis — Preisklauselkonkretisierung nur im Rahmen des Möglichen — aber auch durch den inneren Normzusammenhang des AGB-Gesetzes. Insoweit ist im Rahmen der gemäß § 9 Abs. 1 AGB-G vorzunehmenden Interessenabwägung ein Vergleich mit dem Regelungsgehalt des § 10 Nr. 3 und Nr. 4 AGB-G angezeigt, denn § 10 Nr. 3 AGB-G qualifiziert sich als Maßstab der zu fordernden Klauselbestimmtheit, weil er im Kernbereich der vertraglichen Bindung des Verwenders eine Pflicht zur Konkretisierung des Rücktrittsvorbehaltes vorsieht. Gleichermaßen erscheint § 10 Nr. 4 AGB-G als für einen Vergleich geeignet weil er — ebenso wie § 9 AGB-G in bezug auf eine Preisklausel — Formularbestimmungen zur Änderung des formalen Verhältnisses von Leistung und Gegenleistung betrifft.

Hervorzuheben ist, daß eine Pflicht zur Konkretisierung eines Rücktrittsvorbehaltes in § 10 Nr. 3 AGB-G ausdrücklich vorgesehen ist, indem normiert wird, daß der Vorbehalt des Verwenders unwirksam sei, sich ohne sachlich gerechtfertigten „und im Vertrag angegebenen Grund"[436] vom Vertrag lösen zu wollen. Im deutlichen Gegensatz dazu sieht § 10 Nr. 4 AGB-G eine Angabe des Grundes zur Leistungsabweichung nicht vor, obwohl mit dem Änderungsvorbehalt Verschiebungen der Äquivalenz von Leistung und Gegenleistung ermöglicht werden können.

Der Verzicht auf das ausdrückliche Konkretisierungsgebot im Wortlaut des § 10 Nr. 4 AGB-G spricht insoweit dafür, daß das Gebot der bestimmten Fassung einer Preisklausel im Rahmen des § 9 Abs. 1 AGB-G nicht strenger als in der Spezialregelung zu handhaben ist. Dafür spricht schon, daß der Wertungskatalog des § 10 AGB-G eine beispielhafte Aufzählung der Anwendungsfälle der Generalklausel des § 9 AGB-G enthält[437].

Die gleiche differenzierte Einstellung zur Klauselkonkretisierung findet sich in der Literatur. Allerdings vertritt Stein[438] die Ansicht, daß § 10 Nr. 4 AGB-G

---

432 Baur, Anpassungsr., S. 105; ders., JBl 1987, 143.

433 *Wolf*/Horn/Lindacher, § 11 Nr. 1, Rn. 24.

434 Kunth/Wollburg, BB 1985, 238.

435 Bunte, NJW 1985, 600.

436 Siehe den Wortlaut des § 10 Nr. 3 AGB-G.

437 Ulmer/*Brandner*/Hensen, § 9, Rn. 9; Ebel, BB 1980, 477.

438 Soergel—Stein, § 10 Nr. 4 AGB-G, Rn. 43.

die ausdrückliche Benennung der für die Beurteilung der Zumutbarkeit maßgeblichen Gesichtspunkte voraussetze. Stein[439] bezieht sich insofern ohne eigene Begründung auf ein Urteil des BGH[440]. In der Entscheidung finden sich jedoch keine Ausführungen zur gemäß § 10 Nr. 4 AGB-G erforderlichen Konkretisierung eines Änderungsvorbehaltes. Die Erwägung Steins überzeugt damit nicht.

Dagegen stellt Brandner[441] durchaus zurückhaltend fest, daß der Änderungsvorbehalt „möglichst genau konkretisiert" werden müsse. Wolf[442] weist ausdrücklich darauf hin, daß im Unterschied zu § 10 Nr. 3 AGB-G von § 10 Nr. 4 AGB-G eine Klauselkonkretisierung nicht gefordert werde. Wolf hält eine bestimmte Klauselfassung allerdings für angebracht, damit nicht ein Änderungsvorbehalt als im Belieben des Verwenders stehend angesehen werde. Schlosser[443] steht einer Konkretisierung reserviert gegenüber. So verwundert[444] es ihn schon bei § 10 Nr. 3 AGB-G, daß die Norm die Angabe des Lösungsgrundes im Wortlaut der Klausel verlange, da Allgemeine Geschäftsbedingungen nicht gelesen zu werden pflegten. Schlosser hält es für ausreichend, wenn der Rücktrittsvorbehalt „wenigstens einigermaßen kasuistisch"[445] in der Klausel angegeben werde. Im Rahmen des § 10 Nr. 4 AGB-G fordert er lediglich ein „gewisses Maß an Kalkulierbarkeit"[446]. Soweit der Verwender zu einer tatbestandlichen Erfassung der Zumutbarkeitsgesichtspunkte mangels Vorhersehbarkeit zukünftiger Entwicklung der Umstände nicht in der Lage sei, müsse eine funktional bezeichnete Konkretisierung genügen, nicht aber sei eine quantitative Aussage zum Änderungsvorbehalt nötig[447].

Graf v. Westphalen[448] bezieht zum Bestimmtheitsgrad eines Änderungsvorbehaltes nicht ausdrücklich Position. Er empfiehlt einzig eine starke Anlehnung des Vorbehalts an den Wortlaut des § 10 Nr. 4 AGB-G. Auf diese Weise brauche eine Konkretisierung erst bei der Anwendung im Einzelfall vorgenommen zu werden[449]. Kötz[450], Coester-Waltjen[451] und Heinrichs[452] nehmen in ihren Kommentierungen zur Konkretisierung eines Änderungsvorbehaltes keine

[439] Soergel—Stein, a.a.O., Fußnote 61.

[440] BGHZ 86, 284, 296.

[441] Ulmer/*Brandner*/Hensen, § 10 Nr. 4, Rn. 9.

[442] *Wolf*/Horn/Lindacher, § 10 Nr. 4, Rn. 20.

[443] Staud.—Schlosser, § 10 Nr. 3 AGB-G, Rn. 1.

[444] Staud.—Schlosser, a.a.O.

[445] Staud.—Schlosser, § 10 Nr. 3 AGB-G, Rn. 22.

[446] Staud.—Schlosser, § 10 Nr. 4 AGB-G, Rn. 6.

[447] Staud.—Schlosser, a.a.O.

[448] Löwe/*Graf v. Westphalen*/Trinkner, § 10 Nr. 4, Rn. 22.

[449] Löwe/*Graf v. Westphalen*/Trinkner, § 10 Nr. 4, Rn. 22.

[450] MK—Kötz, § 10 Nr. 4 AGB-G, Rn. 21ff.

[451] Schlosser/*Coester-Waltjen*/Graba, § 10 Nr. 4, Rn. 1.

[452] Palandt—Heinrichs, § 10 Nr. 4 AGB-G, Anm. 4.

Stellung, womit sie dokumentieren, daß sie eine solche nicht für erforderlich halten.

Damit bleibt festzustellen, daß in der Literatur die Konkretisierung eines Änderungsvorbehaltes — wenn überhaupt — nur so weit gefordert wird, wie eine bestimmte Fassung durch eine Definition der Änderungsgründe unter Berücksichtigung des tatsächlichen Umfeldes überhaupt möglich ist. Dagegen kommt eine Übernahme des für § 10 Nr. 3 AGB-G geltenden, strengeren[453] und durch die Norm ausdrücklich vorgegebenen Gebotes der bestimmten Klauselfassung auf die für Preisklauseln geltenden Anforderungen nicht in Betracht, da § 10 Nr. 3 AGB-G insoweit eine Auflösung des gesamten Vertragsgefüges verhindern will. Demgegenüber kommt der Regelung des § 10 Nr. 4 AGB-G ein größerer Vergleichswert zu, da sowohl der Änderungsvorbehalt wie auch eine Preisklausel sich auf das Verhältnis von Leistung und Gegenleistung auswirken. Wenn aber im Bereich des § 10 Nr. 4 AGB-G die Anforderungen an das Gebot der bestimmten Klauselfassung sich am Maßstab des Möglichen orientieren, kann im Rahmen der gemäß § 9 Abs. 1 AGB-G erfolgenden Inhaltskontrolle einer Preisklausel nichts anderes gelten.

Bestätigt wird das aus der ratio des § 9 Abs. 1 AGB-G abgeleitete Ergebnis — Preisklauselkonkretisierung nur im Rahmen des Möglichen — aber auch bei einer Berücksichtigung des § 3 Satz 2 WährG[454]. Eine solche Argumentation könnte allerdings auf Bedenken stoßen, weil das AGB-Gesetz und das Währungs-Gesetz nicht den gleichen Schutzzweck zum Inhalt haben. Soweit nämlich nach dem AGB-Gesetz dem Vertragspartner über die Inhaltskontrolle ein Schutz zukommt, liegt ein auf den einzelnen Schuldner ausgerichtetes Schutzgut — wie Bräutigam[455] untersucht hat — dem § 3 Satz 2 WährG nicht zugrunde. Gleichwohl lassen sich die für die Anwendung des § 3 Satz 2 WährG geltenden Grundsätze unter dem Gebot der Einheit der Rechtsordnung[456] zumindest bestätigend auch für die Frage des von § 9 Abs. 1 AGB-G geforderten Umfanges der Preisklauselkonkretisierung nutzbar machen.

Anerkannt ist, daß gemäß § 3 Satz 2 WährG solche Klauseln nicht unter das dort vorgesehene Verbot fallen, welche als Leistungsbestimmungsvorbehalte[457] in ihrem Tatbestand eine Bezugsgröße aufweisen, deren Veränderung allein die Voraussetzung[458] für eine im Klauselwortlaut nicht im einzelnen definierte Anpassung der Geldschuld ist. Die Anpassung erfolgt dabei nicht wie bei einer Gleitklausel automatisch, sondern aufgrund einer eigenständigen Willensentscheidung in Ausnutzung eines Ermessensspielraumes[459]. Typisch ist damit für

[453] BGHZ 86, 284, 296; OLG Koblenz WM 1983, 1272, 1274.

[454] Eingehend: v. Maydell, S. 385ff.

[455] Bräutigam, S. 82ff.; ebenso: v. Maydell, S. 393ff.

[456] Canaris, NJW 1987, 614, sieht die Einheit der Rechtsordnung in ausstrahlender Wirkung auf § 9 AGB-G.

[457] Zum Begriff: Staud.—K. Schmidt, Vorbem. D247 zu § 244.

[458] Dürkes, Rn. D149.

den Leistungsbestimmungsvorbehalt, daß in der Rechtsfolge ein gewisses Maß an Unbestimmtheit geradezu gewollt ist, denn bei einer starken Anbindung an die Bezugsgröße wäre das Tatbestandsmerkmal des § 3 Satz 2 WährG — „Bestimmung der Geldschuld durch den Preis anderer Güter oder Leistungen"[460] — erfüllt.

Bei einer solchen Definition der Rechtsfolge wäre dann das in § 3 Satz 2 WährG enthaltene Verbot mit Erlaubnisvorbehalt[461] einschlägig. Insoweit handelt es sich um ein repressives[462] Verbot, für welches typisch ist, daß grundsätzlich gemeinschaftswidriges und sozialschädliches Verhalten[463] verhindert werden soll. Lediglich im Einzelfall kann eine im Ermessen der Behörde — hier der Bundesbank — stehende Ausnahme zugelassen werden[464].

Damit aber ist ein Rückschluß auf den Umfang der von § 9 Abs. 1 AGB-G geforderten Preisklauselkonkretisierung möglich. Ausschlaggebend ist, daß im Lichte des § 3 Satz 2 WährG eine bestimmte Fassung einer Preisklausel, aus welcher sich unmittelbar die Höhe der Geldschuld bestimmen läßt, nicht gewollt ist[465]. In den geschäftsbedingungsrechtlichen Kategorien gedacht, läge aber gerade dann eine Ermächtigungsklausel vor, aus welcher sich der Preis überprüfbar berechnen ließe. Eine solche Klauselfassung gilt jedoch währungsrechtlich — abgeleitet aus dem repressiven Verbot mit Erlaubnisvorbehalt — als sozialschädlich. Vor diesem Hintergrund kann jedoch nicht sachgerecht sein, wenn einem Klauselverwender einerseits gemäß § 9 Abs. 1 AGB-G eine Pflicht zur sehr weitgehenden Preisklauselkonkretisierung auferlegt würde, welche andererseits gemäß § 3 Satz 2 WährG als sozialschädlich gelte. Damit würden dem Klauselverwender von verschiedenen Rechtsnormen Verhaltensweisen geboten, welche mit einer sich aus der Einheit der Rechtsordnung ergebenden Gleichartigkeit der Wertmaßstäbe nicht zu vereinbaren wären.

dd) Zwischenergebnis

Die im Rahmen der Inhaltskontrolle vorzunehmende Interessenabwägung ergibt damit, daß die Konkretisierung einer Preisklausel sich am Rahmen des Möglichen auszurichten hat. Soweit dem Verwender wegen der mangelnden Planbarkeit der zukünftigen Entwicklung der Verhältnisse eine weitergehende

---

[459] Staud.—K. Schmidt, Vorbem. D 249 zu § 244; Dürkes, Rn. D 149; Willms / Wahlig, BB 1978, 974; Bräutigam, S. 198 ff.; Robertz, S. 143; Frielingsdorf, DB 1982, 789; Horn, Geldwertveränderungen, S. 14; v. Maydell, S. 376; Graf v. Westphalen, Exportf., S. 102.

[460] Siehe den Wortlaut des § 3 Satz 2 WährG.

[461] Staud.—K. Schmidt, Vorbem. D 305 zu § 244; ders., JuS 1984, 745; ders., ZIP 1983, 642; Schmalz, S. 193.

[462] BVerwGE 41, 1, 6; ausführlich Bräutigam, S. 29; Dürkes, Rn. B 21; Willms / Wahlig, BB 1978, 973; a. A.: Bettermann, ZRP 1974, 14.

[463] BVerwGE 41, 1, 6/7; Bräutigam, S. 29.

[464] BVerwGE 41, 1, 7.

[465] Kronke, AcP 183 (1983), 119; Bulla, NJW 1978, 398; Salzmann, S. 175.

Konkretisierung nicht möglich ist, ist eine in der Klausel erfolgende Angabe von Anhaltspunkten ausreichend, an welchen sich die Preisanpassung auszurichten hat.

Dies ist das Ergebnis einer teleologischen Auslegung des § 9 Abs. 1 AGB-G, demnach eine Inhaltskontrolle die einseitige Inanspruchnahme der vertraglichen Gestaltungsfreiheit voraussetzt. Eine solche Ausnutzung der Vertragsfreiheit liegt nur dann vor, wenn der Verwender bewußt die Möglichkeit der Klauselkonkretisierung nicht wahrnimmt. Ist hingegen eine Prognose der für die Preisentwicklung entscheidenden Umstände bei Vertragsschluß nicht zu erstellen, genügt angesichts der schutzwürdigen Belange einer flexiblen Preisgestaltung eine Preisklausel auch dann dem angemessenen Interessenausgleich, wenn sie lediglich qualitative Parameter der Preisbildung aufweist. Den oben genannten strengen Ansichten zur Klauselkonkretisierung ist damit nicht zu folgen.

3. Folgerungen

a) Unterscheidung kaufmännischer / nichtkaufmännischer Bereich

Es zeigt sich damit, daß eine Differenzierung der Anforderungen an die Konkretisierung einer Preisklausel je nach Verwendung im kaufmännischen oder nichtkaufmännischen Bereich nicht sachgerecht ist. Eine solche bisher vorgenommene Zweiteilung[466] mag zwar der Rechtssicherheit dienen und sich formal auf § 24 Satz 2 2. Halbsatz AGB-G stützen können, wonach auf die im Handelsverkehr geltenden Gewohnheiten im Rahmen der Inhaltskontrolle Rücksicht zu nehmen ist. Eine solche Zweiteilung kann jedoch nicht zum Prinzip erhoben werden, sie ginge im übrigen als Grobdifferenzierung auch an den ganz unterschiedlichen Schutzbedürfnissen der zu den beiden Gruppen gehörenden Rechtssubjekten vorbei[467].

Dementsprechend haben die bisherigen Ergebnisse gezeigt, daß das Bedürfnis zur Verwendung einer Preisklausel gleichermaßen gegenüber nichtkaufmännischen wie kaufmännischen Vertragspartnern besteht. In beiden Fällen ist seitens des Vertragspartners ein Interesse an der Konkretisierung der Klausel zu bejahen. Ebenso verlaufen die Schwierigkeiten des Verwenders zur Formulierung einer bestimmten Klauselfassung in beiden Bereichen parallel.

Auszugehen ist von der Synthese, daß eine einseitige Inanspruchnahme der Vertragsfreiheit nur dann vorliegt und dementsprechend eine Inhaltskontrolle nur dann geboten ist, wenn der Verwender die bestehende Möglichkeit zur Konkretisierung einer Preisklausel nicht wahrnimmt. Schöpft er die Freiräume zur Konkretisierung aus, ist eine Ausnutzung der Vertragsgestaltungsfreiheit zu verneinen. Vor diesem Hintergrund ist bei einer Verwendung der Klausel

---

[466] Vgl. nur BGHZ 93, 252 einerseits und BGH ZIP 1986, 919 andererseits.

[467] Ulmer / *Brandner* / Hensen, § 24, Rn. 8.

gegenüber kaufmännischen bzw. nichtkaufmännischen Vertragspartnern — von einer graduellen Abstufung[468] abgesehen — der gleiche Maßstab an das Erfordernis der bestimmten Klauselfassung anzulegen.

So vermag dann auch das Ergebnis der Leitentscheidung[469] zur Verwendung einer Listenpreisklausel im kaufmännischen Bereich in diesem Punkt nicht zu überzeugen. Im genannten Fall kam die Listenpreisklausel in keiner Weise dem Gebot einer bestimmten Klauselfassung nach[470], so daß die Festsetzung der Listenpreise in das Belieben des Klauselverwenders gestellt war. Die Wirksamkeit der Klausel wurde trotzdem bejaht.

Bei einer Anwendung der obigen Synthese hätte sich stattdessen ergeben, daß vorhandene Freiräume zur Klauselkonkretisierung nicht vom Verwender genutzt worden sind. Diesem wäre eine formularmäßige Anbindung der Listenpreise an den Marktpreis möglich gewesen, so daß eine Konkretisierung hinsichtlich der qualitativen Parameter der Preisbildung in dem Sinne vorgelegen hätte, daß zumindest die Richtung der zukünftigen Preisbildung angegeben wäre. Auf der Basis einer solchermaßen angegebenen Ausrichtung hätte dann die den Streit eigentlich auslösende Frage, ob die gebundenen Händler für die Belieferung einen um 50% höheren Preis als die ungebundenen Händler zu zahlen haben[471], geklärt werden können, indem vor dem Hintergrund der marktpreisorientierten Klausel der relevante Markt ermittelt worden wäre. Es hätte sich dann die Frage gestellt, ob wegen der langfristigen Bindung[472] sowie der Vorleistungen des Klauselverwenders und der durch ihn gewährten Versorgungssicherheit die Belieferung der gebundenen Händler einen eigenen Markt darstellt — mit der Folge gespaltener Preise.

Insoweit ergibt sich damit, daß die in der Rechtsprechung vorgenommene Unterscheidung in der Klauselkonkretisierung zwischen kaufmännischem und nichtkaufmännischem Vertragspartner in dem Verzicht auf die bestimmte Klauselfassung zu weitgehende Zugeständnisse macht.

In anderer Hinsicht sind die in der genannten Entscheidung erwogenen Kriterien jedoch zu eng gefaßt. Angesichts des starken Bedürfnisses zur Verwendung von Preisklauseln über den im Sinne der §§ 1 ff. HGB kaufmännischen Bereich hinaus überzeugt nicht, wenn eine liberale Einstellung zur bestimmten Klauselfassung u. a. davon abhängig gemacht wird, ob der Klauselverwender

---

[468] Schlosser, ZIP 1985, 461, nimmt an, daß der Spielraum für Anpassungsklauselgestaltungen im kaufmännischen Bereich nur geringfügig breiter sei.

[469] BGHZ 93, 252.

[470] So auch Kunth/Wollburg, BB 1985, 238; Baur, JBl 1987, 143.

[471] Vgl. BGHZ 93, 252, 253; Bunte, EWiR, § 24 AGB-G, 3/85, 130.

[472] Ebel, DB 1978, 679, bejaht einen Einfluß der langfristigen Bindung auf die Höhe des Preises.

— Vorleistungen erbracht habe[473],
— gleichgelagerte Absatzinteressen mit dem Vertragspartner teile[474],
— zu einer Weitergabe der Preisänderungen in der Lage sei[475],
— bei einer Konkretisierung der Preisklausel wegen der Schwankungen des Rohstoffmarktes überfordert sei[476].

Es ist nämlich nicht ersichtlich, warum überhaupt und in welchem Maße sich vom Klauselverwender erbrachte Vorleistungen auf die Anforderungen der bestimmten Klauselfassung auswirken sollen. Sollten demnach gewährte Vorleistungen den Bestimmtheitsmaßstab herabstufen, obwohl dem Verwender eine Konkretisierung möglich ist, ist dieser Argumentation nicht zu folgen, da entsprechende Vorleistungen die von § 9 Abs. 1 AGB-G zu verhindernde einseitige Inanspruchnahme der Vertragsfreiheit nicht zu beseitigen vermögen.

Gleichfalls ist das Kriterium der gemeinschaftlichen Verfolgung der Absatzinteressen nicht verallgemeinerungsfähig. Eine solche Konstellation mag zwar im Einzelfall verhindern, daß mittels einer unbestimmten Preisklausel ein erhöhtes Entgelt verlangt wird. Im allgemeinen ist die Anforderung jedoch zu eng gefaßt. Es muß den Vertragsparteien unbenommen bleiben, mit dem Abschluß und der Durchführung eines Vertrages jeweils eigene Zwecke zu verfolgen. Gerade die gegenläufigen Interessen der Vertragspartner führen bei einer marktpreisorientierten Preisklausel zu einem durch den Wettbewerb — welcher von der Verfolgung eigener, nicht aber fremder Belange ausgeht — bestimmten Entgelt[477].

Das Kriterium der Weitergabe der vom Klauselverwender verlangten Preiserhöhungen an den Abnehmer des Vertragspartners vermag nach der Konsequenz der BGH-Rechtsprechung nur dort zu überzeugen, wo der Vertragspartner den Vertrag mit seinen Abnehmern erst dann schließt, wenn ihm die Preiserhöhung seines Lieferanten bekannt ist. Ansonsten könnte er mangels zulässiger Preisklausel gegenüber dem Abnehmer Entgelterhöhungen nicht weitergeben, oder er müßte zumindest eine Lösung vom Vertrag befürchten.

Zudem scheitert eine Weitergabe der Entgelterhöhungen dann, wenn der Vertragspartner auf dem Markt mit einer Leistung auftritt, bei welcher — wie hier — der vom Klauselverwender gelieferte Gegenstand nur eine Materialbeigabe darstellt. Es ist gerade zweifelhaft, ob für den Vertragspartner eine Erhöhung des Preises auf dem Markt durchsetzbar ist, weil sich der erforderliche Materialeinsatz verteuert hat. Denkbar ist genauso, daß bei angespannter Konkurrenzlage sich lediglich die Verdienstspanne des Vertragspartners ver-

---

[473] BGHZ 93, 252, 259/260.
[474] BGHZ 93, 252, 259.
[475] BGHZ 93, 252, 260.
[476] BGHZ 93, 252, 262.
[477] Horn, NJW 1985, 1122.

mindert. Dann aber ist das Argument der Weitergabe der Preiserhöhungen obsolet geworden.

Schließlich ist auch die Anbindung einer liberaleren Haltung zum Gebot der Preisklauselkonkretisierung an die Schwierigkeiten der Formulierung einer bestimmten Fassung wegen der Schwankungen auf dem Rohstoffmarkt nicht allgemein tragfähig. Denn wie sich gezeigt hat, ist auch in anderen Branchen den ansonsten strengen Anforderungen der Rechtsprechung an die bestimmte Klauselfassung nicht nachzukommen. Verglichen mit einer vom 8. BGH-Senat geforderten kostenorientierten und durch die Klauselfassung zu definierenden Preisanpassung im Kraftfahrzeugbereich stellt der Schmiermittel-Rohstoffmarkt keine größeren Anforderungen an die Abfassung einer Preisklausel. Eine Ausnahme der bestimmten Klauselfassung in letzterer Branche ist somit mit dieser Begründung nicht zu rechtfertigen.

Festzuhalten ist damit, daß bei Zugrundelegung der oben entwickelten Synthese — Preisklauselkonkretisierung im Rahmen des Möglichen; nur wenn dieser Rahmen nicht ausgeschöpft wird, liegt eine einseitige Inanspruchnahme der Vertragsfreiheit vor — die Rechtsprechung im kaufmännischen Bereich teils zu weite, teils zu enge Kriterien zugrunde legt. Stattdessen wird eine Annäherung der im kaufmännischen und nichtkaufmännischen Bereich geltenden Konkretisierungsanforderungen zu erfolgen haben; eine Tendenz, die auch dem Urteil des 10. BGH-Senates[478] zu entnehmen ist. Die bisherige Handhabung, daß im nichtkaufmännischen Bereich einerseits sehr strenge, im kaufmännischen Verkehr andererseits so gut wie keine Anforderungen an das Gebot der bestimmten Preisklauselfassung gestellt werden, ist aufzugeben.

b) Fallgruppenbildung

Die hier geforderte Preisklauselkonkretisierung im Rahmen des Möglichen führt dazu, daß ein fester, allgemein gültiger Maßstab nicht zu entwickeln ist. Die im Einzelfall mögliche Konkretisierung wird jeweils aus den Besonderheiten des Vertrages zu ermitteln sein[479]. Dabei sind im Sinne einer Fallgruppenbildung die folgenden Merkmale zu unterscheiden.

aa) Marktpreisorientierung

Als zulässige Bestimmung und Eingrenzung einer Preisklausel ist die Anbindung an den Marktpreis anzusehen. Das ergibt sich aus dem bisher gewonnenen Ergebnis, demgemäß eine kostenorientierte Fortschreibung eines ursprünglich nach marktwirtschaftlichen Gesichtspunkten gebildeten Preises abzulehnen ist. Aufwendige, jedoch kaum verständliche und erst recht nicht nachprüfbare

---

[478] BGH WM 1986, 73.

[479] Wolf, ZIP 1987, 352.

Formulierungen der Preisklauseln werden damit überflüssig, da in der Klausel auf den jeweiligen Marktpreis Bezug genommen werden kann.

Das Gebot der möglichsten Klauselkonkretisierung erstreckt sich allerdings auch auf die zu beschreibende Methode der Feststellung des Marktpreises. In den Branchen, in denen der jeweilige Marktpreis bestimmter Güter aus fortlaufenden Notierungen zu ermitteln ist[480], ist eine solche objektivierbare Angabe in die Klauselfassung mit aufzunehmen.

Die von der BGH-Rechtsprechung mit der Anbindung an die Kostenentwicklung bezweckte Schutzrichtung — Verhinderung willkürlicher Preisfestsetzung durch den Klauselverwender — wird bei einer marktpreisorientierten Preisklausel durch die als Korrektiv[481] wirkenden Mechanismen des Marktes übernommen. Damit wird dem Wettbewerb nicht nur für die Entgeltfestsetzung bei Vertragsschluß, sondern auch für die spätere Preisanpassung eine Aufgabe als primäres Kontrollinstrument[482] zugeschrieben. Das wiederum setzt voraus, daß ein wirksamer Wettbewerb auf dem die vertragliche Hauptleistung betreffenden Markt vorhanden ist. Soweit ein solcher nicht vorliegt, käme einer Anbindung einer Preisklausel an den Marktpreis der Sache nach mangels Marktpreis keine konkretisierende Wirkung zu, so daß eine einseitige Inanspruchnahme der Vertragsfreiheit zu bejahen wäre. In diesem Fall hielte eine Marktpreisklausel der Inhaltskontrolle nicht stand.

bb) Kostenorientierung

Soweit ein Markt für die vertragliche Hauptleistung fehlt oder aus sonstigen Gründen eine Kostenorientierung der Preisklausel gewollt ist, erfordert das Gebot der Preisklauselkonkretisierung im Rahmen des Möglichen eine spezifizierte Angabe der einzelnen Kostenfaktoren. Eine nur grobe Angabe der Kostenanbindung würde die Preisklausel nur ungenügend konkretisieren, da das korrigierende Moment des Wettbewerbs bei dieser Klauselart gerade nicht vorhanden ist. Demnach ist eine im Belieben des Klauselverwenders stehende Preisbildung hier allein durch eine kostenrepräsentative Fassung der Preissteigerungsfaktoren zu verhindern. Nur in dem Maße, wie eine Definition prozentual weniger gewichtiger Kostenansätze nicht möglich ist, kann dabei auf Kostenfaktoren mit sogenannter Barometerfunktion[483] zurückgegriffen werden.

Eine Klauselfassung mit von Anfang an bezweckter Teilausschöpfung wird dem Gebot der Preisklauselkonkretisierung im Rahmen des Möglichen nicht gerecht[484]. Hier entstünden Preisfreiräume, welche bereits bei Vertragsschluß

---

[480] Niggemann, RIW 1987, 176.

[481] Horn, NJW 1985, 1122; Kötz, BB 1982, 644.

[482] Canaris, NJW 1987, 613.

[483] Siehe oben S. 24.

[484] So auch Wichmann, ZIP 1983, 406.

die Entgeltfestsetzung in das Belieben des Klauselverwenders stellten und damit das Gebot zur möglichst bestimmten Fassung der Klausel unterliefen. Danach stellt die Teilausschöpfung insoweit eine die Inhaltskontrolle gemäß § 9 AGB-G auslösende einseitige Inanspruchnahme der Vertragsfreiheit dar, wie der Klauselverwender bewußt in einer Automatikklausel durch einen niedrigen Ansatz des Festkostenanteiles[485] oder durch einen zu gering angegebenen Bezugswert[486] Preisfreiräume erzeugen will.

cc) Laufzeit des Vertrages

Der Laufzeit des Vertrages, sei es ein solcher mit einmaligem Leistungsaustausch, sei es als Dauerschuldverhältnis, kommt hinsichtlich der erforderlichen Preisklauselkonkretisierung bei näherer Betrachtung keine große Bedeutung zu.

Es ließe sich zwar argumentieren, daß die Prognostizierbarkeit der in der Zukunft liegenden und für die Preisbildung relevanten Verhältnisse mit steigender Laufzeit des Vertrages abnimmt und deshalb die sich am Rahmen des Möglichen orientierende Preisklauselkonkretisierung um so geringere Anforderungen stellt, je langfristiger das Vertragsverhältnis angelegt ist.

Diese Argumentation ließe jedoch unberücksichtigt, daß bei einer auf den Marktpreis ausgerichteten Preisklausel Schwierigkeiten der Erfassung zukünftig relevant werdender Preisbildungsfaktoren nicht bestehen, da diese Faktoren nicht in der Klausel benannt werden müssen. Ausreichend ist stattdessen die in der Preisklausel erfolgende Anbindung an den Marktpreis. Allein auf dessen Höhe wirken sich die in der Zukunft liegenden Preisbildungsfaktoren aus. Damit ist eine Festlegung dieser Faktoren in der eigentlichen Preisklausel nicht erforderlich, so daß sich auch bei einem langfristig angelegten Schuldverhältnis keine Definitionsprobleme ergeben.

Die Langfristigkeit des Vertrages wirkt sich im Ergebnis auch nicht auf die Anforderungen der Konkretisierung einer kostenorientierten Preisklausel aus. Wie sich gezeigt hat, ist bei dieser Klauselart eine im Belieben des Klauselverwenders stehende Preisbildung nur durch eine strikte Definition der einzelnen Kostenbestandteile zu verhindern.

Entscheidet sich der Klauselverwender für eine kostenorientierte Preisklausel, kommt er jedoch den objektiv bestehenden Möglichkeiten zur Klauselkonkretisierung nicht nach, nimmt er die Vertragsfreiheit einseitig in Anspruch. Dem Wettbewerb kommt bei kostenorientierten Preisklauseln eine unmittelbare Wirkung als Preiskorrektiv nicht zu, so daß der hohe Konkretisierungsmaßstab auch bei in langfristigen Verträgen verwandten Kostenklauseln aufrechtzuerhalten ist. Nur so ist eine im Belieben des Verwenders stehende Preisbildung zu verhindern. Soweit die langfristige Bindung allerdings dazu führt, daß in der

---

485 Siehe oben S. 23.

486 Siehe oben S. 23.

Preisklausel definierte Kostenfaktoren infolge ihrer Starrheit die tatsächliche Kostensituation nicht mehr repräsentieren, vermag nur eine Korrekturklausel[487] zu einer Änderung des jeweiligen Ansatzes der Kostenfaktoren zu führen.

dd) Zwischenergebnis

Damit ergibt sich, daß im Sinne einer Fallgruppenbildung eine Einteilung in Marktpreis- sowie in Kostenklauseln zu unterscheiden ist. Innerhalb dieser Gruppen ergeben sich je nach Vertragsart und Branche nur geringe Unterschiede in der erforderlichen Klauselkonkretisierung. Bei der Marktpreisklausel ist an unterschiedliche Formulierungen zur Feststellung des jeweiligen Marktpreises zu denken, diese ergeben sich dann aus den Besonderheiten des einzelnen Vertrages.

Die grundsätzlich hohen Anforderungen an die Konkretisierung einer Kostenklausel variieren je nach Vertragsart nur geringfügig. Zu denken ist etwa daran, daß die jeweiligen Vertragsgegenstände unterschiedlich komplexe Kostenstrukturen aufweisen. Eine zu starke Aufsplitterung der Kostenfaktoren kann dann durch die Einführung von Positionen, welche als Barometer die Kostenentwicklung vergleichbarer Güter repräsentieren, aufgefangen werden.

c) Einräumung einer Lösungsmöglichkeit vom Vertrag

Letztlich bleiben die Konsequenzen der entwickelten Synthese auf die bisher in weiten Bereichen als Ausgleich für eine Preisklausel geforderte Einräumung einer Lösungsmöglichkeit vom Vertrag zugunsten des Vertragspartners darzustellen.

Nun könnte eine solche Einräumung, welche bisher als Ausgleich für eine den Anforderungen an die Konkretisierung nicht genügende und deshalb unangemessene Preisklausel verstanden wurde, schon deshalb abgelehnt werden, weil nach der hier vertretenen Auffassung eine an den Marktpreis gebundene Preisklausel dem Gebot der bestimmten Klauselfassung genügt. Ein Ausgleich könnte dann als überflüssig angesehen werden. Diese Argumentation bliebe aber dem Formalen verhaftet.

Anzuknüpfen ist vielmehr an die bereits entwickelte Kritik[488], nach der die Einräumung einer Lösungsmöglichkeit als Ausgleich für einen Anpassungsmechanismus weder im Sinne des § 9 Abs. 2 Nr. 1 AGB-G einem allgemeinen Leitbild entspricht, noch im Regelfall einer angemessenen Klauselgestaltung gemäß § 9 Abs. 1 AGB-G förderlich ist. Wie sich gezeigt hat, vermag die Einräumung einer Lösungsmöglichkeit Mängel in der bestimmten Fassung einer Preisklausel funktionell nicht auszugleichen. Deshalb ist im Folgenden zu fragen, ob die Einräumung einer Lösungsmöglichkeit auch dann von § 9 AGB-

---

[487] Siehe oben S. 39.

[488] Siehe oben S. 82ff.

G geboten ist, wenn die Preisklausel als solche eine angemessene Gestaltung aufweist[489], d. h. im Rahmen des Möglichen konkretisiert ist. Zu differenzieren ist nach Dauerschuldverhältnissen und Verträgen mit einmaligem Leistungsaustausch.

aa) Dauerschuldverhältnis

Im Rahmen der Untersuchung, ob gemäß § 9 Abs. 2 Nr. 1 AGB-G die Einräumung einer Lösungsmöglichkeit dem Leitbild des dispositiven Rechts entspricht, hatte sich ergeben, daß die Wirkungsweise einer Änderungskündigung dem Vertragspartner eine Entscheidung darüber ermöglicht, ob er an einem Vertrag zu veränderten Konditionen festhalten will. Ebenfalls hatte sich erwiesen, daß eine Preisklausel das Institut der Änderungskündigung verdrängt.

Gleichwohl ist jedoch ein entsprechender Ausgleich in Form der ausdrücklichen Einräumung einer Lösungsmöglichkeit in Verträgen mit Preisklauseln nicht erforderlich. Zu bedenken ist, daß nach hier vertretener Auffassung die Preisklausel aus sich heraus einer möglichen Konkretisierung zuzuführen ist, so daß eine angemessene und nach § 9 Abs. 1 AGB-G wirksame Preisklausel auch bei einer Anbindung an den Marktpreis vorliegt.

Vor diesem Hintergrund kann auf die Wirkungsweise einer Änderungskündigung nicht mehr abgestellt werden, weil nach der wirksamen Preisklausel Preisanpassungen gerade nicht per Änderungskündigung, sondern durch eine Anbindung an den in der Klausel angegebenen Maßstab erfolgen sollen. Indem die wirksame Preisklausel zum Vertragsbestandteil wird, begibt sich der Vertragspartner des Zustimmungsvorbehaltes zur einzelnen Preisanpassung. Würde trotzdem über ein Leitbild der Änderungskündigung eine Lösungsmöglichkeit für geboten erachtet, würde damit ein faktisches Zustimmungserfordernis zur einzelnen Preisanpassung bewirkt, obwohl dem Klauselverwender ein schutzwürdiges[490] Interesse zukommt, nicht den mit übermäßigen und zusätzlichen Kosten verbundenen Weg der Änderungskündigung beschreiten zu müssen.

Im übrigen ist auf die dargelegten[491] Ergebnisse zurückzugreifen, demnach die Einräumung einer Lösungsmöglichkeit einem angemessenen Interessenausgleich widerspricht, wenn der Klauselverwender im Hinblick auf die langfristige Vertragsbindung Investitionen getätigt hat, deren Rendite bei einer vorzeitigen Vertragsauflösung vereitelt würde[492].

Die Einräumung einer Kündigungsmöglichkeit kann ebenfalls nicht mit dem vom Bundesverwaltungsgericht entwickelten Gedanken der Zumutbarkeit[493]

---

[489] So Löwe, BB 1982, 158.

[490] BGH NJW 1980, 2518, 2519.

[491] Siehe oben S. 104ff.

[492] Steindorff, BB 1983, 1128; Ebel, BB 1980, 488; *Wolf*/Horn/Lindacher, § 11 Nr. 1, Rn. 34.

[493] BVerwGE 61, 59, 77.

begründet werden. Dem steht die ratio des § 9 AGB-G entgegen, demnach die einseitige Inanspruchnahme der Vertragsfreiheit zu verhindern ist[494]. Eine solche einseitige Ausnutzung der Vertragsfreiheit liegt jedoch bei Verwendung einer im Rahmen des Möglichen konkretisierten Preisklausel auch dann nicht vor, wenn der nach Vertragsschluß gestiegene Marktpreis der individuellen Leistungsfähigkeit des Vertragspartners nicht gerecht wird. Würde die Einräumung des Kündigungsrechts aus Gründen der wirtschaftlichen Leistungsfähigkeit des Vertragspartners für geboten erachtet, würde der Gesetzeszweck des § 9 AGB-G verkannt, denn dieser umfaßt nicht den aus wirtschaftlicher Unterlegenheit abgeleiteten Schutz des schwächeren Vertragspartners[495]. Dementsprechend hat denn auch das Bundesverwaltungsgericht den Gedanken der Zumutbarkeit nicht im Rahmen des § 9 AGB-G, sondern zu § 8 Abs. 1 VAG entwickelt[496].

bb) Verträge mit einmaligem Leistungsaustausch

Auch hier ist auf die dargelegte[497] Kritik zurückzugreifen, nach der ein Gebot zur Einräumung eines Rücktrittsrechts einem angemessenen Interessenausgleich nicht entspricht. Wie sich gezeigt hat, sind Konstellationen denkbar, in denen dem Klauselverwender über sein positives Interesse an der Vertragsdurchführung hinaus schutzwürdige Belange zum Austausch der jeweiligen Leistungen zukommen. Insbesondere wird daran zu denken sein, daß dieser den Vertragsgegenstand in anderweitigen Beziehungen nicht einsetzen kann, weil die vertragliche Hauptleistung in spezieller Weise auf den Vertragspartner zugeschnitten wurde.

Nicht eingegangen werden braucht darauf, ob die Einräumung eines Lösungsrechts schon deshalb nicht interessengerecht ist, weil bei seiner Ausübung eine durch den Vertragsschluß vom Vertragspartner bezweckte Bedarfsdeckung vereitelt würde. Insoweit läge nämlich ein Rücktrittsrecht im Belieben des Vertragspartners, welcher ohne weiteres auf die beabsichtigte Bedarfsdeckung verzichten kann. Ein Widerspruch zur obigen Argumentation besteht dabei nicht. Dort war gerade mit dem Gedanken der beabsichtigten Bedarfsdeckung eine Ausgleichsfunktion des Rücktrittsrechts bei ansonsten unangemessener Preisklausel verneint worden. Hier aber kann die im Belieben des Vertragspartners stehende Bedarfsdeckung dahingestellt bleiben, da allein geprüft wird, ob neben einer aus sich heraus angemessenen Preisklausel die zusätzliche Einräumung eines Rücktrittsrechts gemäß § 9 AGB-G geboten ist.

Diese Frage ist somit zu verneinen. Klarzustellen ist dabei, daß der Klauselverwender selbstverständlich — wie in Versicherungs-[498] und Darlehens-

---

[494] Siehe oben S. 130ff.

[495] *Ulmer*/Brandner/Hensen, Einl., Rn. 22/23; Roth, BB 1987, 983.

[496] BVerwGE 61, 59, 77.

[497] Siehe oben S. 101ff.

verträgen[499] üblich — dem Vertragspartner eine zusätzliche Lösungsmöglichkeit einräumen kann. Solange jedoch die Preisklausel im Rahmen des Möglichen konkretisiert ist, ist der Klauselverwender zu einer solchen Einräumung durch § 9 AGB-G nicht verpflichtet.

cc) Unzutreffende Preisfestsetzung

Die Einräumung einer Lösungsmöglichkeit neben einer angemessenen Preisklausel ist auch nicht deshalb von § 9 AGB-G geboten, damit der Vertragspartner einer vom Klauselverwender unzutreffend vorgenommenen Preisfestsetzung entgehen kann. Grundsätzlich ist zwar denkbar, daß der Klauselverwender bei einer an den Marktpreis oder an Kostensteigerungen gebundenen Preisklausel das Entgelt zu hoch ansetzt. Hier verbleibt dem Vertragspartner jedoch zwingend die Befugnis zur gerichtlichen Überprüfung des Preises gemäß § 315 Abs. 3 BGB[500], wobei die Norm bei Preisvorbehaltsklauseln direkt, bei Preisanpassungsklauseln analog anzuwenden ist.

Zwar läge dann die Klagelast bei dem Vertragspartner. Dieser Nachteil reicht jedoch nicht aus[501], um neben einer angemessenen Preisklausel die Einräumung einer Lösungsmöglichkeit als von § 9 AGB-G geboten anzusehen[502].

IV. Ergebnis

Als Ergebnis der Arbeit bleibt festzuhalten:

— angesichts des schutzwürdigen Interesses an einer flexiblen Preisgestaltung bei Verträgen, welche nicht die Tatbestandsmerkmale des § 11 Nr. 1 AGB-G erfüllen, ist die Verwendung einer Preisklausel nur dann als einseitige Inanspruchnahme der Vertragsfreiheit anzusehen, wenn Freiräume zur Konkretisierung der Klausel vom Verwender nicht genutzt werden;

— nach einer teleologischen Auslegung des § 9 AGB-G halten Preisklauseln einer Inhaltskontrolle stand, wenn die Klausel im Rahmen des Möglichen die Preisänderungsfaktoren konkretisiert. Danach ist ausreichend, wenn die Preisklausel auf den Marktpreis Bezug nimmt. Die Gefahr beliebiger Preiserhöhungen wird durch die begrenzende Wirkung des Wettbewerbs verhindert. Bei Preisklauseln mit einer Kostenorientierung sind die Kosten-

---

[498] Döring, S. 101.

[499] Häuser/Welter, NJW 1987, 19; v. Heymann, BB 1987, 417; vgl. auch den Sachverhalt: BGH NJW 1986, 1803, 1805.

[500] Staud.—Schlosser, § 11 Nr. 1 AGB-G, Rn. 20; v. Hippel, BB 1985, 1631; Canaris, ZIP 1980, 720; Wolf, ZIP 1987, 350.

[501] So weist Meyer, BB 1987, 290, zutreffend darauf hin, daß von einer Unzumutbarkeit zur Wahrnehmung eigener Rechte nur dann gesprochen werden könne, wenn außergewöhnliche Umstände dies rechtfertigten.

[502] Canaris, ZIP 1980, 720.

faktoren präzise zu definieren. Beabsichtigte Teilausschöpfungen genügen nicht dem Gebot der Konkretisierung im Rahmen des Möglichen;

— die scharfe Differenzierung in den Anforderungen an die bestimmte Klauselfassung je nach Verwendung im kaufmännischen oder nichtkaufmännischen Bereich ist aufzugeben. Nach der teleologischen Auslegung des § 9 Abs. 1 AGB-G ist in beiden Bereichen eine Klauselkonkretisierung im Rahmen des Möglichen zu verlangen;

— der von der Rechtsprechung bei ansonsten unangemessener Klauselfassung geforderten Einräumung einer Lösungsmöglichkeit zugunsten des Vertragspartners kommt keine Ausgleichsfunktion zu. Eine solche Lösungsmöglichkeit ist weder aus dem Leitbild des dispositiven Rechts noch aus einer Interessenabwägung im Sinne des § 9 Abs. 1 AGB-G abzuleiten;

— neben einer im Rahmen des Möglichen konkretisierten und deshalb angemessenen Preisklausel ist die Einräumung einer Lösungsmöglichkeit nicht von § 9 AGB-G geboten.

Literaturverzeichnis

Antoni: Wirtschaftsklauseln in Sonderkundenverträgen, in: Recht d. E. 1984, 2ff.

Ballerstedt: Handlungsunwert oder Erfolgsunwert im Gesetz gegen Wettbewerbsbeschränkungen, in: Wirtschaftsordnung und Rechtsordnung, Festschrift Böhm, Karlsruhe 1965, S. 179ff.

Bartsch: Zu Preissteigerungsklauseln in AGB, insbesondere zur Tagespreisklausel, in: DB 1983, 214ff.

Baur, Jürgen F.: Vertragliche Anpassungsregelungen, Heidelberg 1983, zit.: Baur, Anpassungsr.

— Preisänderungsklauseln, Vertragsanpassungsklauseln und Höhere-Gewalt-Klauseln in langfristigen Lieferverträgen über Energie, in: ZIP 1985, 905ff.

— Die Anpassung langfristiger Verträge an veränderte Umstände, in: JBl 1987, 137ff.

Becker: Die Auslegung des § 9 Abs. 2 AGB-Gesetz, Heidelberg 1986.

Beggerow: Preisanpassungsklauseln in Kaufverträgen über Neuwagen, Frankfurt, 1987.

Bettermann: Die Geldentwertung als Rechtsproblem, in: ZRP 1974, 13ff.

Bilda: Anpassungsklauseln in Verträgen, 2. Aufl., Berlin 1973.

— Preisklauseln in Allgemeinen Geschäftsbedingungen, in: MDR 1979, 89ff.

Brandner: Die Rechtsprechung der BGH-Senate zum AGB-Gesetz, in: Zehn Jahre AGB-Gesetz, RWS-Forum 2, Köln 1987.

Bräutigam: Die währungsrechtliche Zulässigkeit von Wertsicherungsklauseln, Diss. Hamburg 1984.

Brocke: Aktuelle Fragen des Erdgasbezugsvertrages und des Erdgaspreises aus der Sicht der Industrieabnehmer, in: Preisänderungsklauseln in Erdgaslieferverträgen, Veröffentlichungen des Instituts für Energierecht an der Universität zu Köln, 1974, S. 33ff.

Bulla: Gerichtliche Nachprüfbarkeit von Schiedsgutachten, in: NJW 1978, 397ff.

Bunte: Zu den Rechtsfolgen unwirksamer Tagespreisklauseln in Kfz-Kaufverträgen, in: ZIP 1983, 765ff.

— Ergänzende Vertragsauslegung bei Unwirksamkeit von AGB-Klauseln, in: NJW 1984, 1145ff.

— Das Urteil des BGH zur Gestaltung von Automobilvertragshändlerverträgen, in: NJW 1985, 600ff.

— Zehn Jahre AGB-Gesetz — Rückblick und Ausblick, in: NJW 1987, 921.

— Anmerkung zum Urteil des BGH vom 16. 1. 1985, in: EWiR § 24 AGB-G, 3/85, 129f.

Burck: AGB-Gesetz und Preisänderungsklauseln, in: DB 1978, 1385ff.

Bydlinski, Franz: Die Baukostenendabrechnung als Bestimmung der Leistung des einen Vertragsteils durch den anderen, in: JBl 1975, 245ff.

Canaris: Schranken der Privatautonomie zum Schutz des Kreditnehmers, in: ZIP 1980, 709ff.

— Zinsberechnungs- und Tilgungsverrechnungsklauseln beim Annuitätendarlehen, in: NJW 1987, 609ff.

Chiotellis: Rechtstatsächliche Aspekte der Geschäftsgrundlagenstörungen, in: Chiotellis / Fikentscher, Rechtstatsachenforschung, Köln 1985, S. 139ff.

Dally: Rechtsprobleme bei langfristigen Energieversorgungsverträgen im Zusammenhang mit Wirtschaftsklauseln, in: BB 1977, 726ff.

Deparade: Versagen die Strompreisanpassungsklauseln?, in: ET 1981, 22f.

Döring: Probleme der Prämienanpassungsklauseln, Diss. Berlin 1980.

Dürkes: Wertsicherungsklauseln, 9. Aufl., Heidelberg 1982.

— Zur Genehmigungsbedürftigkeit von Kostenelementeklauseln, in: BB 1979, 805ff.

Ebel: Elektrizitäts- und Gasversorgungsbedingungen für kaufmännische Sonderabnehmer, in: BB 1980, 477ff.

— Preisänderungsklauseln in Stromlieferungsverträgen für Sonderabnehmer nach Aufhebung der Preisstops von 1936, in: DB 1982, 2607ff.

— Energieversorgungsverträge und Betriebsstillegung, in: DB 1978, 679ff.

Eiser / Riederer / Obernolte / Danner: Energiewirtschaftsrecht, Bd. I, München, Stand April 1986.

Emmerich: Das Recht der Leistungsstörungen, 2. Aufl., München 1986.

Erman: Handkommentar zum Bürgerlichen Gesetzbuch, Bd. I, §§ 1-853, 7. Aufl., Münster 1981, zit.: Erman-Bearbeiter.

Ernst: Grundlagen der Elektrizitätswirtschaft und ihre Auswirkungen auf die Gestaltung von Preisregelungen in Stromlieferungsverträgen, in: VIK 1974, 33ff.

— Der Strombezugsvertrag für industrielle Sonderabnehmer — kritische Stellungnahme zu üblichen Vertragsbestimmungen, in: VIK 1971, 27ff.

Ertl: Inflation, Privatrecht und Wertsicherung, Wien 1980.

Esser / Schmidt: Schuldrecht, Band I, 6. Aufl., Heidelberg 1984.

Finger: Die mathematische Preisgleitklausel, in: DB 1970, 1865.

Flume: Allgemeiner Teil des Bürgerlichen Rechts, Bd. II, 3. Aufl., Berlin, Heidelberg, New York 1979.

Frielingsdorf: Zur Problematik der Wertsicherungsklauseln, in: DB 1982, 789ff.

Futter: Rechtsprobleme bei langfristigen Energieversorgungsverträgen, in: BB 1976, 1295ff.

Gärtner: Prämienangleichungsklauseln und Aufsichtsrecht, in: BB 1980, 448ff.

Giersch: Indexklauseln und Inflationsbekämpfung, in: Probleme der Indexbindung, Beihefte Kredit und Kapital, Heft 2, Berlin 1974.

Häuser / Welter: Neues Recht der Darlehenskündigung, in: NJW 1987, 17ff.

Harms: Zur Anwendung von Revisionsklauseln in langfristigen Energielieferungsverträgen, in: DB 1983, 322ff.

Heck: Gesetzesauslegung und Interessenjurisprudenz, AcP 112 (1914), 1 ff., Nachdruck in Studien und Texte zur Theorie und Methodologie des Rechts, herausgegeben von Josef Esser, Bd. II, Bad Homburg 1968.

Heiermann: Wirksamkeit des Ausschlusses der Preisanpassungsmöglichkeit nach VOB durch Allgemeine Geschäftsbedingungen, in: NJW 1986, 2682ff.

Henrich: Vorvertrag, Optionsvertrag, Vorrechtsvertrag, Marburg 1965.

Hermann: Währungsrechtliche Unbedenklichkeit von Preisänderungsklauseln nach § 1 VOPR 18/52, in: Recht d.E. 1980, 7ff.

— Preisänderungsklauseln in Elektrizitätsversorgungsverträgen und AGB-Gesetz, in: Recht d.E. 1982, 50ff.

Hermann / Recknagel / Schmidt-Salzer: Kommentar zu den Allgemeinen Versorgungsbedingungen für Elektrizität, Gas, Fernwärme und Wasser, Bd. I, Heidelberg 1981; Bd. II, Heidelberg 1984.

von Heymann: Neuregelung des Kündigungsrechts nach § 247 BGB, in: BB 1987, 415ff.

von Hippel: Zur Kontrolle Allgemeiner Geschäftsbedingungen, in: BB 1985, 1629ff.

Holzapfl: Neue Preisänderungsklauseln und Wirtschaftsklauseln in Stromlieferungsverträgen mit Sonderabnehmern, in: BB 1974, 912.

Horn: Geldwertveränderungen, Privatrecht und Wirtschaftsordnung, Karlsruhe 1975, zit.: Horn, Geldwertv.

— Die Vertragsauer als schuldrechtliches Regelungsproblem. Empfiehlt sich eine zusammenfassende Regelung der Sonderprobleme von Dauerschuldverhältnissen und langfristigen Verträgen?, in: Gutachten und Vorschläge zur Überarbeitung des Schuldrechts, Bd. I, Köln 1981, S. 551ff., zit.: Horn, Gutachten.

— Neuverhandlungspflicht, in: AcP 181 (1981), 255ff.

— Vertragsbindung unter veränderten Umständen, in: NJW 1985, 1118ff.

Jauernig: Bürgerliches Gesetzbuch, 4. Aufl., München 1987, zit.: Jauernig-Bearbeiter.

Jung: Die Rechtsprechung zu den Neuwagen-Verkaufsbedingungen und ihre Folgen für die Praxis, in: BB 1981, 1606ff.

Kegel: Empfiehlt es sich, den Einfluß grundlegender Veränderungen des Wirtschaftslebens auf Verträge gesetzlich zu regeln und in welchem Sinn?, in: Gutachten für den 40. Deutschen Juristentag, Bd. I, 1953, S. 135ff.

Kleier: Freistellungen von den Empfehlungsverboten nach deutschem (§ 38 Abs. 2 GWB) und europäischem (Art. 85 EWG-Vertrag) Kartellrecht, Berlin 1985.

Knöpfle: Anmerkung zum Beschluß des BGH vom 6. 11. 1984 (Favorit), in: WUW/E BGH 2108.

Koch / Stübing: Allgemeine Geschäftsbedingungen, Neuwied und Darmstadt 1977.

Köndgen / König: Grenzen zulässiger Konditionenanpassung beim Hypothekenkredit, in: ZIP 1984, 129ff.

Kötz: Welche gesetzgeberischen Maßnahmen empfehlen sich zum Schutze des Endverbrauchers gegenüber Allgemeinen Geschäftsbedingungen und Formularverträgen, in: Verhandlungen des fünfzigsten Deutschen Juristentages, Bd. I, 1974, S. A1ff.

— Die Rückwirkung von Unterlassungsurteilen gemäß §§ 13ff. AGB-G, in: BB 1982, 644ff.

Kronke: Zu Funktion und Dogmatik der Leistungsbestimmung nach § 315 BGB, in: AcP 183 (1983), 113ff.

Kunth / Wollburg: Preisanpassungsklauseln in Energielieferungsverträgen und § 9 AGB-G, in: BB 1985, 230ff.

Kunth: Die Anpassung von Preisen in langfristigen Lieferverträgen, in: BB 1978, 178ff.

Larenz: Geschäftsgrundlage und Vertragserfüllung, 3. Aufl., München und Berlin 1963, zit.: Larenz, Geschäftsgrundl.

— Methodenlehre der Rechtswissenschaft, 5. Aufl., Berlin — Heidelberg — New York — Tokyo 1983, zit.: Larenz, Methodenlehre.

— Allgemeiner Teil des Deutschen Bürgerlichen Rechts, 6. Aufl., München 1983, zit.: Larenz, AT.

— Lehrbuch des Schuldrechts, Bd. I, 14. Aufl., München 1987, zit.: Larenz, SchuldR I.

Löwe: Folgerungen aus der Verwerfung der Tagespreisklausel in den Neuwagen-Verkaufsbedingungen durch den Bundesgerichtshof, in: BB 1982, 152ff.

— Erwiderung auf Kötz, BB 1982, 644ff., in: BB 1982, 648ff.

— Anmerkung zum Urteil des BGH vom 1. 2. 1984, in: BB 1984, 492ff.

— Keine Inhaltskontrolle von Tilgungsverrechnungsklauseln beim Annuitätendarlehen, in: NJW 1987, 937ff.

Löwe / Graf von Westphalen / Trinkner: Kommentar zum Gesetz zur Regelung des Rechts der Allgemeinen Geschäftsbedingungen, Heidelberg 1977.

— Großkommentar zum AGB-Gesetz, Bd. II, §§ 10-30, 2. Aufl., Heidelberg 1983; Bd. III, Einzelklauseln und Klauselwerke, 2. Aufl., Heidelberg 1985.

Lukes: § 315 BGB bei dem Energielieferungsvertrag (Elektrizität) zwischen EVU und Tarifabnehmer, in: BB 1985, 2258ff.

Malzer: Fragen der praktischen Rechtsanwendung bei der Lieferung von Elektrizität und Gas an Industriebetriebe, in: BB 1974, 908ff.

von Maydell: Geldschuld und Geldwert, München 1974.

Medicus: Bürgerliches Recht, 13. Aufl., Köln — Berlin — Bonn — München 1987.

— Vertragsauslegung und Geschäftsgrundlage, in: Festschrift Flume, Bd. I, Köln 1978, S. 629ff.

Mestmäcker: Der verwaltete Wettbewerb, Tübingen 1984.

Meyer: Ablauf des Mindesthaltbarkeitsdatums und zivilrechtlicher Fehlerbegriff, in: BB 1987, 287ff.

Mittelbach: Wertsicherungsklauseln im Zivil- und Steuerrecht, 4. Aufl., Ludwigshafen 1980.

Mockenhaupt: Ergänzende Vertragsauslegung bei unwirksamen AGB-Klauseln am Beispiel der Tagespreisklausel in Kaufverträgen über fabrikneue Personenkraftwagen, Frankfurt 1987.

Münchener Kommentar: Bürgerliches Gesetzbuch, Bd. 1 Allgemeiner Teil, §§ 1-240, AGB-Gesetz, 2. Aufl., München 1984; Bd. 2 Schuldrecht, Allgemeiner Teil, §§ 241-532, 2. Aufl., München 1985; Bd. 3 Schuldrecht, Besonderer Teil, 1. Halbband, §§ 433-656, München 1980, zit.: MK-Bearbeiter.

Niggemann: Gestaltungsformen und Rechtsfragen bei Gegengeschäften, in: RIW 1987, 175ff.

Palandt: Bürgerliches Gesetzbuch, 47. Aufl., München 1988, zit.: Palandt-Bearbeiter.

Paulusch: Die Rechtsprechung des Bundesgerichtshofes zum Kaufrecht, in: Sonderbeilage WM 10/1986.

— Vorformulierte Leistungsbestimmungsrechte des Verwenders, in: Zehn Jahre AGB-Gesetz, RWS-Forum 2, Köln 1987.

Raiser, Ludwig: Das Recht der Allgemeinen Geschäftsbedingungen, 1935, Nachdruck Bad Homburg 1961.

— Vertragsfunktion und Privatautonomie, in: Hundert Jahre Deutsches Rechtsleben, Festschrift zum Hundertjährigen Bestehen des Deutschen Juristentages, Karlsruhe 1960, S. 101ff.

Reichert-Facilides: Geldwertschwankungen und Privatrecht, in: JZ 1969, 617ff.

Reichsgerichtsrätekommentar, Das Bürgerliche Gesetzbuch mit besonderer Berücksichtigung der Rechtsprechung des Reichsgerichts und des Bundesgerichtshofes, 12. Aufl., Berlin — New York, Bd. II, 1. Teil, §§ 241-413, 1976; Bd. II, 2. Teil, §§ 414-610, 1978; zit.: RGRK-Bearbeiter.

Reuter: Zur Zulässigkeit des Preisänderungsvorbehalts in den Neuwagen-Verkaufsbedingungen, in: DB 1981, 71ff.

Robertz: Wertsicherungs- und Preisanpassungsklauseln im Außenwirtschaftsverkehr, Köln 1985.

Roth: Die Inhaltskontrolle nichtausgehandelter Individualverträge im Privatrechtssystem, in: BB 1987, 977ff.

Rothoeft: Gegenwertkontrolle bei langfristigen Verträgen über Liegenschaften, in: NJW 1986, 2211ff.

Rottenburg: Die Reform des gesetzlichen Kündigungsrechts für Darlehen- statt Zinssatz-Fristenregelung, in: WM 1987, 1ff.

Salinger: Rechtliche Aspekte von Preisänderungsklauseln in langfristigen Verträgen unter besonderer Berücksichtigung der in Erdgaslieferverträgen üblichen Regelungen, in: Preisänderungsklauseln in Erdgaslieferverträgen, Veröffentlichungen des Institutes für Energierecht an der Universität zu Köln, 1974, S. 7ff.

Salje: Zur Unwirksamkeit von Tagespreisklauseln in Automobil-Kaufverträgen und den sich daraus ergebenden Rechtsfolgen, in: DAR 1982, 88ff.

Salzmann: Die Neuverhandlungsklausel als ein Problem ergänzender Vertragsauslegung, München 1986.

Schirmers: Konditionenempfehlung, kartellrechtliche Kontrolle und AGB-Gesetz, Köln 1983.

Schlosser: Entwicklungstendenzen im Recht der Allgemeinen Geschäftsbedingungen, in: ZIP 1985, 449ff.

Schlosser / Coester-Waltjen / Graba: Kommentar zum Gesetz zur Regelung des Rechts der Allgemeinen Geschäftsbedingungen, Bielefeld 1977.

Schmalz: Die Stabilität des Geldwertes als Problem des Privatrechts, München 1986.

Schmidt, Karsten: Die Rechtsfolgen der Kündigung nach § 247 Abs. 1 BGB, in: BB 1982, 2075ff.

— Grundfragen der vertraglichen Wertsicherung, in: ZIP 1983, 639ff.

— Geld und Geldschuld im Privatrecht, in: JuS 1984, 737ff.

Schmidt-Rimpler: Grundfragen einer Erneuerung des Vertragsrechts, in: AcP 147 (1941), 130ff.

Schwarz: Bestimmtheitsgrundsatz und variabler Zins in vorformulierten Kreditverträgen, in: NJW 1987, 626ff.

Seiler: Die Vorauszahlungspflicht des Reisenden beim Reisevertrag, in: BB 1986, 1932ff.

Soergel: Bürgerliches Gesetzbuch mit Einführungsgesetz und Nebengesetzen, 11. Aufl., Stuttgart — Berlin — Köln — Mainz; Band 2/1 Schuldrecht I/1, §§ 241-432, 1986; Band 2/2 Schuldrecht I/2, §§ 433-515, AGB-Gesetz, AbzG, EKG, EKAG, 1986; Band 3 Schuldrecht II, §§ 516-704, 1980, zit.: Soergel-Bearbeiter.

Staudinger: Kommentar zum Bürgerlichen Gesetzbuch, 12. Aufl., Berlin, 1. Buch Allgemeiner Teil, §§ 90-240, 1980; 2. Buch Recht der Schuldverhältnisse §§ 241, 242, AGB-G;1980/1981; §§ 243-254, 1983; §§ 620-630, 1979, zit.: Staud.-Bearbeiter.

Steindorff: Vorvertrag zur Vertragsänderung, in: BB 1983, 1127ff.

— Vertragliche Pflichten zur Vertragsanpassung, in: ZHR 148 (1984), 271ff.

Stiens: Auswirkungen des AGB-Gesetzes und der AVB EltV auf Sonderkundenverträge, in: Recht d.E. 1980, 250ff.

Ulmer: Der Kaufpreis für Neuwagen bei Unwirksamkeit der Tagespreisklausel, in: BB 1982, 1125ff.

Ulmer / Brandner / Hensen: AGB-Gesetz, 5. Aufl., Köln 1987.

Werber: Probleme der Anpassung an veränderte Umstände im Versicherungsvertragsverhältnis, in: VP 1983, 38ff.; 53ff.

— Die Bedeutung des AGB-G für die Versicherungswirtschaft, in: VersR 1986, 1ff.

Graf von Westphalen: Rechtsprobleme der Exportfinanzierung, 3. Aufl., Heidelberg 1987.

— Schattenseiten des Verbraucherschutzes, in: DB 1981, 61ff.

— Anmerkung zum Urteil des BGH vom 26. 5. 1986, in: AfP 1986, 233ff.

— Anmerkung zum Urteil des OLG Frankfurt vom 14. 5. 1985, in: EWiR § 9 AGB-G, 7/86, S. 321f.

Wichmann: AGB-Gesetz und Elektrizitätsversorgung, Diss. Clausthal 1981.

— Sonderabnehmerverträge über Elektrizität und AGB-Gesetz, insbesondere die Problematik der Eigenanlagen und der Preisgleitklauseln, in: ZIP 1983, 393ff.

Willms/Wahlig: Zur Genehmigungsbedürftigkeit von Wertsicherungsvereinbarungen nach § 3 WährG und zur Neufassung der Genehmigungsgrundsätze der Deutschen Bundesbank, in: BB 1978, 973ff.

Wöhe: Einführung in die Allgemeine Betriebswirtschaftslehre, 16. Aufl., München 1986.

Wolf, Eckhard: Wertsicherungs-, Kostenelements- und Schiedsgutachtenklauseln in der neueren Rechtsprechung des Bundesgerichtshofs, in: ZIP 1981, 235ff.

Wolf, Manfred: Preisanpassungsklauseln in Allgemeinen Geschäftsbedingungen unter Kaufleuten, in: ZIP 1987, 341ff.

Wolf/Horn/Lindacher: AGB-Gesetz, München 1984.

Zöllner: Die Anpassung von Personengesellschaftsverträgen an veränderte Umstände, Karlsruhe 1979.

Kolibri 360 GmbH
Ferdinand-Jühlke-Straße 7
99095 Erfurt, Deutschland
produktsicherheit@kolibri360.de

Druck:
CPI Druckdienstleistungen GmbH
im Auftrag der
Kolibri 360 GmbH
Ferdinand-Jühlke-Str. 7
99095 Erfurt